VENDERE ONLINE SENZA MAGAZZINO

Come avviare un dropshipping di successo con AliExpress

Pietro Calomino • Yaroslav Nevsky

VENDERE ONLINE SENZA MAGAZZINO

Autori: Pietro Calomino - Yaroslav Nevsky

Editore: INDIPENDENTLY PUBLISHED

Copyright © 2019 Pietro Calomino

Tutti i diritti riservati.

ISBN: 9781095749258

Nessuna parte del presente libro può essere riprodotta, memorizzata in un Sistema che ne permette l'elaborazione, né trasmessa in qualsivoglia forma e con qualsivoglia mezzo elettronico o meccanico, né può essere fotocopiata, riprodotta o registrata altrimenti, senza previo consenso scritto dell'Autore, tranne nel caso di brevi citazioni contenute in articoli di critica o recensioni.

La presente pubblicazione contiene le opinioni dell'autore e ha lo scopo di fornire informazioni precise e accurate. L'elaborazione dei testi, anche se curata con scrupolosa attenzione, non può comportare specifiche responsabilità in capo all'autore e/o editore per eventuali errori o inesattezze.

Nomi e marchi citati nel testo sono generalmente depositati o registrati dalle rispettive aziende. L'autore detiene i diritti per tutti i testi e le illustrazioni che compongono questo libro, salvo quando diversamente indicato.

CONTENUTI

INTRODUZIONE 8

PARTE I – INTRODUZIONE AL DROPSHIPPING 11

PERCHÉ AVVIARE UN'ATTIVITÀ ONLINE 13

I PIÙ COMUNI MODELLI DI BUSINESS ONLINE 15

DROPSHIPPING: COS'È E COME FUNZIONA 19

DROPSHIPPING SENZA NEGOZIO? 25

VANTAGGI DEL NEGOZIO 26

ALIEXPRESS: COS'È E PERCHÉ SCEGLIERLO PER IL DROPSHIPPING ... 27

ALIDROPSHIP: COS'È E A COSA SERVE 33

PERCHÉ QUALCUNO DOVREBBE COMPRARE NEL TUO NEGOZIO? ... 35

PARTE II – CAPIRE COSA VENDERE 37

CRITERI DI BASE PER LA SCELTA DEI PRODOTTI DA VENDERE 39

NEGOZIO DI NICCHIA VS. NEGOZIO GENERICO 41

VALUTARE IL POTENZIALE DELLA NICCHIA 45

PRODOTTI DA EVITARE 62

PARTE III – PRIMI PASSI SUL WEB 65

SCEGLIERE IL NOME DOMINIO 67

SCEGLIERE IL SERVIZIO HOSTING 70

PRIMO APPROCCIO CON WORDPRESS 72

PARTE IV – GUIDA ALL'USO DI WOOCOMMERCE 79

INTRODUZIONE A WOOCOMMERCE 81

INSTALLARE WOOCOMMERCE 82

IMPOSTARE LE TASSE SUI PRODOTTI 84

IMPOSTARE I METODI DI PAGAMENTO 88

GESTIRE LE SPEDIZIONI 95

GESTIRE IL CATALOGO 101

GESTIRE GLI ORDINI 107

GESTIRE GLI SCONTI E LE PROMOZIONI 112

GESTIRE IL MAGAZZINO 116

REPORT E STATISTICHE DEL NEGOZIO 120

PARTE V – GUIDA ALL'USO DI ALIDROPSHIP 125

INSTALLARE ALIDROPSHIP 127

IMPORTARE I PRODOTTI DA ALIEXPRESS 128

IL SERVIZIO EPACKET DI ALIEXPRESS 138

IMPORTARE LE RECENSIONI DEI CLIENTI 139

MARK UP AUTOMATICO DEI PREZZI 143

GUADAGNARE CON IL CASHBACK DI ALIEXPRESS 147

ACQUISIRE ED EVADERE GLI ORDINI 152

GESTIRE LE RICHIESTE DI RESO E RIMBORSI 161

PARTE VI – MARKETING DEL NEGOZIO 163

PERCHÉ INVESTIRE IN ATTIVITÀ DI MARKETING 165

OTTIMIZZARE IL NEGOZIO PER I MOTORI DI RICERCA 167

ALTRE OTTIMIZZAZIONI SEO 176

INTRODUZIONE A GOOGLE ADS 178

CREARE UNA CAMPAGNA GOOGLE ADS 181

CONTENT MARKETING 189

CHI PRODUCE I CONTENUTI? 194

FACEBOOK MARKETING 196

PAGINA FACEBOOK OPPURE PROFILO? 197

CREARE LA PAGINA FACEBOOK DEL NEGOZIO 198

CREARE UN'INSERZIONE PUBBLICITARIA SU FACEBOOK 200

INFLUENCER MARKETING 211

YOUTUBE INFLUENCER 214

LA FORZA PERSUASIVA DEI CONTENUTI VIDEO 219

GLI SHOUTOUT DI INSTAGRAM 220

EMAIL MARKETING 228

USARE LE INSERZIONI PER ACQUISIZIONE CONTATTI DI FACEBOOK 232

USARE MAILCHIMP 236

RINGRAZIAMENTI

Questo volume non si sarebbe potuto realizzare senza la collaborazione di alcune persone che vogliamo sentitamente ringraziare, tra questi: tutto lo staff di AliDropship e di Sunshine Digital per i numerosi contributi forniti; Lorenzo Ermigiotti, per aver reso possibile la partnership con Triboo Media e HTML.it; infine, ma non ultimi per importanza, tutti i familiari e gli amici che hanno partecipato in vario modo alla produzione fornendo utili consigli (ed una buona dose di pazienza) durante i mesi della stesura e revisione del testo.
A tutti loro va, oltre alla nostra gratitudine, una buona parte del merito di questo lavoro.

INTRODUZIONE

Se stai leggendo questo libro è perché probabilmente sei interessato a valutare un modo per **ricavare un reddito da una nuova attività**, ma non vuoi (oppure non puoi) investire troppo denaro per farlo.

Forse sei stanco del lavoro che svolgi in un ufficio sotto le dipendenze di un capo e pensi che un'attività indipendente possa darti maggiori soddisfazioni. Forse ancora sei uno dei tanti che, non riuscendo a trovare un'occupazione fissa, sta maturando la decisione di crearsi il proprio spazio da solo nel mondo degli affari.

Avrai notato che **il mondo del lavoro sta cambiando**: se fino a venti o trenta anni fa si poteva pensare di trovare un impiego e tenerselo per tutta la vita, oggi questo non è più possibile. Sempre più di frequente si parla di "flessibilità" del lavoro che spesso si traduce in "precarietà".

Le persone che possono contare oggi su un impiego sicuro, con una retribuzione certa ed un futuro garantito **sono sempre meno**. Secondo i dati Istat nel 2019 il tasso di disoccupazione in Italia ha superato il 10%, arrivando a livelli molto più elevati nelle regioni più svantaggiate.

Per questo, se sei uno dei fortunati che lavora, **non è detto che potrai farlo anche per i prossimi anni**, così come non è certo che la tua retribuzione potrà essere sempre sufficiente a coprire le tue necessità presenti e future.

Tutti gli impieghi, specialmente quelli nel settore privato, sono infatti caratterizzati da **una nota di incertezza** e, nello scenario attuale, nessun datore di lavoro può darti le stesse sicurezze e garanzie di profitto che c'erano in passato.

Nel frattempo, probabilmente, ti sarai accorto che **ogni giorno moltissimi piccoli imprenditori nel mondo si mantengono portando avanti delle attività in proprio** e ti sarai messo anche tu alla ricerca di un modo alternativo per ottenere dei profitti con qualche cosa di tuo. Questo è perfettamente comprensibile.

Secondo degli studi pubblicati[1] dal McKinsey Global Insititute, oltre **162 milioni di individui** in Europa e negli Stati Uniti di America (circa il 20-30% della popolazione in età lavorativa) sono coinvolti in qualche tipo di attività indipendente. È considerevole il fatto che negli ultimi 35 anni il numero di piccole imprese negli Stati Uniti sia **cresciuto del 49%** e che le persone che iniziano una nuova attività di business siano **centinaia di migliaia** ogni mese.

Non è soltanto una questione di denaro. Le ricerche dimostrano che chi lavora in maniera indipendente è - in un modo o nell'altro - **più soddisfatto della sua vita privata**, indipendentemente dal livello di educazione, dall'età, dal salario medio oppure dal luogo in cui vive. Questa è la ragione per cui possiamo osservare una prolificazione di attività imprenditoriali indipendenti, con una dinamica pressoché simile, in tutti i continenti del mondo. Dall'Africa all'Australia e all'Asia, le attività indipendenti seguono tutte sempre lo stesso trend di crescita costante.

Si comprende facilmente quindi perché anche tu voglia entrare in questa grande comunità di imprenditori indipendenti e auto-impiegati!

Navigando in Internet e nei social network **ti sarai sicuramente imbattuto in imbonitori di ogni tipo**. Personaggi che, in cambio dell'acquisto di un libro o dell'iscrizione a un corso, ti hanno promesso di svelare il loro metodo segreto per raggiungere la ricchezza e un sicuro successo.

Purtroppo noi possiamo già dirti che in questo volume non troverai nulla di tutto questo: **non abbiamo la formula magica per fare montagne di soldi** e non possiamo rivelartela.

Il metodo descritto in questo volume ti consente di **iniziare facilmente un'attività di commercio elettronico**, sostenendo un **basso rischio** e a fronte di un **investimento contenuto**. Abbiamo visto e studiato molti casi d'imprenditori che hanno applicato questo sistema con grande soddisfazione, ma non li riporteremo nel libro, perché non ti vogliamo far credere che il successo sia assicurato. Non esistono metodi infallibili per fare soldi online e tutti i sistemi, anche quello da noi descritto, presentano dei punti di debolezza. Molto dipende da quanto sarai bravo e da quanto ti dedicherai a questo lavoro, perché è vero che il sistema che ti proponiamo è poco rischioso, ma necessita comunque di tempo e di molto impegno.

Se non hai mai provato a iniziare un'attività imprenditoriale prima d'ora, è probabile che avrai moltissimi dubbi e domande. Non preoccuparti: in questo libro troverai molte risposte! Continua a leggere e vedrai che in breve tempo tutto ti sarà più chiaro.

---

[1] McKinsey & Company, October 2016, "Indipendent Work: Choice, necessity, and the GIG economy".

PARTE I – INTRODUZIONE AL DROPSHIPPING

PARTE I – INTRODUZIONE AL DROPSHIPPING

PERCHÉ AVVIARE UN'ATTIVITÀ ONLINE

Ci sono molte ragioni per le quali una persona alla ricerca di una fonte di reddito alternativa, magari impegnata contemporaneamente in un altro lavoro, oppure con scarsa propensione al rischio, possa preferire un business online rispetto a qualunque altro tipo di attività tradizionale.

Chi pensa di intraprendere un'attività alternativa o parallela per fare profitti, generalmente vuole che questa sia **rapida da avviare**, **poco costosa** e **facile da gestire**. L'avviamento di un'attività online può allora avere senso più di altre cose perché puoi:

Partire in tempi brevi anche senza avere esperienza

Se sei coinvolto in un'attività lavorativa a tempo pieno e vuoi sperimentare un nuovo tipo di attività, sicuramente non avrai molto tempo ed energie da dedicare all'apprendimento di un nuovo lavoro. Vuoi essere in grado di iniziare nel più breve tempo possibile e questo è perfettamente logico. **Con l'e-commerce puoi farlo.** Non sai nulla sul business online? Non è un problema. Ci sono tonnellate di articoli esplicativi, video educativi, forum tematici e un'infinità di altre risorse (compreso questo stesso libro) che possono guidarti in questo cammino. **Non devi essere uno sviluppatore di software e nemmeno un guru del marketing digitale.** Per iniziare a mandare avanti i tuoi affari ti basterà acquisire un insieme base di abilità e conoscenze.

Lanciare una nuova attività sostenendo un costo molto contenuto

Di sicuro saprai che **le attività commerciali tradizionali richiedono molti investimenti all'inizio**. Per esempio l'apertura di un negozio tradizionale potrebbe richiedere la necessità di acquistare uno stock di merce da rivendere (con tutti i rischi derivanti da un eventuale insuccesso).

Questo, come scoprirai più avanti, non vale per il sistema di e-commerce senza magazzino proposto in questo libro Per aprire un negozio in dropshipping **non hai bisogno di rischiare i tuoi soldi** ed acquistare dei prodotti da rivendere. Puoi iniziare benissimo con un sito web molto semplice e utilizzare solo metodi di promozione gratuiti, almeno fino a quando non riuscirai ad ottenere i tuoi primi profitti.

Gestire il lavoro da qualunque posto

Perché sprecare ore preziose compilando noiosissimi report in un ufficio oppure lavorando in uno stabilimento polveroso, quando puoi condurre il tuo lavoro direttamente da casa tua, stando vicino alla tua famiglia?

Di base, la maggior parte delle attività di business online non è limitata da confini geografici. **Puoi lavorare quando e dove ti piace**, purché ci sia una connessione internet stabile. Uno spazio in co-working, un ufficio, la tua cucina, sentiti libero di scegliere il luogo che più preferisci. Questa scelta non influenzerà per niente il tuo lavoro.

I PIÙ COMUNI MODELLI DI BUSINESS ONLINE

Avviare un business online può essere un'idea interessante e ci sono molti modi per farlo. A meno che tu non intenda rivendere dei prodotti da te stesso realizzati, potresti valutare una delle seguenti alternative:

 Il **negozio online tradizionale** (con magazzino), con cui potresti rivendere dei prodotti acquistati in precedenza da grossisti e produttori.

 **L'affiliazione ad Amazon** o ad altri siti di grandi venditori, che ti permetterebbe di guadagnare una percentuale sulle vendite che generi ogni volta che riesci a portare un cliente ad acquistare presso di loro.

 **Il blog** o sito di contenuti, per mezzo del quale potresti **guadagnare con la pubblicità** online.

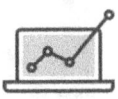 Il **negozio online in dropshipping**, con cui potresti commercializzare dei prodotti senza averli fisicamente in magazzino, inoltrando l'ordine, dopo la conclusione della vendita, al tuo fornitore che provvederà poi alla spedizione della merce al cliente finale.

Ognuno di questi modelli ha i suoi vantaggi e svantaggi.

In questo volume parleremo esclusivamente del modello basato sul dropshipping, perché crediamo che, tra le quattro scelte indicate sopra, sia quella che, più di ogni altra, può consentirti di ottenere **un buon profitto con un investimento contenuto**. Come vedrai in seguito, si tratta di un'attività **facile da avviare**, e che non presenta il rischio di andare in bancarotta perché **non dovrai comprare nulla in anticipo** dai fornitori.

Per quanto riguarda gli altri modi di fare business online non sta a noi stabilire se siano o no convenienti e non possiamo di certo affermare che la realizzazione di un e-commerce tradizionale o che l'avviamento di un'attività basata su affiliazioni o rendite pubblicitarie sia sempre fallimentare.

Tuttavia si può senz'altro dire che alcune di queste possibilità **comportano dei rischi piuttosto elevati**, mentre altre, pur essendo poco rischiose, **non sono scalabili**, in pratica difficilmente consentono di raggiungere buoni profitti. In questo capitolo evidenzieremo i principali limiti dei modelli alternativi al dropshipping, che è l'oggetto della nostra trattazione. Nel capitolo successivo, scoprirai che anche il modello del dropshipping ha i suoi punti di debolezza e sarai quindi in grado di comprendere se il sistema è adatto o meno al tuo profilo d'imprenditore e risponde alla tua voglia di avviare qualcosa di tuo.

Considerazioni sugli e-commerce tradizionali

Il principale punto debole di un modello di e-commerce tradizionale è che **richiede investimenti per l'approvvigionamento di prodotti** da rivendere. Se si vogliono attirare molti clienti, occorre, infatti, avere un catalogo ricco di prodotti e a volte serve anche avere molte varianti degli stessi.

Pensa ad esempio all'idea di aprire un negozio di scarpe online: oltre ad avere in magazzino almeno due o tre paia di scarpe per ciascun modello, dovrai avere anche un paio di scarpe per ciascun colore e uno per ciascun numero. Molte unità di prodotto per un solo articolo si traducono in un rischio elevato. Nessuno può assicurarti, infatti, che riuscirai a vendere tutti i prodotti (o tutte le varianti dello stesso) di cui ti sei approvvigionato, per cui **avrai sempre un costo collegato all'invenduto** e alla gestione dello stesso.

L'altro aspetto critico riguarda **la logistica**. Gestire le spedizioni non è semplice e nemmeno poco costoso. I problemi possono essere moltissimi e così quest'area di attività finisce spesso per diventare **enormemente dispendiosa**, non soltanto in termini economici, ma anche e soprattutto in termini di tempo da dedicarvi per farla funzionare correttamente.

Bisogna dire che non tutti i negozi online non funzionano. Il settore dell'e-commerce è in costante crescita in Italia, come nel resto del mondo. Eppure, l'apertura di un negozio online tradizionale non è certo un lavoro per tutti e **non è consigliabile a quanti intendano iniziare una nuova attività con un investimento contenuto**.

Considerazioni sulle rendite pubblicitarie

Per quanto riguarda i modelli di business online basati sulle rendite pubblicitarie, bisogna dire che molti credono che sia sufficiente realizzare un blog e far girare gli annunci automatici di Google Adsense per iniziare a guadagnare. Questo è in parte vero. Google consente a tutti di vendere facilmente della pubblicità. Quello che però non è evidente a tutti è quanto si può riuscire a guadagnare in questo modo.

Sai quanti visitatori giornalieri il tuo sito dovrebbe avere per vivere di soli proventi pubblicitari? Moltissimi! Tanto per cominciare bisogna dire che Google ti paga solo quando qualcuno visita il tuo sito e clicca su uno dei banner che compaiono su di esso.

Quest'azione si chiama tecnicamente "conversione".

Si scrive spesso che i tassi di conversione delle pagine web raramente superano il 2%. In altri termini è probabile che solo due visitatori su 100 cliccheranno sui tuoi banner. Questa è considerata già un'ottima percentuale. Ci sono poi molti fattori che possono farla scendere ulteriormente, come la "cecità al banner" (il fatto che molti utenti tendono a non notare per niente le pubblicità online) e l'uso di software di blocco delle pubblicità tipo AdBlocker.

Sempre in termini generali, i guadagni per ogni click su un annuncio possono oscillare dai tre ai venti centesimi. Puoi prendere questi valori con le pinze, perché sono molto variabili e dipendono moltissimo dall'argomento trattato dal tuo sito. In ogni caso possiamo assicurarti che la maggior parte dei siti che conosciamo è più vicina alla zona dei tre centesimi a clic che a quella dei venti centesimi. Per questo motivo avrai bisogno di centinaia di migliaia di *page views* per monetizzare cifre interessanti.

Ad esempio, se la tua pagina fosse visualizzata 1.000 volte in un giorno, avresti la possibilità di ricevere venti clic sul tuo banner (il 2%) e probabilmente guadagneresti sessanta centesimi al giorno (a tre centesimi per clic).

In realtà **in Italia sono davvero pochi i siti che possono permettersi di andare avanti solo grazie ad Adsense** e comunque si tratta comunemente di siti web storici, ricchissimi di contenuti, aggiornati quotidianamente e sui quali è fatto un costante lavoro di ottimizzazione SEO che consente loro di essere sempre presenti nelle prime posizioni dei risultati dei motori di ricerca.

La maggior parte dei blogger che avvia un sito per vivere di pubblicità, dopo tanto tempo e tantissimo lavoro, **lascia perdere** perché si rende conto che i guadagni non riescono a ricompensare l'impegno e gli sforzi profusi nell'attività.

Considerazioni sui programmi di affiliazione

Rispetto a Google Adsense, le affiliazioni hanno il vantaggio di offrire delle percentuali più elevate. Ad esempio Amazon offre delle percentuali che vanno dal 3% al 12% per ogni vendita generata.

Anche in questo caso possiamo fare dei semplici calcoli: se la tua pagina contenente il link affiliato fosse visualizzata 1.000 volte al giorno potresti avere venti clic (= il 2% di probabilità) sul link affiliato. Quante probabilità ci sono che questi venti visitatori facciano poi un acquisto su Amazon? E quanto spenderanno? E quale percentuale ti riconoscerà Amazon su quel prodotto? Difficilissimo dirlo, ma proviamo a ipotizzare (ottimisticamente) che un quarto di questi (5 persone) facciano un acquisto da 10 euro e che su quest'acquisto Amazon ti riconosca il 5% di commissione. Il tuo guadagno sarebbe di 2,5 euro (= 5 persone * 10 euro * 0,05).

Come puoi notare dall'esempio su riportato, le variabili in gioco sono talmente tante che è difficile fare delle previsioni. Di certo però **è difficile costruirsi una grande rendita solo con questo sistema**.

Tra l'altro **può essere difficile ottenere delle conversioni**, giacché Amazon è molto conosciuta e i clienti si sentono abbastanza sicuri a eseguire delle ricerche e degli acquisti direttamente da lì, senza passare prima da altri siti.

Come per i modelli basati sulle rendite pubblicitarie, anche con le affiliazioni **l'unico modo per avere lauti guadagni è produrre un enorme traffico di visitatori**.

Già i numeri del nostro esempio sono abbastanza alti, pensa quante visualizzazioni dovresti avere per ottenere una rendita degna di questo nome.

L'altro limite delle affiliazioni è che **sei totalmente dipendente dal gestore del programma** e dalle regole da lui stabilite. Per esempio, per Amazon oggi vige la regola che la rendita massima per ogni acquisto non può superare i 10 euro ma Amazon stessa può decidere quando vuole di modificarla e quindi domani potresti trovarti a lavorare con condizioni differenti.

Per di più, se non studi con attenzione tutte le norme stabilite (o modificate in corsa) dal gestore, **rischi di essere estromesso dal programma** per aver commesso qualche violazione. In altri termini si tratta di un'attività di business che non puoi controllare perché non dipende al 100% da te.

In queste condizioni è **impossibile e insensato** sviluppare un'attività propria cercando di farla crescere.

Qual è allora la soluzione migliore? Continua a leggere e nel prossimo capitolo ti spiegheremo perché il dropshipping è differente da questi modelli di business, quali sono i vantaggi che offre ed anche i suoi limiti. Capirai in questo modo se il sistema è adatto a te.

DROPSHIPPING: COS'È E COME FUNZIONA

Il dropshipping è una forma di vendita che ti consente di lavorare **senza possedere nessuno stock di merce**, ma solo raccogliendo gli ordini dai clienti e trasferendoli ai fornitori (che possono coincidere con i produttori della merce oppure essere altri rivenditori).

Il funzionamento del sistema è illustrato nella seguente figura:

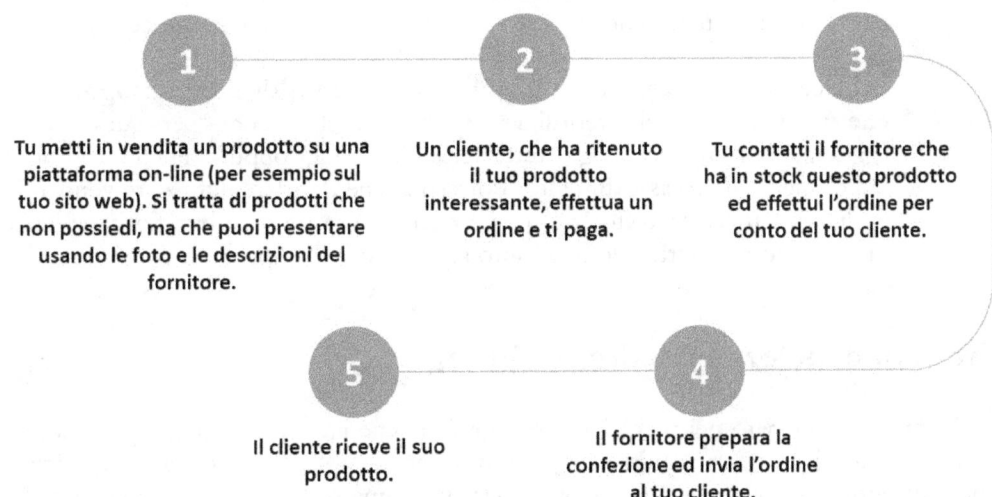

Fig. 1.1 – *come funziona il dropshipping*.

È chiaro che, per rendere vantaggiosa questo tipo di attività, devi stabilire correttamente il prezzo del prodotto che vendi. **Il tuo profitto, infatti, deriva dalla differenza tra il costo del tuo acquisto e la cifra che hai chiesto al tuo cliente**, ma di questo parleremo ampiamente nei prossimi capitoli.

Vantaggi del dropshipping

Il modello di business delineato sopra presenta **moltissimi vantaggi**:

- **È l'ideale per chi non ha nessuna esperienza.** Il dropshipping, infatti, ti consente realmente di mettere su un negozio online, anche se non hai mai avuto niente a che fare con l'internet marketing e con il mondo dell'e-commerce. In questo senso il sistema ti consente di partire avvantaggiato e di aggirare la maggior parte delle problematiche di gestione perché è il fornitore a svolgere per te gran parte del lavoro. Non devi preoccuparti di fare un inventario, né di stoccare la merce, né degli aspetti logistici. Dal momento che è il fornitore a occuparsi di tutte queste cose, tu potrai dedicare il tuo tempo a ciò che è più importante: attirare i clienti nel tuo negozio.

- **È un'attività definitivamente più economica rispetto a una qualsiasi attività di commercio tradizionale.** Non devi comprare nessun prodotto da tenere in stock pronto alla vendita e, non possedendo nulla, non sei obbligato a noleggiare e a gestire un magazzino. Di sicuro non ti troverai mai nella situazione di aver acquistato della merce che non riesci a rivendere.

- **Non devi avere a che fare con spedizioni e consegne**, cosa che sicuramente ti aiuterà a risparmiare il tuo tempo e la tua integrità psichica (la logistica è, infatti, uno dei principali ostacoli per chi fa e-commerce).

- Puoi **cambiare o espandere il tuo assortimento di prodotti ogni volta che vuoi**. Non devi preordinare i prodotti che vendi, per questo puoi aggiungere al tuo catalogo tutto ciò che vuoi, oppure anche cambiare radicalmente il tuo assortimento. Potresti anche decidere di iniziare vendendo moltissimi prodotti differenti, con lo scopo di comprendere cosa si vende meglio e concentrarti solo in seguito su una nicchia di prodotti più ristretta.

Punti di debolezza del dropshipping

Come già anticipato nel precedente paragrafo anche il dropshipping, come tutti gli altri modelli di business online ha i suoi punti deboli. Se deciderai di iniziare quest'avventura ti troverai a dover fronteggiare tutta una serie di problematiche tipiche di questo tipo di attività:

- **Non avrai la possibilità di eseguire controlli di qualità** sul prodotto prima che questo sia spedito al cliente.

- I clienti che acquisteranno più prodotti insieme, potrebbero riceverli con **spedizioni separate**, ciascuna effettuata da un fornitore diverso e questo può essere fonte di malcontento o confusione.

- Essendo un'attività facile da iniziare, se avrai successo, è molto probabile che **qualcuno tenterà di copiarti** facendo la stessa cosa.

- Gran parte della soddisfazione del cliente dipenderà da **elementi che non saranno sotto il tuo controllo**. Il fatto stesso che il prodotto sia realizzato e spedito da qualcun altro significa che affiderai a un soggetto esterno il compito di gestire una parte del servizio che è importante per l'esperienza del tuo cliente. Se qualcosa non andrà per il verso giusto, sarai però sempre tu a esserne responsabile.

- La **restituzione dei prodotti difettosi** potrebbe diventare complicata, perché i clienti dovranno prima restituire il prodotto a te e dopo tu dovrai inviarlo al tuo fornitore. Nel mentre, dovrai prenderti cura del cliente offrendogli un rimborso oppure una sostituzione che non potrà però avvenire in tempi rapidi.

- Se il tuo volume di affari crescerà, aumenterà anche la **richiesta di supporto da parte dei tuoi clienti**. Questo è un lavoro da cui non puoi sottrarti, per cui dovrai tenere in considerazione che, se può essere facile vendere cento prodotti, potrebbe non essere altrettanto semplice gestire le relazioni con cento clienti.

Il dropshipping fa per te?

Come evidenziato poco sopra, **il dropshipping non è un'attività priva di ostacoli e di difficoltà**. Prima di lanciarti in quest'impresa, una volta considerati tutti i pro e i contro, dovresti chiederti quindi se questo modello di business è in linea con la tua visione generale degli affari, con i tuoi obiettivi e con quello che ti aspetti da un nuovo lavoro.

Di certo possiamo iniziare smentendo quella che è la principale diceria diffusa da molti imbonitori e venditori del web. **Non è assolutamente vero che puoi condurre un'attività di vendita in dropshipping senza fare quasi nulla** e magari stando comodamente sdraiato su una spiaggia caraibica mentre il sito e i fornitori lavorano da soli per te.

È vero che con il dropshipping - e in particolare con il metodo proposto in questo volume - **si possono automatizzare molte fasi del lavoro**. È anche vero che questo modello ti consente di rischiare poco e di **esternalizzare le parti più noiose del processo**.

Però, alla base del tuo successo o insuccesso, ci sarà sempre la tua **capacità di gestire nel migliore dei modi le parti del modello che rimarranno di tua competenza**. Dovrai, ad esempio, investire notevoli energie in **attività di marketing** per promuovere i prodotti che vendi, costruire il tuo brand e renderti visibile al pubblico. Dovrai **aggiornare e mantenere un sito web**, con tutto ciò che questo comporta (inserimento di prodotti, contenuti, aggiornamenti tecnici, ecc.). Dovrai fornire un **servizio di assistenza al cliente**. Tutto questo ti richiederà molto tempo e non sarà automatico.

La vendita in dropshipping è quindi **un lavoro vero e proprio** che richiede dedizione, come tutti gli altri lavori.

Se è vero che dietro di te ci saranno dei fornitori che hanno i prodotti nei loro magazzini e che si occuperanno della spedizione, è anche vero che il negozio online sarà solo tuo. Tu dovrai quindi **preoccuparti di ciò che venderai, come se fosse un prodotto tuo**.

Dovrai inoltre essere in grado di fornire informazioni e assistenza su questi prodotti, pertanto **è assolutamente sconsigliato mettersi in settori che non conosci** abbastanza approfonditamente, salvo che tu non abbia in programma di farti aiutare da qualcuno che conosce bene quell'ambito. In pratica: non ti consigliamo di metterti a vendere strumenti musicali, se non sai quante corde ha una chitarra e non distingui un sassofono da una tromba.

Ora che sai tutte queste cose, ti consigliamo di prendere carta e penna e di **stilare un elenco** di almeno quattro o cinque elementi che potrebbero ostacolare così tanto la tua nuova attività da farla fallire. Una volta individuati gli **ostacoli principali**, potrai iniziare a pensare a come superarli. Niente paura, le risposte non necessariamente devono arrivare subito. A volte servono settimane o anche mesi per trovare le formule commerciali giuste e molto dipende anche da quanto tu sarai determinato a trovare la soluzione ai problemi. Se però credi che quegli ostacoli che hai individuato siano insuperabili, ti consigliamo di non andare avanti nel progetto e di pensare a qualcos'altro.

Alternative per chi intende fare dropshipping

Il primo passo per avviare un'attività in dropshipping – prima ancora di capire cosa si può vendere e chi può fornirlo – è decidere che metodo utilizzare. Le strade che puoi percorrere quindi per aprire il tuo negozio online sono essenzialmente tre:

Fare tutto da solo

Potresti decidere di **fare tutto in autonomia**. Questo significherebbe **identificare da solo i fornitori, prendere accordi diretti** con loro e **costruire il sito** adatto allo scopo.

Nell'identificazione dei fornitori potresti trovare delle difficoltà perché **su Internet si trova di tutto**, ma sono veramente poche le risorse di informazioni affidabili. Molto spesso invece rischieresti di imbatterti in società che vendono elenchi di grossisti di scarsa affidabilità oppure in altre che dicono di essere produttori, mentre sono solo rivenditori.

Potresti eventualmente decidere di rivolgerti a piccoli produttori della tua zona, ma (sempre che abbiano il prodotto che tu vuoi vendere) **dovresti anche essere capace di formarli** adeguatamente in modo che sappiano gestire la logistica per conto tuo, poiché è probabile che non siano abituati a lavorare con le vendite a distanza.

Per inserire gli articoli nel tuo catalogo, **dovresti essere in grado di realizzare da solo il materiale descrittivo** degli stessi e questo potrebbe includere la necessità di **scattare delle foto, ritoccarle,** e **redigere dei testi** di presentazione. Moltiplicato per il numero di prodotti che intenderai mettere in vendita **si tratta di un lavoro molto oneroso.**

Cosa ancora più importante, **dovresti trovare un sistema di comunicazione che possa consentire al tuo negozio di mantenere allineati prezzi, offerte, descrizioni e quantità disponibili di ciascun prodotto con quelle dei fornitori.** Si tratta di un problema tecnico che devi necessariamente affrontare, se non vuoi ritrovarti a vendere un prodotto che i tuoi fornitori non hanno più in magazzino o che hanno disponibile ma a un prezzo più alto di quello da te considerato.

Tutta quest'attività sarebbe molto impegnativa e in definitiva rende il fai da te un sistema poco adatto alla tua esigenza di minimizzazione dei rischi e dei costi di avviamento.

Acquistare una soluzione preconfezionata

Se t'interessa aprire un negozio online senza magazzino, avrai forse visto che esistono sul web delle aziende che offrono la possibilità di affiliarsi e mettere online un nuovo sito con pochi semplici passaggi del mouse.

Loro mettono a disposizione un catalogo di prodotti, si occupano della spedizione e tu non devi fare altro che dedicarti alla promozione.

Si tratta spesso di **negozi preconfezionati,** tutti uguali, che **offrono tutti gli stessi prodotti.** Potresti aderire a uno di questi servizi, ma **non avresti mai una formula di e-commerce unica e ben distinguibile dalle altre.**

Ti troveresti a competere con centinaia di altri commercianti che avranno un negozio praticamente identico al tuo, con gli stessi prodotti e che si rivolge allo stesso pubblico.

Quasi sempre inoltre questi servizi prevedono molte limitazioni (ad esempio un limite ai prodotti da includere nel catalogo oppure dei limiti sui prezzi da applicare, una marginalità limitata) e includono un **canone mensile da pagare.** In alcuni casi **non potrai essere neanche tu il vero proprietario del sito.** Inoltre, quasi sempre, le clausole dei contratti prevedono per l'affiliante la **possibilità di interrompere il**

servizio quando vuole. Ciò significa che potresti ritrovarti, da un giorno all'altro senza più un negozio. Si tratta quindi di un sistema semplice, ma che non ti consigliamo se vuoi puntare a ottenere una reale crescita.

Utilizzare un software di automazione

La terza e ultima strada è quella che prevede **l'utilizzo combinato di fornitori già preparati a lavorare come dropshipper e di un software di automazione** che metta in collegamento il tuo negozio con loro.

In pratica, questa soluzione ti consente di risparmiarti una grandissima parte del lavoro. **Non dovrai andare personalmente alla ricerca di fornitori**, prendere contatti diretti con loro, condurre trattative e implementare sistemi software che colleghino il tuo negozio ai loro. **Avrai già a disposizione tutti i materiali che ti servono per la presentazione dei prodotti nel tuo negozio.**

Potrai selezionare i fornitori scegliendolo tra **migliaia di possibili candidati**, già **abituati a lavorare come dropshipper**. Avrai a disposizione molte **informazioni** che ti permetteranno di esprimere un giudizio in merito all'affidabilità **dell'azienda**. Non dovrai contattare direttamente nessuno prima di aver concluso una vendita e questo sarà per te un grandissimo risparmio di tempo.

Il contatto con il fornitore avverrà solo dopo che avrai venduto un prodotto al tuo cliente, quando gli fornirai l'indirizzo di spedizione. Per di più, volendo, potrai automatizzare anche questo processo.

Tutto il resto del lavoro sarà coadiuvato dall'uso del software oppure svolto in maniera automatica. Potrai così **importare i prodotti dei fornitori** con immagini e descrizioni così come sono oppure modificarli. Il software manterrà il tuo negozio allineato con i magazzini dei fornitori, evitando di farti vendere qualcosa che il fornitore non ha più a disposizione. In pratica quando un fornitore esaurirà un prodotto, questo scomparirà anche dal tuo negozio (oppure apparirà come esaurito).

Il software ti consentirà inoltre di **aggiornare i prezzi** in caso di variazioni da parte del fornitore, di **acquisire gli ordini** e **tracciare le spedizioni**.

Questa è la soluzione che crediamo sia più adatta a chi, partendo con un capitale contenuto e senza molta esperienza, vuole essere operativo in poco tempo ed è quindi quella che descriveremo in questo volume.

SCHEDA DI APPROFONDIMENTO:
DROPSHIPPING SENZA NEGOZIO?

Teoricamente non hai bisogno di avere un tuo negozio online per fare dropshipping. Potresti ad esempio pensare di acquisire degli ordini tramite altri canali (ad esempio e-bay) e poi approvvigionarti di prodotti dai fornitori esterni.

Questa non è una strada **che noi ti consigliamo di intraprendere**, perché le soluzioni alternative presentano molti svantaggi, vediamo quali sono:

Social Network

Spesso chi vuole muovere i primi passi nel mondo dell'e-commerce inizia con i social network. Su **Facebook**, ad esempio, ci sono molti **mercatini** nei quali si possono mettere in vendita i propri prodotti. Anche se questo può sembrare un sistema molto comodo e conveniente, bisogna considerare che i social network **non sono fatti per la vendita**, non consentono di acquisire degli ordini, né di accettare pagamenti. Per non parlare del fatto che le persone non entrano nei social per fare acquisti. In sostanza non si tratta di un sistema particolarmente efficace.

Siti di annunci

I siti di annunci come **Subito.it** sono una delle prime strade percorse da chiunque voglia vendere qualcosa sul web. Questi siti possono andare bene per vendere di tanto in tanto degli oggetti usati, ma non sono adatti per chi invece intende realizzare un'attività di rivendita organizzata come quella descritta in questo volume. A volte i regolamenti dei siti di annunci **vietano** persino **ai venditori professionali di mettere in vendita i loro prodotti**, se non dietro pagamento di una tariffa di iscrizione o di un abbonamento.

Se ciò non bastasse, un altro fortissimo limite di questi siti è rappresentato dal fatto che i compratori che li frequentano sono abituati a trattare e a mercanteggiare sul prezzo. Per ogni annuncio pubblicato il venditore può essere contattato da decine di ipotetici acquirenti, molti dei quali (per non si sa quale motivo) intendono solo fare qualche domanda, ma **non hanno realmente alcuna intenzione di concludere l'acquisto**.

Portali di aste online

I portali di aste online come **e-bay** rappresentano un'alternativa molto migliore rispetto ai social network, perché consentono di accettare i pagamenti e contengono molte funzionalità pensate direttamente per la vendita. Tuttavia e-bay è un mare in cui è molto facile perdersi. Per fare in modo che le proprie offerte siano visibili, **bisogna investire in pubblicità**, oppure aspettare gli ultimi minuti in cui l'asta è in scadenza.

Bisogna fare i conti con **le tariffe d'inserzione e le commissioni** della piattaforma, che **limitano molto il margine di profitto** che si può ricavare dalla vendita. Infine, ma non per ultimo in termini di importanza, su e-bay è **molto difficile (se non impossibile) raggiungere un target di clienti specifico**, ai quali potresti arrivare realizzando un negozio tuo.

Blog e forum

I blog e i forum mettono in collegamento individui con interessi simili e quindi spesso ospitano dei mercatini nei quali è possibile vendere delle cose in maniera più o meno professionale. **Nessun blog e nessun forum può tuttavia essere adeguatamente sviluppato per ospitare un negozio vero e proprio** e, di conseguenza, **l'immagine** di un venditore che opera soltanto attraverso questi strumenti non potrà mai svilupparsi a livello tale da garantire il raggiungimento di un buon volume d'affari.

VANTAGGI DEL NEGOZIO

È evidente che tutti i sistemi alternativi che potresti considerare per vendere online, avrebbero dei punti di debolezza. Di contro, l'apertura di un tuo negozio online ti consentirebbe di avere numerosi benefici.

Redditività elevata

Vendendo i prodotti nel tuo negozio potrai ottenere **profitti maggiori** che conducendo le tue vendite in altri modi. Questo perché chi ha un negozio appare agli occhi del cliente come un **soggetto più degno di fiducia** rispetto a chi vende su un mercatino o sui social network. La percezione è che dietro ad un negozio ci sia sempre una qualche forma di **organizzazione aziendale** e quindi il cliente potenziale si sente maggiormente garantito. Di conseguenza, anche le conversioni delle tue azioni promozionali saranno migliori e i profitti saranno più alti.

Nessuna competizione interna

Se metti i tuoi prodotti in vendita su e-bay, Amazon o in un qualsiasi sito di annunci, le tue offerte saranno presentate nei risultati delle ricerche insieme a quelle di moltissimi altri venditori che vendono prodotti simili (magari a prezzi più bassi). All'interno del **tuo negozio** invece **non hai competizione**, perché l'unico a vendere in quel posto sei tu.

Indipendenza

I venditori che hanno un loro negozio non devono sottostare a nessuna regola imposta dal proprietario di un'altra piattaforma e possono quindi sviluppare le loro strategie di vendita in maniera assolutamente indipendente. **Nel tuo sito puoi fare tutto ciò che vuoi**, scegliere i prodotti, le immagini, e le politiche di vendita che preferisci. Nessuno ti verrà mai a dire che hai violato qualche regola.

Valore aggiunto

Il tuo negozio è un asset che **può essere venduto ad altri imprenditori** esattamente come qualunque altra attività commerciale. Le compravendite di siti in Italia, come nel resto del mondo, sono in continua crescita perché molti imprenditori preferiscono acquistare una piattaforma di e-commerce già avviata piuttosto che crearla da zero. Ci sono imprenditori che realizzano e avviano siti, con la sola finalità di rivenderli con profitto dopo qualche tempo. Anche questa è una strada che potresti pensare di seguire.

Versatilità

Avere un negozio ti consente di mantenere **tutto sotto controllo**. Puoi mantenere e visualizzare i dati di tutti i tuoi clienti, puoi modificare le modalità di pagamento, puoi offrire la possibilità di inserire codici promozionali oppure altri tipi di offerte, puoi impostare delle email di risposta automatizzate, e molto altro ancora. Il negozio online è difatti **una macchina che puoi modificare e regolare a tuo piacimento**.

Statistiche e dati

Il proprietario di un negozio online ha a disposizione un **gran numero di dati** e di **statistiche dettagliate** come quelle riguardanti il numero di ordini ricevuti, il valore del fatturato, quanti potenziali clienti hanno visitato il negozio, quali prodotti hanno considerato e moltissimo altro ancora. Il proprietario del sito può in questo modo monitorare la performance del negozio e operare qualunque tipo di cambiamento quando necessario.

Per tutte le ragioni sopra descritte riteniamo che un negozio online può consentirti, più di ogni altro sistema alternativo, di diventare un imprenditore indipendente, costruire il tuo brand, assumere il controllo su ogni aspetto degli affari e quindi avere un **potenziale di crescita del business illimitato**.

ALIEXPRESS: COS'È E PERCHÉ SCEGLIERLO PER IL DROPSHIPPING

AliExpress è **una delle più grandi piattaforme di e-commerce del mondo** ed è stata creata per mettere in contatto i produttori cinesi con i clienti di ogni nazione. Attualmente questa piattaforma viene utilizzata sia dai piccoli e medi rivenditori sia dalle grandi aziende cinesi per offrire prodotti di ogni genere (abbigliamento, elettronica, giocattoli, articoli per la casa, ecc.) a una clientela diffusa in ogni angolo del globo.

AliExpress **è un'ottima fonte di approvvigionamento** per chi si accinge a iniziare un'attività di business in dropshipping perché:

La gamma di prodotti offerti è molto ampia: a oggi ci sono oltre 100 milioni di prodotti in vendita su AliExpress. Ciò significa che un venditore può scegliere **una qualsiasi categoria merceologica** e avere sempre un **ottimo assortimento** da offrire ai propri clienti.

La piattaforma è accessibile: iniziare a fare dropshipping con AliExpress è facilissimo. Non c'è **nessuna tariffa** o percentuale da pagare. Il sistema è **gratuito**. Devi solo iscriverti.

I prezzi sono bassissimi: i prezzi dei prodotti in vendita su AliExpress sono in linea con il mercato cinese e quindi sono veramente bassissimi. Molto spesso si tratta di prezzi **dieci volte più bassi** di quelli che si trovano nei negozi! Questo conferisce realmente la possibilità a un venditore di offrire lo stesso prodotto sul proprio sito a un prezzo più alto e ricavare un proprio margine. In ogni caso il cliente potrà acquistare il prodotto a un prezzo sufficientemente contenuto ed **entrambi trarrete beneficio dall'operazione.**

Ci sono molti prodotti originali in linea con le mode e le tendenze del momento: fare acquisti su AliExpress sta diventando sempre più popolare, in quanto i clienti di tutto il mondo si tanno rendendo conto che su questa piattaforma è possibile trovare **il miglior rapporto qualità/prezzo**. In conseguenza di questo successo i produttori cinesi (che prima erano famosi per la produzione delle imitazioni) si sono aggiornati riuscendo a creare delle loro **offerte originali**. Molto spesso sono proprio loro a captare prima degli altri le nuove mode e tendenze in tutti i settori: dalla moda all'elettronica. Su AliExpress quindi è spesso possibile trovare degli **oggetti unici e molto particolari**, che ancora non esistono nel nostro mercato.

I venditori affidabili sono migliaia: la selezione di un partner affidabile è uno dei compiti più delicati che spetta a chi inizia un'attività di vendita in dropshipping. Su AliExpressi ci sono **più di 200.000 venditori** e la piattaforma utilizza un sistema di rating e di review simile a quello di ebay che consente di valutare l'affidabilità di ciascuno. Il profilo del venditore contiene informazioni di vario tipo: da quanto tempo lavora su AliExpress, quanti ordini ha evaso, quali certificazioni ha ottenuto per i propri prodotti, dove si trova la sede e il sito dell'azienda, ecc. In più **ogni acquirente ha la possibilità di recensire il venditore, sia con un punteggio, sia lasciando dei commenti**. I clienti sulla piattaforma sono generalmente molto attenti a quest'attività, per cui è quasi sempre possibile trovare molte informazioni su ciascun venditore ed escludere quelli ritenuti non idonei.

Il servizio di spedizione è avanzato e accessibile: i venditori presenti su AliExpress possono spedire i loro prodotti in ogni parte del mondo. Spesso c'è la possibilità di scegliere tra servizi diversi di spedizione, da una **spedizione gratuita** standard alla spedizione espressa con corriere (UPS, Fedex, DHL, ecc.) al servizio **ePacket**. Gli acquirenti ricevono sempre un **codice tracking** che consente di verificare dove si trova la spedizione e di prevedere quando arriverà a destinazione. Tutto questo aiuta moltissimo ad alimentare la fiducia nel sistema.

I fornitori sono disponibili: i venditori cinesi sono sempre molto contenti di lavorare come dropshipper. Per questo motivo (se serve) puoi facilmente discutere con loro di qualsiasi aspetto di business e anche trovare degli **accordi speciali** per i prezzi o per le spedizioni o comunque chiedere loro di non includere **materiali promozionali** nelle tue spedizioni.

Principali ostacoli che chi fa dropshipping con AliExpress deve imparare a superare

Come appena evidenziato, AliExpress è una piattaforma di approvvigionamento molto vantaggiosa per fare dropshipping. Non saremmo però onesti con te se non ti dicessimo fin da subito che, una volta che avrai deciso di utilizzare AliExpress, dovrai per forza affrontare due problematiche piuttosto serie che si aggiungono a quelle tipiche del dropshipping, elencate in precedenza. Due grossi problemi riguardano **le tempistiche di consegna dei prodotti** al cliente finale e la **qualità percepita** della merce.

Poiché esistono questi problemi, ti potresti chiedere perché ti stiamo suggerendo di iniziare un business in questo modo. La verità è che nessun modello di business è privo di difetti. Fare dropshipping con AliExpress può avere molti vantaggi e soprattutto ti consente di iniziare una vera e propria attività di e-commerce internazionale sfruttando una serie di risorse gratuite e spendendo una cifra irrisoria (inferiore ai 100 euro, se sommiamo il costo del servizio hosting a quello del plugin commerciale necessario per realizzare il negozio).

In generale, piuttosto che cercare un modello di business infallibile (che non esiste), dovresti rapportare vantaggi e svantaggi di ogni modello, e poi sforzarti di trovare le soluzioni che ti consentiranno di superare i problemi connessi al sistema che hai scelto.

Per quanto riguarda più particolarmente i problemi di AliExpress, possiamo qui provare a suggerirti alcune soluzioni. Non sono tutte le soluzioni esistenti, perché siamo sicuri che anche tu, con la giusta dose di creatività e d'impegno, potrai trovare delle soluzioni alternative. **L'abilità imprenditoriale consiste appunto nella capacità di trasformare ogni ostacolo in un'opportunità.** Proviamo quindi ora a entrare nel merito dei problemi di AliExpress (e delle possibili soluzioni per superarli) iniziando dal primo di essi:

Le tempistiche di consegna

La maggior parte dei fornitori di AliExpress si trova in Cina per cui le **tempistiche di consegna dei prodotti potranno essere lunghe,** arrivando a volte fino a sessanta giorni di attesa per il cliente. In base alla nostra esperienza i tempi medi di attesa con una spedizione standard sono di circa trenta giorni. Si tratta, come è ovvio, di un limite notevole per la tua attività di commercio elettronico.

Come puoi fronteggiare questo problema? Per prima cosa puoi lavorare sulla **selezione dei prodotti e dei fornitori.** Negli ultimi anni le tempistiche di spedizione dalla Cina sono molto migliorate e AliExpress ha introdotto il servizio **ePacket** che consente di raggiungere la maggior parte delle destinazioni in 7-12 giorni (tempi tecnici di spedizione). Se selezionerai solo i prodotti per i quali è disponibile questa modalità di spedizione, avrai già ridotto del 50% i tuoi tempi medi di consegna.

Devi sapere poi che ci sono molti fornitori cinesi che, vista la grande mole di richieste, hanno messo delle **sedi distributive in Europa**. Spesso quindi si trovano su AliExpress dei prodotti cinesi che possono essere spediti dalla Germania, dalla Francia, dalla Spagna o anche dall'Italia. In questi casi, la tempistica di consegna è uguale a quella di una qualsiasi altra spedizione intracomunitaria. La seconda strategia che potresti adottare è quindi quella di individuare e scegliere solo questi prodotti.

Un altro aspetto che devi considerare è l'impegno del governo cinese e i possibili sviluppi futuri. Già da qualche anno infatti la Repubblica Popolare Cinese sta lavorando a un progetto denominato **"La Nuova Via della Seta"** che ha l'obiettivo di migliorare i collegamenti e i rapporti commerciali con i paesi dell'Eurasia. In questo progetto, iniziato già nel 2014, la Cina ha investito molti miliardi e ciò dovrebbe portare, nell'arco di qualche anno, a un miglioramento sostanziale dei tempi di consegna di tutti i prodotti cinesi.

Nell'ambito dello stesso progetto, a marzo 2019, è stata annunciata **l'apertura di AliExpress alle aziende italiane**, le quali a breve potranno finalmente aprire un loro negozio online su questa piattaforma e vendere in maniera autonoma i loro prodotti alle centinaia di milioni di clienti registrati in Europa e nel mondo. In virtù dell'accordo tra il sistema logistico Cainiao e la Sda di Poste Italiane, **i tempi di consegna previsti sul territorio italiano per prodotti nostrani andranno dalle ventiquattro alle settantadue ore**, isole escluse. In un futuro non troppo lontano potresti quindi aprire un negozio per vendere prodotti italiani in Italia e all'estero.

Un'altra idea che potresti valutare è quella di **adottare un modello misto** che comprenda anche la gestione di un piccolo stock di merce pronta per la consegna. Con il dropshipping potresti testare il mercato, comprendere cosa i tuoi clienti vogliono, identificare i prodotti maggiormente richiesti, per poi costruire un piccolo magazzino contenente solo questi. In poco tempo **potresti quindi essere in grado di offrire una spedizione rapida** (che comunque dovresti gestire personalmente) **per i *best seller* del tuo negozio**.

Le considerazioni appena fatte già ti suggeriscono che alcuni metodi per ridurre i tempi di spedizione esistono e in un futuro molto vicino potresti addirittura vendere in Italia (o all'estero) i prodotti delle aziende italiane, con tempi di spedizione ancora più ridotti.

Se però vuoi lavorare sui prodotti cinesi, che sono comunque la maggior parte di quelli adesso presenti su AliExpress, puoi ancora adottare altre strategie, che non ti consentiranno di ridurre i tempi di consegna, ma che serviranno a rendere la tua offerta più accettabile per il cliente.

Per esempio, potresti decidere di offrire ai tuoi clienti **uno sconto proporzionale al tempo** che il prodotto impiegherà per arrivare a destinazione. Oppure potresti identificare i prodotti con i tempi di spedizione più lunghi e **restituire al cliente una parte di quanto speso per acquistarli**. Come scoprirai più avanti in questo volume, tu stesso avrai la possibilità di recuperare **fino al 12%** di quanto spendi per acquistare prodotti su AliExpress. Restituire questo importo al tuo cliente, per compensare il fatto che alcune spedizioni arrivino in tempi più lunghi, non ti costerà nulla.

La qualità percepita dei prodotti

Molte persone non acquistano su AliExpress perché ritengono che i prodotti fatti in Cina siano **sempre di pessima qualità**. Nel momento in cui i tuoi clienti comprenderanno qual è l'origine di ciò che vendi, questa percezione di scarsa qualità diventerà anche qualcosa con cui tu dovrai avere a che fare.

Ora c'è da porsi innanzitutto una domanda: è vero che i prodotti cinesi sono di scarsa qualità? Potremmo rispondere seccamente di no. Perlomeno si può dire che questa regola non è valida in assoluto. È vero: l'industria cinese è cresciuta a ritmi vertiginosi grazie soprattutto alla sua capacità di mantenere bassi i prezzi e senza inizialmente avere degli standard qualitativi comparabili a quelli occidentali (per non parlare di quelli giapponesi). Tuttavia la realtà di oggi è molto diversa da quella di dieci o venti anni fa. Non sono pochi i produttori cinesi che hanno ormai raggiunto dei **livelli di eccellenza qualitativa del tutto paragonabili a quelli delle aziende occidentali**.

Anche sul fronte produttivo, come su quello commerciale, il governo cinese si è impegnato molto. Ad esempio, già nel 2015, è stato lanciato il progetto denominato **"Made in China 2025"** che punta a rinnovare radicalmente la produzione cinese, cambiandone completamente l'immagine. L'obiettivo espresso di questo progetto è rendere le aziende cinesi più competitive sui mercati globali, puntando sui settori tecnologicamente più avanzati **e migliorando la qualità**. Questi obiettivi sono talmente ambiziosi (e l'economia cinese è talmente grande) che gli Stati Uniti e gli altri paesi europei rischiano in un futuro molto prossimo di diventare solo esportatori di materie prime verso le aziende cinesi che si occuperanno di tutta la produzione mondiale.

Anche rimanendo fermi al momento presente, bisogna osservare che l'industria cinese è enorme. **È così grande da non rendere accettabile nessuna generalizzazione**. Prova a fare un piccolo esercizio: prendi cinque o sei oggetti a caso, scegliendoli tra quelli che sono vicini a te mentre leggi: gli abiti che indossi, la tecnologia che utilizzi, le attrezzature che usi per il tuo lavoro, le lampadine che illuminano la tua casa, ecc.. Cerca di capire dove sono stati fabbricati. Molto probabilmente vedrai che ce ne sono molti (se non tutti) *made in China* o in Hong Kong. Come puoi allora accettare lo stereotipo secondo cui i prodotti cinesi sono di scarsa qualità se il mondo che ti circonda è letteralmente fatto di queste cose?

Certo, volendo iniziare un'attività di rivendita di prodotti cinesi, dovrai essere in grado di individuare e selezionare i fornitori migliori, perché non tutti sono uguali. Questa è per te una fortuna, perché **il lavoro che svolgi nella selezione dei prodotti è una delle ragioni che ti autorizzano ad applicare un sovrapprezzo su ciò che vendi**.

Molti dei fornitori presenti su AliExpress sottopongono i loro prodotti agli stessi **controlli qualitativi** utilizzati dalle aziende occidentali (o giapponesi) e sono pronti a dimostrarlo rendendo pubblici i **certificati** che ne attestano il superamento. Quando scegli un prodotto puoi quindi verificare che l'azienda abbia queste certificazioni e che il prodotto stesso abbia superato tutti i test necessari.

Tieni conto che **tutti i grandi marchi occidentali ormai producono in Cina**, per cui quando vendi prodotti *made in China* non fai qualcosa di molto diverso da ciò che fanno la maggior parte delle aziende che conosci. Si tratta solo di imparare a fare quello che fa la maggior parte di loro e cioè personalizzare il tuo sistema di offerta evitando di far percepire al tuo cliente ciò che vendi come un prodotto di bassa qualità.

È importante comprendere un concetto chiave del marketing: **i prodotti sono dei panieri complessi di attributi**. La componente fisica del prodotto è solo un attributo, che non sarà sotto il tuo controllo, ma ci sono tante altre componenti che invece potrai controllare. L'immagine di ciò che vendi dipenderà in gran parte da ciò che farai e da quanto sarai bravo a costruire il tuo brand. **Se riuscirai a costruirti un'immagine di venditore attento ed esperto, anche i tuoi prodotti acquisteranno valore**, indipendentemente dal loro luogo di origine e indipendentemente dal fatto che gli stessi articoli possano essere venduti anche da altri.

Tu sarai il gestore del negozio e potrai quindi adottare liberamente delle strategie mirate a contrastare il preconcetto riguardante gli standard qualitativi dei prodotti. Come? Tanto per cominciare potresti inserire nel tuo paniere di attributi delle componenti di servizio che contribuiranno notevolmente a migliorare la percezione di qualità complessiva di ciò che vendi.

Una buona regola è di fornire sempre una **garanzia del rivenditore**. Questa contribuirà tra l'altro anche a giustificare dei tempi di attesa piuttosto lunghi. Oltre a questo puoi anche lavorare sulla **presentazione dei prodotti**, aggiungendo informazioni e note che i produttori cinesi non forniscono e che possono essere determinanti nella scelta. Devi inoltre essere sempre pronto a rispondere alle richieste dei clienti fornendo **assistenza e informazioni**.

Di certo devi **scegliere con estrema cura quello che vendi**. Imparerai come selezionare i prodotti che hanno maggiori probabilità di successo andando avanti nella lettura di questo volume. Non devi dimenticarti però che è sempre consigliabile **toccare con mano il prodotto che vendi**, per cui dovrai mettere in conto l'acquisto almeno di un campione di ogni articolo presente nel tuo catalogo.

Non dimenticare infine che anche la **tipologia di prodotti** che venderai avrà un peso rilevante sull'atteggiamento dei tuoi clienti. Su AliExpress si trovano in vendita molti oggetti strani, originali e introvabili su altri canali. A volte sono cose che le persone decidono di acquistare solo dopo averne scoperto l'esistenza, ma **non sono di certo oggetti di prima necessità** di cui si ha urgente bisogno. Se poi sono anche oggetti dal **valore unitario contenuto**, allora è molto più probabile che il cliente non si farà molte domande in merito alla qualità o alle tempistiche di ricezione.

ALIDROPSHIP: COS'È E A COSA SERVE

AliDropship è un software s'integra con **WordPress** e con **WooCommerce** e che, collegando il tuo negozio online con **AliExpress**, consente di trasformarlo in **una macchina perfetta per il dropshipping**.

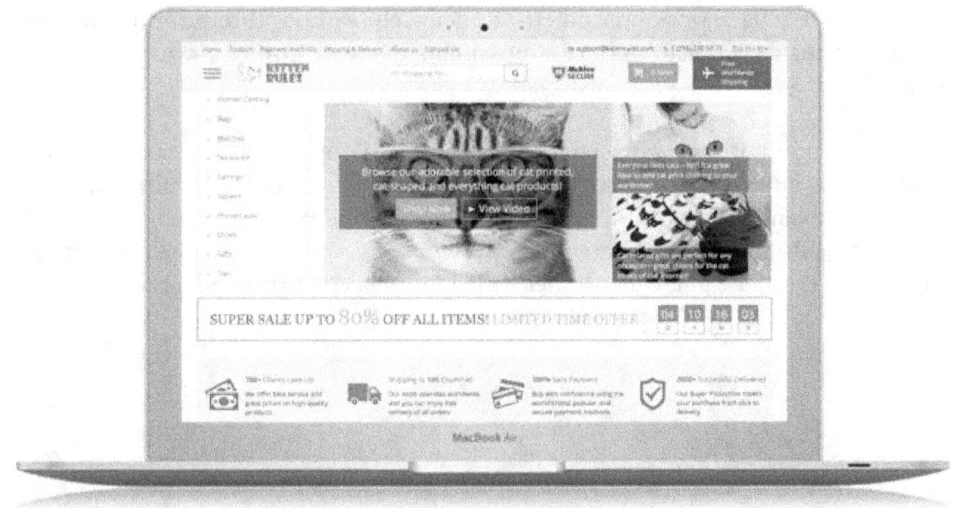

Affronteremo in maniera dettagliata l'uso di questo software nella parte V del libro, per cui non ci dilungheremo in descrizioni approfondite in questo paragrafo. Per ora ti basterà sapere che questo software contiene una serie di strumenti che ti consentiranno di **effettuare delle ricerche** su AliExpress, **identificare i prodotti** più adatti per il dropshipping (grazie ad una serie di informazioni che il software ti fornirà) e **importarli direttamente nel tuo negozio** con tanto di fotografie, descrizioni e recensioni dei clienti.

A quel punto i prodotti saranno nel tuo catalogo. **I prezzi si aggiorneranno** in base a delle regole che stabilirai tu e, se un fornitore di quelli che hai scelto, varierà il prezzo, questo sarà automaticamente aggiornato anche nel tuo negozio.

La stessa cosa accadrà per le quantità disponibili di ogni prodotto. **Quando il fornitore starà per esaurire la merce, tu sarai avvisato** e, nel caso in cui si arrivasse all'esaurimento dello stock disponibile, **anche il tuo sito si aggiornerà automaticamente** indicando che il prodotto è esaurito. In questo modo non correrai mai il rischio di vendere un prodotto che non c'è.

Una volta acquisito un ordine da parte di un cliente, il software potrà **automaticamente inviarlo al fornitore** e quando il prodotto sarà spedito invierà al cliente un'email contenente il **codice per tracciare la spedizione**.

Si tratta quindi di una serie di funzioni che renderanno automatiche molte procedure e che in sostanza ti semplificheranno il lavoro.

Ma non finisce qui: AliDropship è un software espandibile che può arricchirsi anche di molte altre funzionalità. Tra le altre cose è presente un **supporto a Facebook Business,** degli utili strumenti che consentono di **identificare i migliori prodotti in vendita** (già selezionati per te) e molti temi che si adattano perfettamente a WooCommerce. Ci sono infine anche molti **strumenti utili per il marketing**, come la funzione che ti aiuta a riportare indietro i clienti che hanno **abbandonato il carrello** prima di effettuare l'acquisto oppure la possibilità di creare **codici e coupon** per offrire sconti ai clienti.

Infine da non sottovalutare il fatto che con AliDropship è fornito un **efficiente servizio di assistenza** con persone reali che saranno in grado di fornirti supporto sia in caso di problemi tecnici sia in caso tu abbia domande più generali riguardanti il tuo business. Sul sito in più è presente un'ampia *knowledge base*, cioè un'area contente molte informazioni, tutorial e guide all'uso del software e alla conduzione del business.

SCHEDA DI APPROFONDIMENTO:
PERCHÉ QUALCUNO DOVREBBE COMPRARE NEL TUO NEGOZIO?

Quasi tutti quelli che iniziano a valutare l'idea di rivendere prodotti di AliExpress si pongono all'inizio la stessa domanda: **per quale scopo dovrei costruire un negozio in dropshipping quando i fornitori su AliExpress offrono gli stessi prodotti e li vendono anche a un prezzo più basso?**

Al contrario dei siti web più piccoli, AliExpress è una piattaforma mondiale molto conosciuta, affidabile e in crescita. **AliExpress già offre agli utenti del web la possibilità di acquistare qualsiasi cosa di cui abbiano bisogno pagando il prezzo più basso possibile.** I proprietari dei negozi in dropshipping invece devono applicare una maggiorazione sui prezzi per ottenere il loro margine di profitto. Perché qualcuno allora dovrebbe pagare di più per acquistare lo stesso prodotto da un negozio piccolo e sconosciuto?

AliExpress è scomodo

Una prima risposta è che per molti **AliExpress è semplicemente scomodo.** Ci sono oltre 100 milioni di prodotti offerti da migliaia di venditori. Avere un'ampia gamma di scelta è una buona cosa, ma quando è troppo grande i consumatori rischiano di essere sovraccarichi di offerte e quindi confusi. Trovare il prodotto giusto può essere difficile come trovare il classico ago in un pagliaio. In questi casi può capitare che, assillati da troppi dubbi, i clienti potenziali lascino il negozio **senza fare neanche un acquisto.**

Quando un consumatore sa esattamente che tipo di prodotto vuole è molto più probabile che preferisca un negozio specializzato ad AliExpress. **Il negozio specializzato è infatti più comodo,** non costringe il consumatore a passare in rassegna centinaia di oggetti irrilevanti. Per questo molti acquirenti preferiscono acquistare in negozi online dedicati a una specifica categoria merceologica, nei quali è possibile trovare solo **esattamente ciò di cui si ha bisogno.** Questo tipo di negozio consente al cliente di soddisfare il suo desiderio di acquisto più rapidamente.

Non tutti amano i venditori stranieri

Un altro motivo per cui non tutti comprano da AliExpress e che **ci sono dei clienti che non vogliono avere nulla a che fare con i venditori cinesi,** che magari non parlano la loro stessa lingua e di cui non si fidano. Queste stesse persone si trovano molto più a loro agio a fare acquisti in negozi online gestiti da loro connazionali, che hanno un aspetto più rassicurante e un gestore dall'aspetto più affidabile.

I venditori di AliExpress non possono seguire attentamente ogni cliente

I venditori di AliExpress si confrontano ogni giorno con moltissimi clienti e quindi a volte sono sbrigativi. Anche in questo tu puoi superarli. La **capacità di offrire un buon servizio di assistenza può essere determinante.** Un buon commerciante specializzato è sempre in grado di attirare il cliente e coinvolgerlo maggiormente nel processo d'acquisto di quanto possa fare un negoziante di AliExpress.

Il negoziante specializzato può offrire migliore assistenza

La tua specializzazione su una sola tipologia di prodotto è un'arma in più. Se infatti un venditore di AliExpress offre tutto l'immaginabile, dalle luci a energia solare ai giocattoli per bambini, agli articoli per animali, come si può pensare che possa essere in grado di fornire assistenza specifica su ogni prodotto? Quando i clienti cercano dei prodotti che richiedono qualche tipo di conoscenza (pensa ad esempio ai droni oppure agli articoli per il ciclismo o la pesca) **si attendono dal venditore qualche forma di assistenza** ed è esattamente ciò che tu puoi fare creando un negozio in una nicchia che conosci e che ami.

Non tutti conoscono AliExpress

Per finire, ma non ultimo in termini di importanza, devi sapere che **molti compratori neanche sanno che AliExpress esiste**. Specialmente se il tuo negozio si rivolge a una clientela internazionale, puoi approfittarne.

In tutto il mondo infatti i consumatori si differenziano enormemente tra loro per moltissimi fattori, dal livello di educazione, al grado di accessibilità a internet, all'esperienza che hanno con lo shopping online, fino ad arrivare alle differenti opinioni personali.

Anche se questo può sembrarti strano, molti acquirenti nel mondo non hanno mai neanche sentito parlare di AliExpress e ciò sicuramente costituisce un'opportunità che un potenziale imprenditore online come te potrebbe sfruttare.

Quando farai pubblicità online decidere di escludere dal tuo pubblico tutti gli utenti che sono già clienti di AliExpress, AliBaba, Light in the Box e altri marketplace cinesi. Con Facebook, per esempio, questa esclusione si può operare molto facilmente. In questo modo chi vedrà le tue offerte non potrà fare comparazioni con quelle cinesi.

In sostanza, ci sono moltissime persone che non acquistano su AliExpress e che per i loro acquisti online preferiscono i negozi più piccoli e più specializzati. Un negozio focalizzato su una particolare categoria di prodotto è mirato a soddisfare dei bisogni specifici, non generici dei consumatori, **per questo è in un certo senso migliore**.

Se il tuo negozio è fatto con cura, se lo hai riempito di prodotti belli e originali, relativi a una specifica categoria di prodotto, e soprattutto se ci sei tu dietro, con la tua esperienza e la tua passione, puoi stare certo che i visitatori non andranno via a mani vuote.

PARTE II – CAPIRE COSA VENDERE

PARTE II – CAPIRE COSA VENDERE

CRITERI DI BASE PER LA SCELTA DEI PRODOTTI DA VENDERE

Capire su quale genere di prodotto puntare per l'avviamento di un nuovo business online **non è un compito semplice**. All'inizio ti sarà difficile orientarti, ti farai un sacco di domande e sarai assillato da moltissimi dubbi, ma è giusto che sia così, perché questo **è uno dei compiti più importanti che determinerà il successo o meno della tua nuova attività**. I criteri di base per una prima selezione dei prodotti da vendere sono di comprensione abbastanza immediata, come illustrato di seguito.

Restare in un ambito conosciuto

Come primo consiglio ti suggeriamo di restare in un ambito che **conosci**. Scegliere qualcosa di vicino ai tuoi interessi è già un buon punto d'inizio e, anche se questo non ti garantisce il raggiungimento del successo, è un elemento imprescindibile per partire bene. Se sei appassionato di una determinata cosa (ad esempio: smartphone, biciclette elettriche, droni, scarpe da ballo, ecc.) e sei **aggiornato sulle novità dell'industria, sulle tecnologie più nuove, sulle specifiche dei prodotti, partirai molto avvantaggiato** perché per te sarà **più facile scegliere i prodotti migliori e anche fornire assistenza ai tuoi clienti**.

Considerare l'ampiezza dell'offerta

Nella categoria che scegli devi essere in grado di **trovare molti prodotti da vendere**. Se non ci sono abbastanza possibilità di approvvigionamento su AliExpress potresti infatti trovarti in difficoltà e non riusciresti a mandare avanti la tua attività.

Valutare la consistenza della domanda

I prodotti che scegli di vendere devono essere sufficientemente **richiesti da parte dei clienti** o almeno da un segmento di clienti. È importante valutare le dimensioni della domanda. Inutile puntare su qualcosa che non è richiesta dal mercato.

Rilevare elementi di rischio e di opportunità

Devi essere capace di rilevare sin da subito eventuali elementi che possono mettere a rischio o, viceversa, fungere da volano per la tua attività. Ad esempio, ci sono oggetti che si prestano molto bene alle promozioni sui social network, mentre ce ne sono alcuni per i quali possono esserci dei limiti di tipo pratico o delle restrizioni nei regolamenti delle piattaforme pubblicitarie che utilizzerai. Pensa ad esempio alle sigarette elettroniche, ai giocattoli erotici, agli integratori. Prima di scegliere qualcosa da vendere, meglio cercare di capire se si può anche pubblicizzare facilmente.

Stilare un elenco di opzioni

Sempre tenendo a mente i requisiti di cui sopra, potresti ora provare a individuare una serie di prodotti popolari. Si tratta di un semplice esercizio che puoi svolgere navigando sui maggiori siti di vendita online che conosci. Ti suggeriamo ad esempio di dare un'occhiata a queste utilissime fonti di informazione:

Pagina/Sito	Contenuto
Prodotti più popolari di AliExpress (https://www.aliexpress.com/popular.html)	Elenco suddiviso per categoria di tutti i prodotti più venduti su AliExpress.
Amazon Best Sellers (https://www.amazon.it/bestsellers)	Elenco aggiornato ogni ora dei prodotti più popolari (in base alle vendite) su Amazon. Anche in questo caso i prodotti sono suddivisi per categoria.
Ebay Trending (https://www.ebay.com/trending):	Elenco aggiornato dei prodotti di tendenza su e-bay, ordinati in base al numero di ricerche fatte dagli utenti.

Tab 1.1 – *fonti di informazione per l'individuazione di prodotti da vendere.*

Nei siti indicati sopra troverai moltissimi spunti che potranno anche confonderti le idee. Non perderti d'animo: non devi decidere immediatamente cosa vendere! La selezione del mercato in cui operare è una scelta delicata, devi avere un po' di pazienza e dedicare a quest'attività tutto il tempo che serve.

In questa fase dovresti cercare di stilare un elenco di possibili opzioni che potrai valutare meglio in seguito. Prendi quindi carta e penna e **prova a elencare almeno dieci possibili idee di prodotti** che ti sono venuti in mente portando avanti la tua prima indagine esplorativa.

Nei capitoli seguenti ti forniremo un metodo pratico per scremare la tua lista, eliminando le opzioni di scelta meno valide e lasciando solo quelle che possono garantirti maggiori possibilità di successo.

SCHEDA DI APPROFONDIMENTO:
NEGOZIO DI NICCHIA VS. NEGOZIO GENERICO

Prima ancora di parlare del metodo da usare per scremare la tua lista di opzioni, è importante porre l'accento su una **regola del dropshipping**: per avere successo con questo tipo di attività e con un budget limitato è **molto meglio concentrarsi su una nicchia di mercato che realizzare un negozio di tipo generico**.

In termini generali una nicchia è una parte di mercato che **la concorrenza non ha ancora raggiunto**, o che ha **parzialmente occupato**, ma in maniera tale da non venire incontro soddisfacentemente alla domanda.

Le nicchie, come suggerisce il nome stesso, **sono degli spazi piccoli, dei sottoinsiemi del mercato complessivo** che non tutte le aziende cercano di raggiungere. Infatti, date le dimensioni modeste di queste aree di mercato, non è sempre detto che la loro occupazione possa essere profittevole per una grande impresa che ha molti costi fissi da sostenere. Quindi **può capitare che esse rimangano parzialmente libere. Le piccole imprese**, con strutture più flessibili e con molti meno costi fissi delle imprese più grandi, sono naturalmente più idonee a occuparle.

Dal momento che tu non potrai competere sullo stesso terreno delle imprese più grandi, se vuoi avere successo nella tua nuova attività di dropshipping, dovrai fare **tutto lo sforzo creativo che ti è possibile per individuare una nicchia di mercato poco battuta**. Su Internet, come sai già molto bene, si trova di tutto e di più. Per questo motivo prima di avviare qualcosa ti consigliamo di vedere se già esiste.

I grandi negozi online di tipo generico o poco specializzati sono appannaggio esclusivo (o quasi) dei grandi rivenditori. Solo una grande impresa può avere infatti la forza di instaurarsi in un ambito altamente competitivo come quello di un negozio di tipo generico.

Per quanto ti riguarda, **la realizzazione di un negozio generico di scarpe, o di componenti per automobili, o di articoli per il giardinaggio, non avrebbe molto senso**, giacché ce ne sono già migliaia.

Se vuoi avere successo sul web con un e-commerce **devi fare in modo da rendere originale** e, per quanto possibile, **unica la tua offerta**. Devi quindi concentrarti su un ambito **molto ristretto** di prodotti e su una clientela ben identificabile.

In generale la selezione di una nicchia molto ristretta ti procurerà molti vantaggi:

- Ti sarà più facile **individuare i prodotti da vendere**.
- Avrai **maggiori probabilità di comparire** *nei risultati* dei **motori di ricerca**.
- Potrai individuare più facilmente il tuo pubblico **e comunicare con azioni mirate**.
- **Sarai più riconoscibile** perché rimarrai impresso nella mente del pubblico come il negozio che vende **solo** quel particolare tipo di prodotto.

Per avere ancora maggiore probabilità di successo devi inoltre connotare fortemente il tuo brand, in maniera tale da essere **immediatamente riconoscibile agli occhi di quel segmento di pubblico al quale ti rivolgi**.

Trovare idee su AliExpress

Quando si è alla ricerca di spunti per capire cosa si può vendere, AliExpress può essere fonte di grande ispirazione. Tanto per rendere meglio l'idea, proviamo ora a fare degli esempi: ti piace la moda e vorresti lavorare nel settore dell'abbigliamento? Bene, potrebbe essere un buon inizio, ma sappi che **sarebbe inutile creare un negozio di abbigliamento generico**: ce ne sono tantissimi sul web ed anche molto grandi e famosi, capaci di offrire al cliente prodotti di marca a prezzi ragionevoli, con consegna a domicilio in pochi giorni e reso gratuito.

Se davvero vuoi lavorare in questo settore, dovresti pensare di specializzarti su un tipo particolare di abbigliamento, possibilmente difficile da trovare nei negozi sotto casa. Per esempio potresti pensare a **un negozio di abbigliamento islamico**. Su AliExpress troverai di sicuro molti prodotti come quelli mostrati in figura.

Fig. 2.1 – *capi d'abbigliamento islamico in vendita su AliExpress.*

Oppure perché non pensare a un e-commerce dedicato solo alle **grandi taglie**?

Fig. 2.2 – *capi d'abbigliamento per grandi taglie in vendita su AliExpress.*

Su AliExpress si trovano **molti prodotti senza marca** (*no-brand*), che puoi quindi far passare come tuoi. In alcuni casi potresti persino chiedere di apporre su di essi un tuo marchio.

Allo stesso modo potresti valutare l'idea di lanciare un negozio che vende solo

costumi per adulti, o magari solo costumi ispirati a famose serie televisive o ai supereroi.

Fig. 2.3 – *costumi per adulti in vendita su AliExpress.*

Anche in questo caso troverai su AliExpress degli articoli molto originali, difficili da reperire altrove e potresti lavorare in un sottoinsieme del mercato dove sicuramente la competizione è meno forte che nell'ambito generico.

Per continuare con gli esempi, se pensiamo ai giocattoli, un comune negozio che vende qualunque tipo di gadget, dai modelli radiocomandati alle costruzioni, alle bambole per le bambine, non avrebbe molte possibilità di successo, perché sarebbe difficile da far emergere dal mare di offerte simili presenti sul web. Potresti però pensare a un negozio che vende solo **giochi antistress** come quelli mostrati in figura.

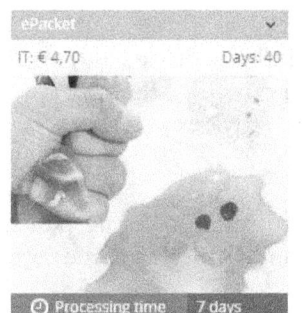  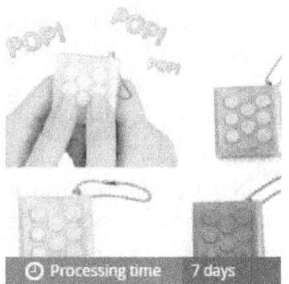

Fig. 2.4 – *giocattoli antistress in vendita su AliExpress.*

Similmente, se stai pensando di aprire un negozio di articoli per animali, ti sconsigliamo di farne uno generico che includa tutto dalle cucce per cani alle spazzole e alle lettiere per i gatti. Potresti invece concentrarti solo su un particolare articolo, per esempio sui **collari personalizzati con l'incisione** del nome dell'animale e un tuo brand (non ti sarà difficile trovare dei fornitori su AliExpress che offrono questo servizio).

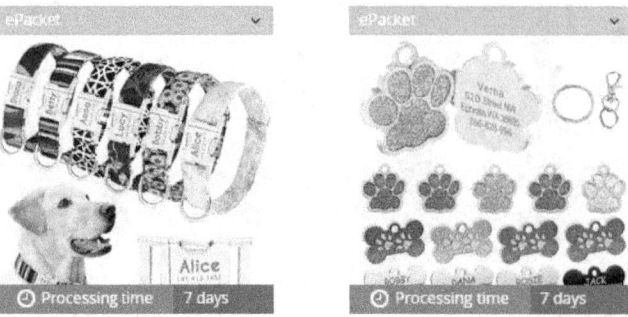

Fig. 2.5 – *collari e targhette per cani in vendita su AliExpress.*

Anche nell'ambito degli articoli elettronici si possono trovare su AliExpress molte idee interessanti, con prodotti altamente tecnologici offerti a prezzi molto competitivi. Per esempio, se volessi aprire un negozio dedicato esclusivamente ai droni, troveresti prodotti di ogni tipo, dai più piccoli fino ai modelli professionali.

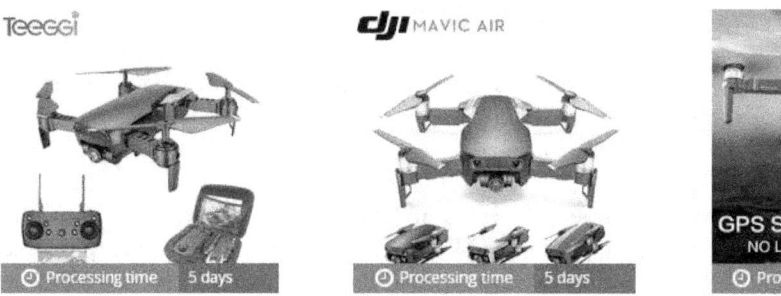

Fig. 2.6 – *droni in vendita su AliExpress.*

La nostra carrellata di esempi potrebbe continuare ancora a lungo.

Il bello di AliExpress è che è veramente una miniera infinita di prodotti e di fornitori e questo, se hai fantasia e spirito di iniziativa, ti consente di selezionare un ambito molto ristretto, personalizzandolo. Si tratta ora solo di trovare un sistema per comprendere quale idea possa essere vincente e quale no.

Nel prossimo capitolo t'illustreremo quindi un metodo empirico sul quale potrai basarti anche tu per valutare meglio ogni possibile idea riguardante la nicchia di mercato nella quale operare.

VALUTARE IL POTENZIALE DELLA NICCHIA

La selezione della nicchia di mercato giusta, come spiegato nel precedente capitolo, è uno degli aspetti più delicati che devi affrontare. Per questo motivo, se vuoi veramente costruire un negozio di successo, **ti consigliamo di fare una valutazione analitica chiara e precisa, basando la tua scelta su alcuni criteri attendibili e misurabili.**

Il metodo descritto di seguito è lo stesso che i consulenti di AliDropship consigliano ai loro clienti ed è quello che loro utilizzano per le loro iniziative di business. Si tratta di un **metodo empirico** che non ha nessuna pretesa di scientificità, ma che si è rivelato utile nella pratica e che quindi anche tu potresti impiegare con soddisfazione.

Il metodo serve a confrontare tra loro diverse possibili opzioni (quelle che hai identificato nel passaggio precedente) e ti consentirà di **escludere le nicchie nelle quali lavorare sarebbe più difficile,** separandole invece da quelle nelle quali il lavoro può essere più semplice.

La procedura si basa sulla valutazione di **undici parametri chiave** delle nicchie di mercato. Per la valutazione di ognuno di questi fattori ti consigliamo di utilizzare una scala con cinque punti.

In pratica, dovrai considerare singolarmente ciascun parametro e assegnare il massimo numero di punti (5) quando riterrai che quell'elemento sia positivo per un'attività di vendita in dropshipping e il minimo (1) quando invece riterrai quel parametro non possa favorire la tua nuova attività.

Dopo aver valutato tutti e undici i fattori, calcolando la media aritmetica, otterrai il punteggio complessivo della nicchia considerata, come mostrato nell'esempio che segue:

Parametro	Punteggio
Quantità di prodotti su AliExpress	5
Popolarità della nicchia su AliExpress	3
Presenza di fornitori affidabili	2
Marginalità potenziale	1
Trend di ricerca su Google	3
Potenziale promozionale su Instagram	2
Potenziale promozionale su Facebook	1
Numero di ricerche per parola chiave	3
Numero di pagine per parola chiave	4
Competizione sulla parola chiave	5
Competizione SEO con i grandi rivenditori	4
Punteggio medio	3

Tab 2.1 – *calcolo del punteggio complessivo di una nicchia.*

Prima di iniziare una nuova attività potrai quindi confrontare tra loro più nicchie di mercato e scegliere la migliore.

Il nostro consiglio è di analizzare un gruppo di nicchie diverse, escludendo quelle che ottengono punteggi medi inferiori a tre punti. Dai tre punti in su, la scelta sarà tua. Ovviamente **il rischio sarà inversamente proporzionale al punteggio ottenuto,** ma potrebbero esserci delle **valutazioni personali**, quale ad esempio quella della conoscenza del settore, di cui vorrai (e dovrai) tener conto. Per questo motivo, anche una nicchia che non raggiunge il massimo punteggio potrebbe essere per te una buona scelta. Vediamo quindi come puoi valutare ciascun parametro, partendo dal primo della lista.

Quantità di prodotti su AliExpress

Per valutare la disponibilità di prodotti nel canale di approvvigionamento, devi aprire la pagina di ricerca di AliExpress e vedere quanti oggetti in vendita vengono fuori utilizzando una particolare parola chiave.

Ti consigliamo di **limitare la ricerca** solo ai prodotti che hanno l'opzione della **spedizione gratuita** e un **rating di quattro stelle** o superiore. In questo modo opererai già a monte un'importante scrematura dei fornitori, considerando solo quelli che in qualche modo sono stati testati dai clienti.

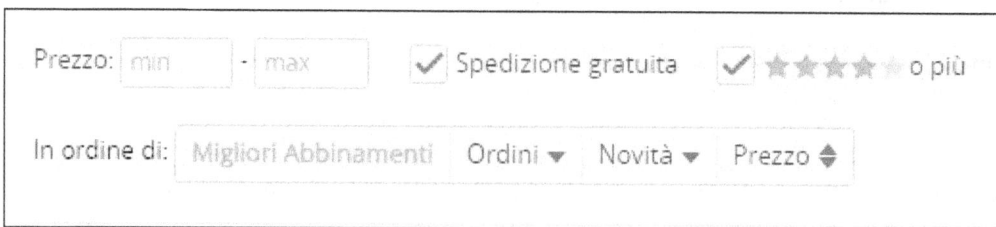

Fig. 2.7 – *maschera di ricerca di AliExpress.*

Verifica il numero di risultati ottenuti e assegna il punteggio utilizzando la seguente tabella come riferimento:

Numero di prodotti nella nicchia	Punti da assegnare
2.000 prodotti e oltre	5
1.000 -1.999 prodotti	4
500-999 prodotti	3
100-499 prodotti	2
1-99 prodotti	1

Tab 2.2 – *valutazione della quantità di prodotti AliExpress.*

Popolarità della nicchia su AliExpress

Per valutare la **popolarità della nicchia** puoi partire dai risultati della ricerca precedente e metterli in classifica per numero di ordini ricevuti (usando uno dei filtri presenti su AliExpress). Fatto questo, prendi i primi dieci oggetti e calcola la media aritmetica degli ordini ricevuti.
In base al numero di risultati ottenuti puoi ora assegnare il punteggio utilizzando la seguente tabella come riferimento:

Media ordini dei primi dieci oggetti	Punti da assegnare
2.000 ordini ed oltre	5
1.000 -1.999 ordini	4
500-999 ordini	3
100-499 ordini	2
1-99 ordini	1

Tab 2.3 – *valutazione della popolarità della nicchia su AliExpress.*

Presenza di fornitori affidabili

Le nicchie di mercato più adatte per il dropshipping sono quelle nelle quali è possibile trovare molti fornitori affidabili. Per valutare questo parametro puoi prendere in esame solo i primi dieci negozi del settore e annotare la loro percentuale di feedback positivi. Calcola quindi la media aritmetica di questi valori e assegna il punteggio al parametro come dalla seguente tabella:

Media feedback positivi dei primi 10 venditori	Punti da assegnare
95% ed oltre	5
94%-94,9%	4
93%-93,9%	3
92% - 92,9%	2
91,9% e inferiori	1

Tab 2.4 – *valutazione della presenza di fornitori affidabili.*

Marginalità potenziale

I prodotti più interessanti, com'è evidente, sono quelli che si possono rivendere a un prezzo molto maggiore del loro costo d'acquisto, e che quindi consentono di realizzare un **buon profitto**. Per fortuna questa è la casistica in cui ricade **la maggior parte dei prodotti venduti su AliExpress** dove i prezzi sono mediamente **molto più bassi** di quelli praticati dai venditori occidentali (anche online). Nella maggior parte dei casi avrai quindi la possibilità di incrementare il prezzo rimanendo di sotto il prezzo medio di mercato del prodotto.

Non tutti i prodotti sono però uguali: ce ne sono alcuni che consentono una maggiore discrezionalità di manovra in fatto di prezzi. Per questo motivo, ai fini della tua analisi generale sulla nicchia, ti conviene valutare bene anche questo fattore.

Per stimare la marginalità potenziale prendi **l'oggetto più popolare della nicchia** e vedi a che prezzo è venduto mediamente su AliExpress. Fatto questo, vai alla ricerca di **altri 10 negozi** online nel tuo **mercato di sbocco** che vendano lo stesso oggetto (oppure un articolo molto simile) e calcola la media aritmetica dei prezzi. A questo punto puoi comparare il prezzo medio applicato dai venditori di AliExpress con il prezzo medio trovato sui negozi online esterni. Assegna quindi il punteggio al parametro utilizzando la seguente tabella come riferimento:

Differenza percentuale tra i prezzi	Punti da assegnare
200% e oltre	5
150% - 199%	4
100% - 149%	3
50% - 99%	2
Meno del 50%	1

Tab 2.5 – *valutazione della marginalità potenziale.*

Per comprendere meglio puoi considerare i seguenti esempi:

Prezzo medio su AliExpress	Prezzo medio dei venditori esterni	Differenza % tra i prezzi	Punteggio assegnato
€ 2,00	€ 6,00	200%	5
€ 2,00	€ 5,00	150%	4
€ 2,00	€ 4,00	100%	3
€ 2,00	€ 3,00	50%	2
€ 2,00	€ 2,50	25%	1

Tab 2.6 – *esempio di valutazione della marginalità potenziale.*

Trend di ricerca su Google

Il quinto fattore che ti consigliamo di considerare riguarda il numero di ricerche che gli utenti fanno su Google e il loro andamento nel tempo.

Per fare quest'analisi puoi utilizzare un utile strumento, messo a disposizione gratuitamente da Google, che si chiama: Google Trends.

Questo strumento:

Ti consente di vedere come i volumi di ricerca per una data parola chiave cambiano nel corso del tempo (giorni, mesi, anni).

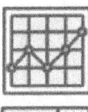
T'indica (in tempo reale) i luoghi geografici in cui gli utenti di Google usano maggiormente il termine di ricerca sotto analisi.

Ti suggerisce quelli che sono i principali termini di ricerca utilizzati dagli utenti e correlati alla parola chiave che stai considerando.

Ti fa capire se l'interesse nei confronti della parola e dell'oggetto che stai analizzando è stabile nel tempo oppure ha un andamento ciclico di tipo stagionale.

Condurre un'analisi con Google Trends è abbastanza semplice. Per prima cosa, devi andare all'indirizzo https://trends.google.it

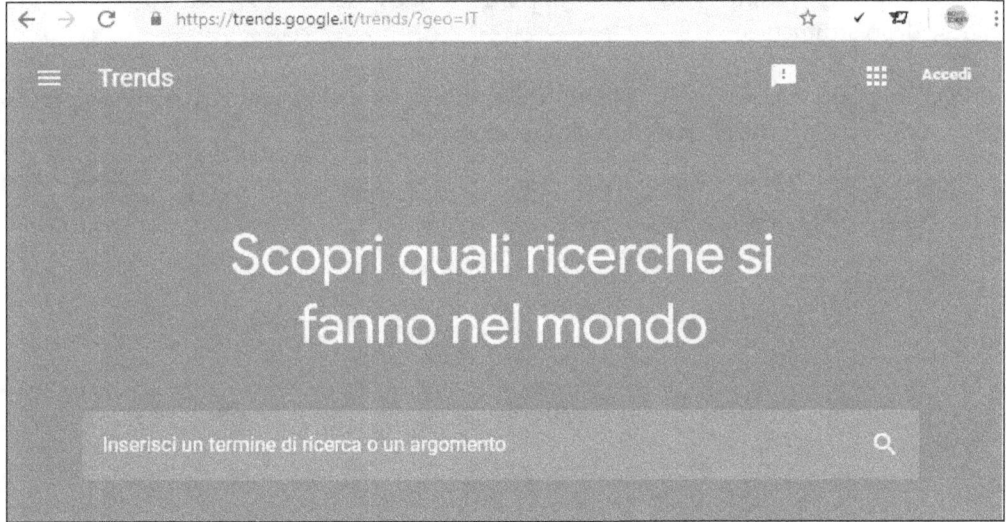

Fig. 2.8 – *maschera di ricerca di Google Trends.*

Qui puoi inserire il termine che vuoi valutare nella barra di ricerca.

Per la scelta del termine da utilizzare puoi prendere spunto dalle categorie generiche di AliExpress (ad esempio: elettronica, gioielleria, articoli per la casa) oppure potresti selezionare qualcosa di più specifico (ad esempio: schede madri PC, anelli trilogy, ecc.). In questo modo i tuoi risultati saranno ancora più precisi.

Attenzione: Google Trends ti consente di svolgere la tua analisi a qualsiasi livello geografico. Se hai intenzione di realizzare un negozio online dedicato solo al pubblico italiano, devi limitare l'analisi all'Italia.

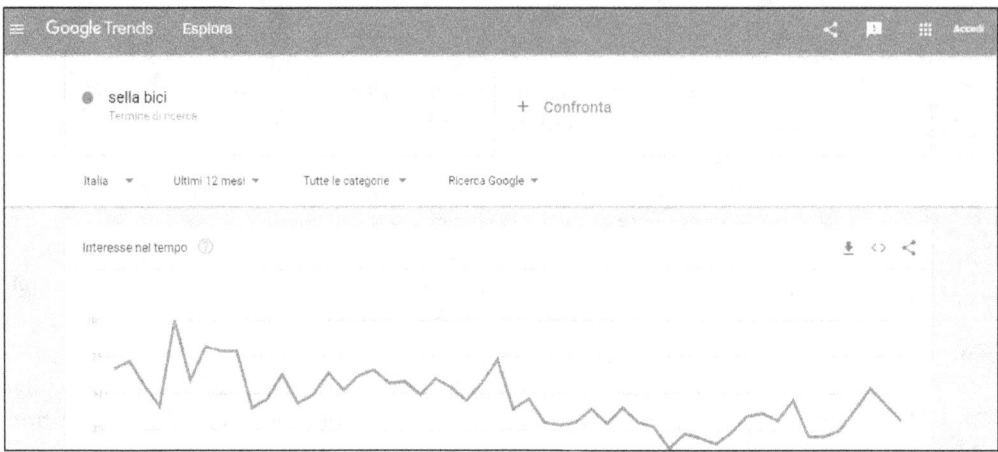

Fig. 2.9 – *trend di ricerca in Italia.*

Se invece vuoi aprire un negozio che si rivolga ai clienti di tutto il mondo (opzione consigliata) devi utilizzare un termine di ricerca inglese e selezionare nell'elenco a discesa l'opzione "Tutto il mondo" (oppure "Worldwide" se stai usando la versione inglese dello strumento).

Nell'esempio mostrato di seguito è stata valutato l'interesse di ricerca per la categoria "knitting" (maglieria) in un ambito mondiale .

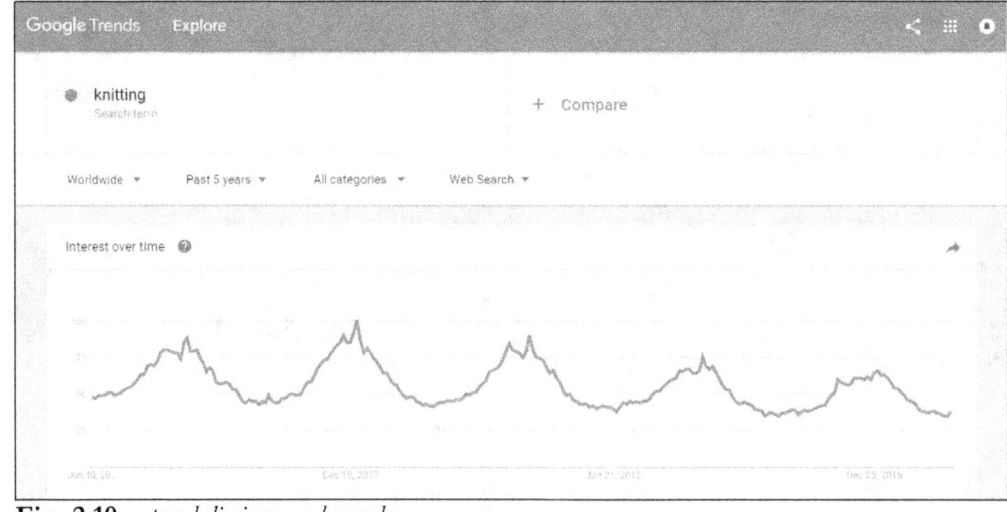

Fig. 2.10 – *trend di ricerca nel mondo.*

Dai risultati della ricerca si possono evincere molte cose, tra cui le regioni da cui provengono le ricerche, i termini di ricerca correlati e la finestra temporale di interesse. Si può capire se la categoria di prodotto è in ascesa oppure in discesa e si possono persino confrontare due o più categorie tra loro.

Ai fini della tua valutazione su questo fattore, però, ti basterà iniziare prendendo in considerazione solo l'andamento del trend. Farai quindi le seguenti assegnazioni:

Andamento della linea di tendenza	Punti da assegnare
Linea che tende verso l'alto	5
Linea orizzontale a metà altezza	4
Linea che sale e scende ciclicamente	3
Linea discendente	2
Linea orizzontale all'altezza della base del grafico	1

Tab 2.7 – *valutazione del trend di ricerca su Google.*

L'esempio preso in considerazione mostra un andamento altalenante. Questo significa che l'interesse nei confronti della parola chiave scelta ("knitting") è stagionale. Ci sono infatti alcune tipologie di prodotti (per esempio gli articoli per Halloween o per il Natale, le attrezzature per gli sci, i costumi da mare, ecc.) che sono richiesti solo in determinati periodi dell'anno. Non c'è niente di sbagliato ad avere in vendita questi prodotti nel tuo negozio, **purché ce ne siano anche altri che non dipendono dagli andamenti stagionali**. Avere un negozio che vende solo un tipo di prodotto con andamento stagionale può essere invece una scelta sbagliata perché andrai incontro a periodi di forte inattività.

Dopo aver valutato l'andamento del trend, ti converrà cercare di capire anche da quali regioni geografiche provengono le ricerche perché questo ti aiuterà a comprendere dove si trovano i tuoi potenziali clienti.

Fig. 2.11 – *aree di provenienza delle ricerche.*

In più può essere opportuno vedere quali sono i termini di ricerca correlati più utilizzati insieme alla parola che hai usato. Questo sarà un elemento di conoscenza molto importante nel momento in cui ti troverai a pianificare la campagna di marketing e la strategia SEO per la promozione del tuo negozio online.

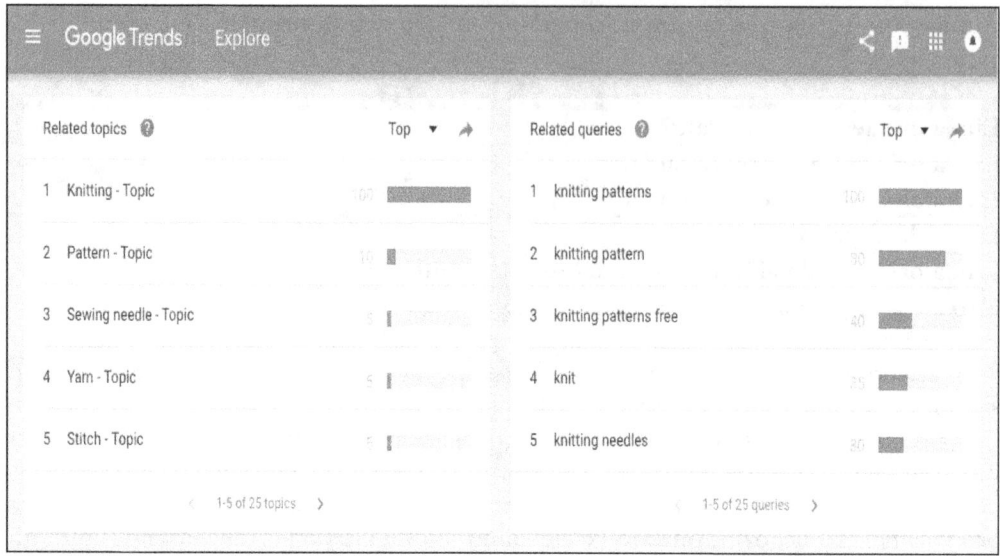

Fig. 2.12 – *termini di ricerca correlati.*

Potenziale promozionale su Instagram

Il tuo negozio online avrà bisogno di promozioni e campagne pubblicitarie che condurrai in gran parte sui social network. A tal riguardo devi sapere che **non tutte le categorie merceologiche hanno lo stesso potenziale in termini di comunicazione.** Ci sono prodotti che si prestano meglio di altri e per i quali quindi il tuo investimento in comunicazione sarà minore (e le conversioni saranno maggiori).

La comunicazione sul web nei giorni nostri si basa in gran parte sugli *influencer*, che sono personaggi molto popolari sui social, in grado di determinare le tendenze e guidare i gusti del pubblico in determinati settori. **Prima di iniziare una nuova attività potrebbe esserti utile capire se ci sono degli influencer importanti con cui potresti collaborare, quanti sono e quanto pubblico richiamano.**

Per valutare il potenziale promozionale di Instagram puoi utilizzare il servizio **WEBSTA** disponibile all'indirizzo https://web.stagram.com/.

Tutto ciò che devi fare è inserire la parola chiave (o categoria di prodotto) che hai scelto nel campo di ricerca e osservare i risultati.

Troverai due elenchi:

1. Gli utenti che hanno la parola chiave che hai indicato nel nome del loro

account.
2. Gli hashtag che contengono la stessa parola chiave (e il numero delle volte che sono stati utilizzati dagli altri utenti di Instagram).

Fig. 2.13 – *risultati di ricerca su WEBSTA.*

In questo modo comprenderai facilmente **quali utenti potresti decidere di contattare** per una collaborazione con il tuo negozio e **quali hashtag dovrai utilizzare** per raggiungere il più grande numero possibile di clienti potenziali quando comunicherai su Instagram.

Per l'assegnazione del punteggio ti consigliamo di valutare soltanto il numero di profili (rilevanti per la tua parola chiave) che hanno un grande seguito. Più ce ne sono e meglio è. In base alla nostra esperienza riteniamo che un profilo Instagram possa essere considerato influente se ha almeno 30.000 follower. Devi vedere quindi quanti profili di questo tipo esistono per la tua nicchia di prodotti e assegnare il punteggio usando la seguente tabella come riferimento:

Profili Instagram correlati	Punti da assegnare
Sono presenti più di 10 profili con 30.000 follower	5
Sono presenti 8-10 profili con 30.000 follower	4
Sono presenti 5-7 profili con 30.000 follower	3
Sono presenti 2-4 profili con 30.000 follower	2
Sono presenti meno di 2 profili con 30.000 follower	1

Tab 2.8 – *valutazione del potenziale promozionale su Instagram.*

Potenziale promozionale su Facebook

Nella valutazione del potenziale promozionale di una nicchia non devi dimenticarti di considerare anche Facebook. Questo infatti potrebbe essere **uno dei principali canali attraverso il quale comunicherai con i tuoi potenziali clienti.**

Per la valutazione del potenziale promozionale su Facebook ti consigliamo di fare una ricerca volta a indentificare quanti **gruppi Facebook** esistono aventi a oggetto la nicchia di prodotti che hai scelto.

I gruppi di Facebook sono il luogo perfetto per farti conoscere. Nei gruppi ci sono persone che condividono lo stesso interesse nei confronti di un argomento particolare ed è proprio qui che puoi trovare i tuoi clienti. Tra l'altro i gruppi sono molto importanti perché ti offrono la possibilità di comunicare con il tuo pubblico a **costo zero** o quasi. Certo, non bisogna mai esagerare pubblicando troppi post commerciali all'interno dei gruppi e bisogna **evitare di postare con troppa frequenza** in quanto rischieresti di essere segnalato come uno spammer e il tuo account potrebbe essere **bloccato** oppure **sospeso**. Dovresti inoltre cercare sempre di **contribuire in maniera costruttiva alla discussione**.

Resta il fatto che, se usati con criterio, **i gruppi Facebook possono essere uno dei migliori strumenti di marketing che avrai a disposizione per promuovere la tua attività**. Devi quindi stimare il potenziale della nicchia che hai scelto tenendo in considerazione anche quanti gruppi ci sono e quanto sono popolosi.

Questo si può desumere facilmente utilizzando il motore di ricerca interno di Facebook. Sarà sufficiente inserire nella barra in alto la parola chiave che identifica la nicchia che stai analizzando e selezionare tra i risultati della ricerca solo i gruppi. Nell'esempio mostrato di seguito abbiamo utilizzato la parola "Knitting".

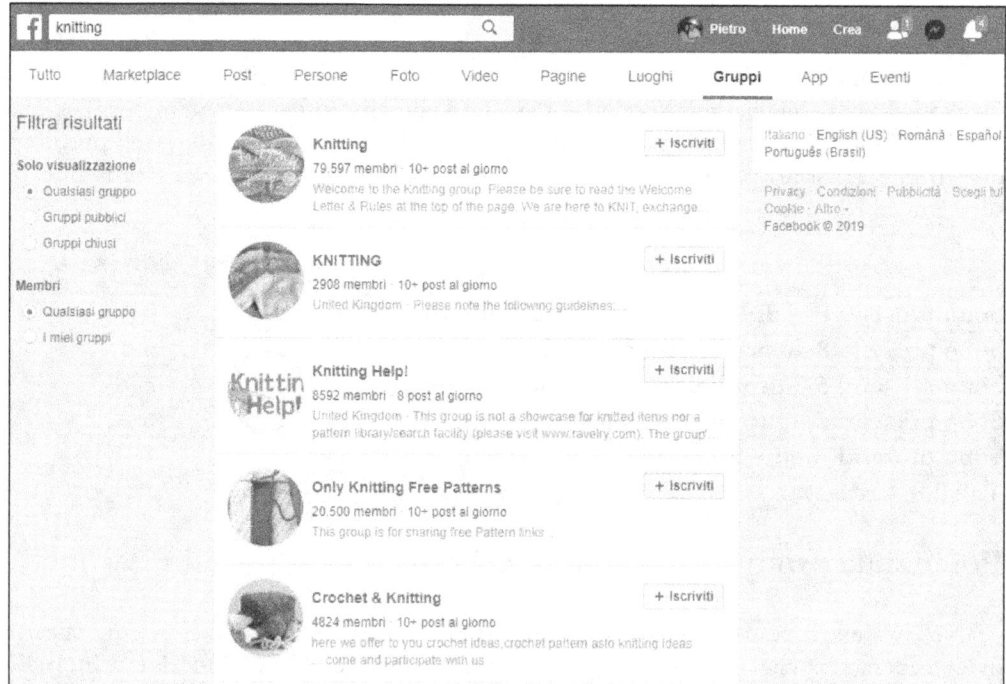

Fig. 2.14 – *gruppi Facebook correlati a un termine di ricerca.*

Generalmente riteniamo che una nicchia sia promettente quando sono presenti molti gruppi con 30.000 membri ciascuno, pertanto possiamo assegnare il punteggio nel seguente modo:

Gruppi Facebook correlati	Punti da assegnare
Sono presenti più di 10 gruppi con 30.000 follower	5
Sono presenti 8-10 gruppi con 30.000 follower	4
Sono presenti 5-7 gruppi con 30.000 follower	3
Sono presenti 2-4 gruppi con 30.000 follower	2
Sono presenti meno di 2 gruppi con 30.000 follower	1

Tab 2.9 – *valutazione del potenziale promozionale su Facebook.*

È importante non escludere da questo tipo di valutazione anche i gruppi Facebook che hanno argomenti correlati a quello che stiamo valutando. Se ad esempio ci interessa l'argomento maglieria ("knitting"), possiamo includere nell'analisi anche tutti i gruppi con argomenti simili e quindi anche quelli che parlano di schemi per il lavoro a maglia, o di cucito.

Numero di ricerche per parola chiave

Ogni nicchia di mercato, come abbiamo già visto, è legata a una (o più di una) parola chiave. A questo punto della tua analisi **è importantissimo stimare la quantità di ricerche collegate alla parola chiave** che hai scelto. Evidentemente, se ci sono poche ricerche collegate alla parola chiave significa che non c'è mercato. Bisogna però fare attenzione anche a evitare quelle parole chiave per le quali invece ci sono moltissime ricerche, perché questo significherebbe che la domanda c'è, ma che di sicuro ci sono anche molti concorrenti.

Per valutare il numero di ricerche per parola chiave puoi utilizzare lo **strumento di pianificazione delle parole chiave di Google Ads**. Si tratta di uno strumento **gratuito**, per averlo devi soltanto registrarti a Google Ads ed eseguire l'accesso. Dopo essere entrato devi selezionare l'opzione "trova nuove parole chiave" e inserire la parola chiave che identifica la tua nicchia nel campo di ricerca.

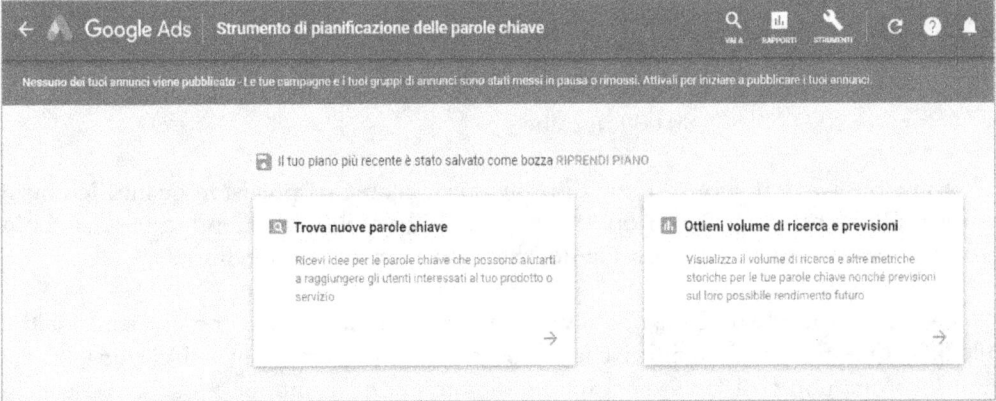

Fig. 2.15 – *strumento di pianificazione delle parole chiave di Google.*

Fai attenzione perché anche qui **puoi limitare la ricerca a un'area geografica specifica** (ad esempio: Italia) e a una **lingua** (ad esempio: Italiano). Se il tuo negozio si rivolge a una clientela internazionale devi selezionare "tutte le località" e la lingua inglese.

Come risultato otterrai il **volume di ricerca stimato** per la tua parola chiave ed anche il volume di ricerca stimato per parole chiave collegate alla tua.

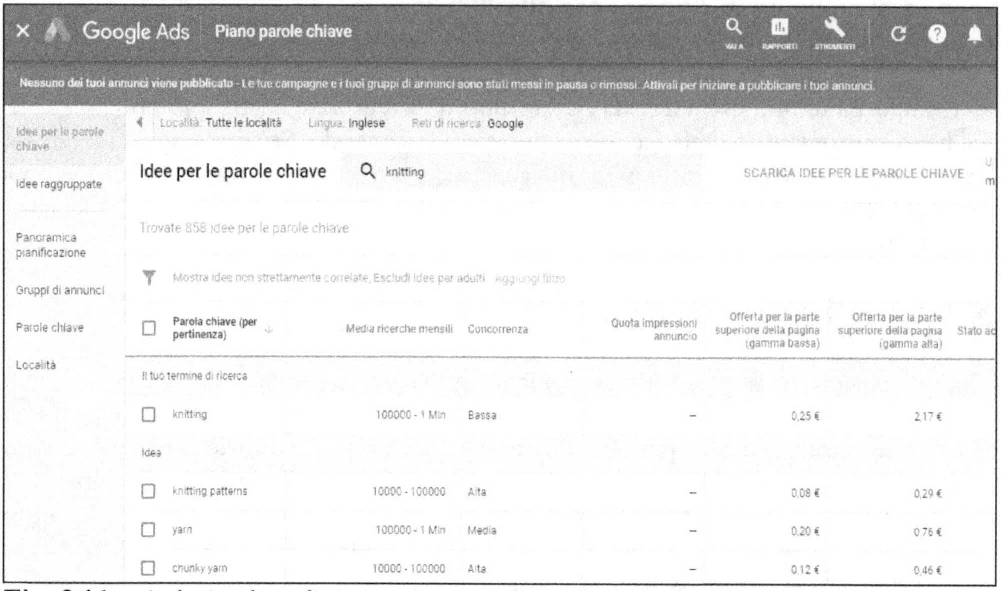

Fig. 2.16 – *risultati: volume di ricerca stimato per la parola chiave e per le parole collegate.*

Puoi ora soffermarti a considerare i risultati. Purtroppo Google non ti fornisce il numero preciso di ricerche mensili, ma ti dice solamente che per quella parola chiave possono esserci in media ogni mese:

- tra 10 e 100 ricerche
- tra 100 e 1.000 ricerche
- tra 1.000 e 10.000 ricerche
- tra 10.000 e 100.000 ricerche
- tra 100.000 e 1.000.000 ricerche

Come puoi vedere, non si tratta di risultati estremamente precisi in quanto **le classi sono molto ampie**. Però con questi semplici risultati puoi già identificare le **nicchie troppo grandi** e quelle **troppo piccole**, che sono **entrambe da evitare**.

La **situazione ideale** è quando il volume di ricerca mensile è compreso **tra 10.000 e 100.000**. Questo infatti significa che è una nicchia di mercato in cui c'è una buona domanda, ma non così tanta da attirare moltissimi concorrenti. Se il risultato è questo puoi dare al fattore il massimo punteggio disponibile.

Se le ricerche medie mensili sono **più di 100.000** la domanda è enorme, ma proprio per questo motivo **anche la concorrenza sarà agguerritissima**. Non è una nicchia in cui conviene operare. Per questo devi dare un punteggio basso al fattore (ti suggeriamo 2).

Tra 1.000 e 10.000 ricerche potresti trovare delle nicchie molto buone e altre abbastanza cattive. Poiché non puoi conoscere il numero esatto di ricerche, non puoi sbilanciarti troppo nel dare un punteggio elevato a questo risultato. Ti consigliamo in questo caso di dare un punteggio intermedio (3).

Al di sotto di 1.000 ricerche medie mensili invece puoi essere certo che non si tratta di nicchie con una buona domanda e quindi non sono convenienti. Puoi dare a queste nicchie i punteggi più bassi (2 oppure 1).

Ricapitolando, per l'assegnazione del punteggio puoi usare la seguente tabella come riferimento:

Numero di ricerche per parola chiave	Punti da assegnare
10.000 – 100.000	5
1.000 – 10.000	3
100.000 – 1.000.000	2
100 - 1000	2
10-100	1

Tab 2.10 – *valutazione del numero di ricerche per parola chiave.*

Numero di pagine per parola chiave

Così come è importante stimare il volume di ricerca per una parola chiave, è altrettanto utile valutare il numero di pagine presenti sul web che hanno la parola chiave nel titolo.

La ricerca si può condurre facilmente su Google digitando la chiave "allinurl" + la parola chiave che stai analizzando. Ad esempio, se la tua parola chiave è "giocattoli per animali", dovrai digitare "allinurl giocattoli per animali".

Attenzione: dal risultato che otterrai non comprenderai immediatamente quante aziende concorrenti ci sono sul web che trattano la vendita degli stessi prodotti, ma ti farai un'idea del numero di **pagine e siti** che sono dedicate a questi argomenti. Questo numero t'indicherà quanto il tema che stai trattando sia caldo e interessante per il mercato.

Tra i risultati ci saranno anche pagine di negozianti, ma non è detto che lo siano tutte. Pertanto in un passaggio successivo (quando valuterai la competizione sulla parola chiave) dovrai esercitarti anche ad analizzare e distinguere le pagine collegate ad attività commerciali, da quelle che hanno solo finalità informative. Per il momento però ti basterà concentrarti solo sul numero dei risultati.

Fig. 2.17 – *numero di pagine per parola chiave.*

Nel caso in esempio ci sono poco meno di 10.000 pagine con la parola chiave nel titolo, che è un buon risultato.

Più precisamente, secondo la nostra esperienza, **il risultato migliore è quando le pagine contenenti la parola chiave nel titolo sono comprese tra 10.000 e 100.000**. Ciò significa che la competizione (per comparire nei risultati di una ricerca) esiste e bisognerà lavorare duro per superarla, ma anche che si tratta di un mercato che interessa al pubblico, in cui conviene entrare.

Quando i risultati sono compresi tra 3.000 e 10.000 siamo probabilmente di fronte ad un mercato più piccolo, ma dove comunque ci si può fare spazio.

Se invece risultati sono meno di 3.000 o oltre 100.000 non conviene entrare nel mercato. Nel primo caso la competizione è bassa, ma forse anche il mercato è troppo ristretto. Nel secondo caso la competizione è troppo alta e sarà difficile che il tuo sito compaia nei risultati di una ricerca.

Per l'assegnazione del punteggio a questo fattore ti consigliamo quindi di usare come riferimento la seguente tabella:

Numero di pagine con parola chiave nel titolo	Punti da assegnare
10.000 – 100.000	5
3.000 – 10.000	4
Meno di 3.000	3
Oltre 100.000	2
Oltre 1.000.000	1

Tab 2.11 – *valutazione del numero di pagine per parola chiave.*

Competizione sulla parola chiave

In questa fase dell'analisi dovrai comprendere quante persone oppure quante aziende concorrono tra loro per comparire ai primi posti nei risultati di una ricerca quando un utente usa la parola chiave correlata alla nicchia che stai valutando. Il numero di pagine per parola chiave già ci dà un'idea di questo, ma si possono ottenere dei risultati anche più specifici utilizzando degli strumenti gratuiti presenti sul web. Uno di questi si chiama **Moz Keyword Explorer** (https://moz.com/explorer).

Per poterlo usare devi registrarti lasciando pochi dati, dopodiché è sufficiente inserire la parola chiave che t'interessa nella barra di ricerca per ottenere come risultato un numero che indica **il livello di difficoltà della parola. Più è alto questo numero, maggiore è il livello di competizione che troverai nella nicchia.**

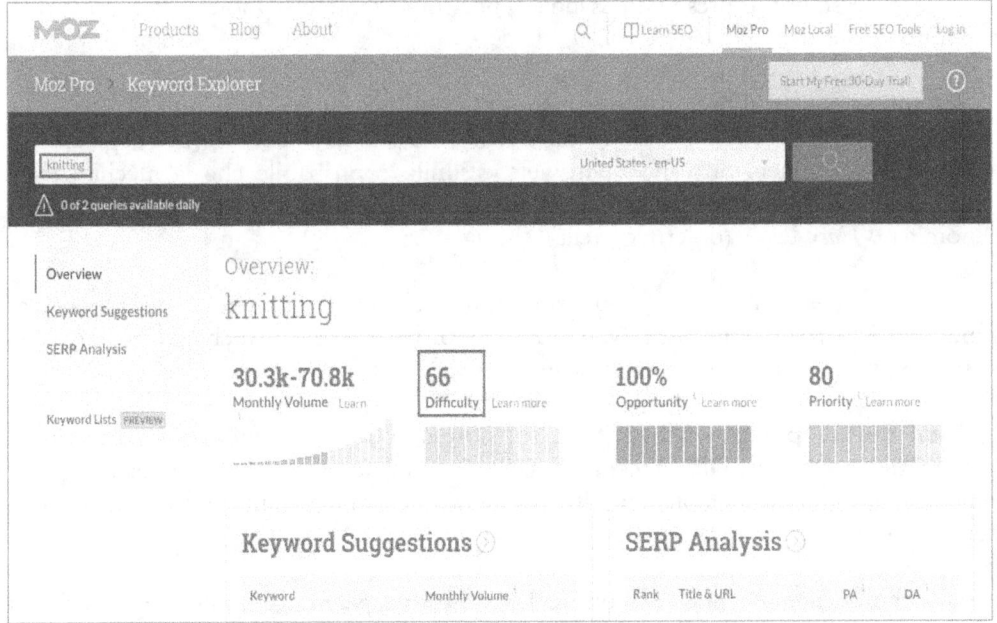

Fig. 2.18 – *risultati di ricerca su Moz Keyword Explorer.*

Per l'assegnazione del punteggio a questo fattore ti consigliamo quindi di usare come riferimento la seguente tabella:

Difficoltà della parola chiave	Punti da assegnare
Fino a 30	5
31-50	4
51-70	3
71-90	2
Oltre 90	1

Tab 2.12 – *valutazione della competizione sulla parola chiave.*

Competizione SEO con grandi rivenditori

Nell'ultimo passaggio del tuo processo di valutazione devi cercare di comprendere, almeno in linea approssimativa, **quanto è forte la presenza dei grandi rivenditori nella nicchia di mercato che stai analizzando.**

Questo si può fare avviando una ricerca su Google e poi analizzando manualmente i risultati che compaiono nelle prime due pagine.

Se le prime due pagine dei risultati sono **completamente occupate da giganti** come **Amazon, ebay** e altri colossi ci sono veramente **poche possibilità** che tu possa avere successo nella nicchia. Queste aziende quasi certamente si prenderanno il 90% dei clienti e ti lasceranno senza profitto.

Viceversa, se non è presente nessun'azienda importante è segno che la nicchia non ha molto valore.

La soluzione migliore, come sempre, sta nel mezzo. Se tra i primi risultati delle ricerche troverai, oltre alle pagine commerciali delle grandi aziende, anche degli articoli informativi tipo quelli di Yahoo! Answers e simili, è probabile che la nicchia sia di valore, ma che ci sia ancora spazio per te. In gergo questo tipo di risultato è infatti denominato *Easy Target* (obiettivo facile).

Certo, non è facile trovare una situazione del genere, perché il mondo dell'e-commerce è ipercompetitivo e dove ci sono opportunità, ci sono anche concorrenti, ma se sarai bravo vedrai che anche tu riuscirai a trovare lo spazio giusto per te.

Puoi quindi puntare a occupare tu, con il tuo sito, quella posizione nella pagina dei risultati della ricerca di Google che non è ancora occupata da altri concorrenti. Si tratta, per dirla in altri termini, di individuare un vuoto di mercato e riempirlo con la tua offerta.

Ciò che devi fare quindi è scorrere le prime due pagine di risultati e annotare il numero di Grandi negozi, il numero di altre attività commerciali e il numero di Easy Target.

Per l'assegnazione del punteggio a questo fattore ti consigliamo quindi di usare come riferimento la seguente tabella:

Analisi manuale delle prime due pagine di risultati	Punti da assegnare
Nella prima pagina dei risultati sono presenti i grandi rivenditori, ma ci sono anche almeno 4 Easy Target.	5
Nella prima pagina dei risultati sono presenti i grandi rivenditori, ma ci sono almeno 2 Easy Target.	4
La prima pagina dei risultati è completamente occupata dai grandi rivenditori, ma ci sono degli Easy Target dalla seconda pagina.	3
Nelle prime due pagine dei risultati ci sono solo Easy Target (probabilmente è una nicchia che non ha valore commerciale).	2
La prima e la seconda pagina dei risultati sono completamente occupate dai grandi rivenditori (la competizione è tropo forte).	1

Tab 2.13 – *valutazione della competizione SEO con grandi rivenditori.*

Con l'assegnazione di un punteggio a quest'undicesimo fattore termina il tuo lavoro di valutazione della nicchia e potrai ora calcolare il punteggio medio complessivo, come già anticipato in apertura di questo capitolo.

Una volta che avrai valutato più nicchie potrai prendere la tua decisione e passare allo step successivo: quello dello sviluppo del tuo negozio online.

PRODOTTI DA EVITARE

Per terminare questa parte del libro sulla selezione delle nicchie di mercato, vogliamo evidenziare quali sono le categorie merceologiche che sarebbe meglio evitare o quantomeno quelle da considerate con maggiore attenzione.

I **prodotti ad acquisto ragionato** non sono generalmente i più adatti per un'attività di dropshipping. Si tratta di tutti quei beni che, prima di essere acquistati dal consumatore, sono valutati con molta attenzione e spesso anche di persona. Tra questi prodotti ci sono articoli elettronici particolarmente sofisticati, calzature, abbigliamento di alta gamma. Il consumatore che cerca questi prodotti generalmente **preferisce andare in un negozio** fisico, **toccarli con mano** e spesso **ha bisogno di provarli** prima di maturare la decisione di acquisto. Se il tuo negozio si basa sulla vendita di questi articoli devi essere pronto anche a fronteggiare un buon numero di restituzioni, perché la probabilità che il cliente ravvisi delle discordanze rispetto a ciò che si era immaginato (ad esempio una taglia non conforme), una volta ricevuto l'oggetto, è molto alta.

Prodotti che possono essere bloccati alla dogana. Ci sono alcuni prodotti che non si possono importare facilmente tramite un comune servizio postale, come i coltelli, le armi da caccia o da pesca, archi e frecce, ecc. La dogana molto probabilmente li fermerebbe, per cui sarebbe importante capire quali procedure adottare per l'importazione, tenendo conto che queste possono variare da un Paese all'altro. Portare avanti questo tipo di attività diventerebbe complicato ed è probabile che si verrebbero a perdere molti dei benefici del dropshipping.

Prodotti che possono danneggiarsi o deteriorarsi durante il trasporto. I prodotti fragili come quelli fatti di vetro, porcellane, o prodotti deperibili come il cibo non sono indicati per questo tipo di attività. I trasportatori internazionali non vanno tanto per il sottile e i beni spesso viaggiano ammassati in container. Il trasporto intercontinentale non è l'ideale per questo tipo di prodotti che potrebbero arrivare rotti e causare l'insoddisfazione del cliente.

 **Prodotti grandi e pesanti.** I prodotti di grandi dimensioni sono difficili da trasportare e il costo della spedizione può essere molto elevato. In più i pacchi di grandi dimensioni corrono un concreto rischio di essere bloccati alla dogana e di essere soggetti al pagamento di oneri doganali, cosa che invece non accade mai per i prodotti di piccole dimensioni. Si tratta quindi di oggetti che i clienti preferiscono acquistare nei negozi fisici e che è meglio evitare per un'attività in dropshipping.

Nel processo di selezione della nicchia di mercato ti consigliamo quindi di tenere in conto anche le considerazioni di cui sopra.

Una volta fatta la tua scelta, sarai pronto a iniziare la costruzione del tuo sito web e poi a trasformarlo in un negozio online attrezzato per il dropshipping.

Andando avanti nella lettura del volume imparerai come costruire un negozio online capace di importare facilmente i prodotti da AliExpress con foto e recensioni dei clienti, sincronizzarsi con i negozi dei fornitori, aggiornare le quantità in magazzino, applicare automaticamente il ricarico da te voluto sul prezzo dei fornitori, inviare email ai clienti e moltissimo altro ancora.

Per poter fare tutto questo devi avere 5 cose:

1. Un tuo **nome dominio** registrato.
2. Uno **spazio hosting**.
3. Un sito web realizzato con **WordPress**.
4. Il Plugin gratuito **WooCommerce**.
5. Il Plugin commerciale **AliDropship**.

Nei prossimi capitoli affronteremo ciascuno di questi argomenti. Speriamo quindi che tu a questo punto non ti sia già annoiato e ci auguriamo che continui la lettura!

PARTE II – CAPIRE COSA VENDERE

PARTE III – PRIMI PASSI SUL WEB

PARTE III – PRIMI PASSI SUL WEB

SCEGLIERE IL NOME DOMINIO

Le regole di base

Per avere un sito devi prima di tutto avere un nome. Ti consigliamo di **non prendere neanche in considerazione i domini gratuiti**, perché non darebbero al tuo negozio un aspetto professionale. Meglio invece investire qualche spicciolo per registrare un nome dominio di primo livello.

Per la scelta del nome devi fare molta attenzione, perché questo **rappresenterà il tuo sito per sempre**. La scelta del nome è molto personale, ma ci sono comunque poche semplici regole che è bene rispettare:

- **Usa la parola chiave**. Cerca di fare in modo che la parola chiave che identifica la tua nicchia sia già nel nome del tuo sito. Sarai avvantaggiato dal punto di vista SEO e darai una connotazione precisa alla tua attività.

- **Evita nomi troppo lunghi** (un nome dominio composto da due o tre parole è la migliore scelta).

- **Evita nomi difficili da ricordare e da scrivere.** Come puoi pretendere che la gente ti trovi e ti riconosca online se rendi l'impresa complicata e praticamente impossibile? Quando decidi il nome del dominio devi sforzarti di metterti nei panni degli utenti e preferire un nome semplice che descriva l'azienda ed i prodotti che vende.

- **Non includere numeri o trattini**. I trattini non hanno influenza sui motori di ricerca, ma possono essere difficili da ricordare e generare confusione nell'utente.
L'uso dei numeri (a meno che non siano identificativi del nome o del logo dell'azienda) è sconsigliato soprattutto alla fine. Un indirizzo come "www.Ilmionome2.com" potrebbe comunicare un messaggio fuorviante. Ad esempio i clienti potrebbero pensare che si tratta di una scelta operata per confondere le idee, magari per far credere di essere qualcun altro o perché il

dominio che t'interessava sul serio era già preso.

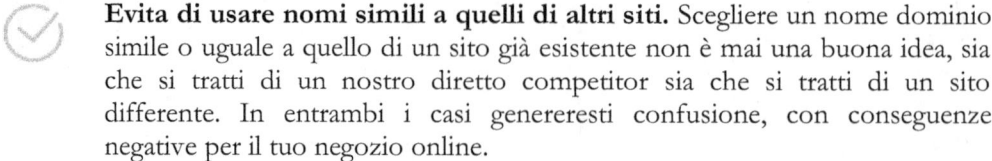 **Evita di usare nomi simili a quelli di altri siti.** Scegliere un nome dominio simile o uguale a quello di un sito già esistente non è mai una buona idea, sia che si tratti di un nostro diretto competitor sia che si tratti di un sito differente. In entrambi i casi genereresti confusione, con conseguenze negative per il tuo negozio online.

Preferisci i domini .com. Specialmente quando intendi rivolgerti ad una clientela internazionale, questi domini sono largamente percepiti come più affidabili e **t'identificano immediatamente come negozio online**. In più, un dominio .com ti aiuterà a vendere molto più facilmente il tuo negozio, se in futuro deciderai di farlo.

Verificare la disponibilità del nome e trovare alternative

Per valutare se il nome dominio che cerchi è disponibile e verificare le eventuali scelte puoi fare delle verifiche con un provider come aruba.it.

Ti basterà digitare il nome che hai pensato nella barra di ricerca presente in home page.

Fig. 3.1 – *maschera di ricerca su aruba.it.*

Nella pagina dei risultati, troverai oltre al dominio che hai cercato anche altre soluzioni alternative con i relativi prezzi.

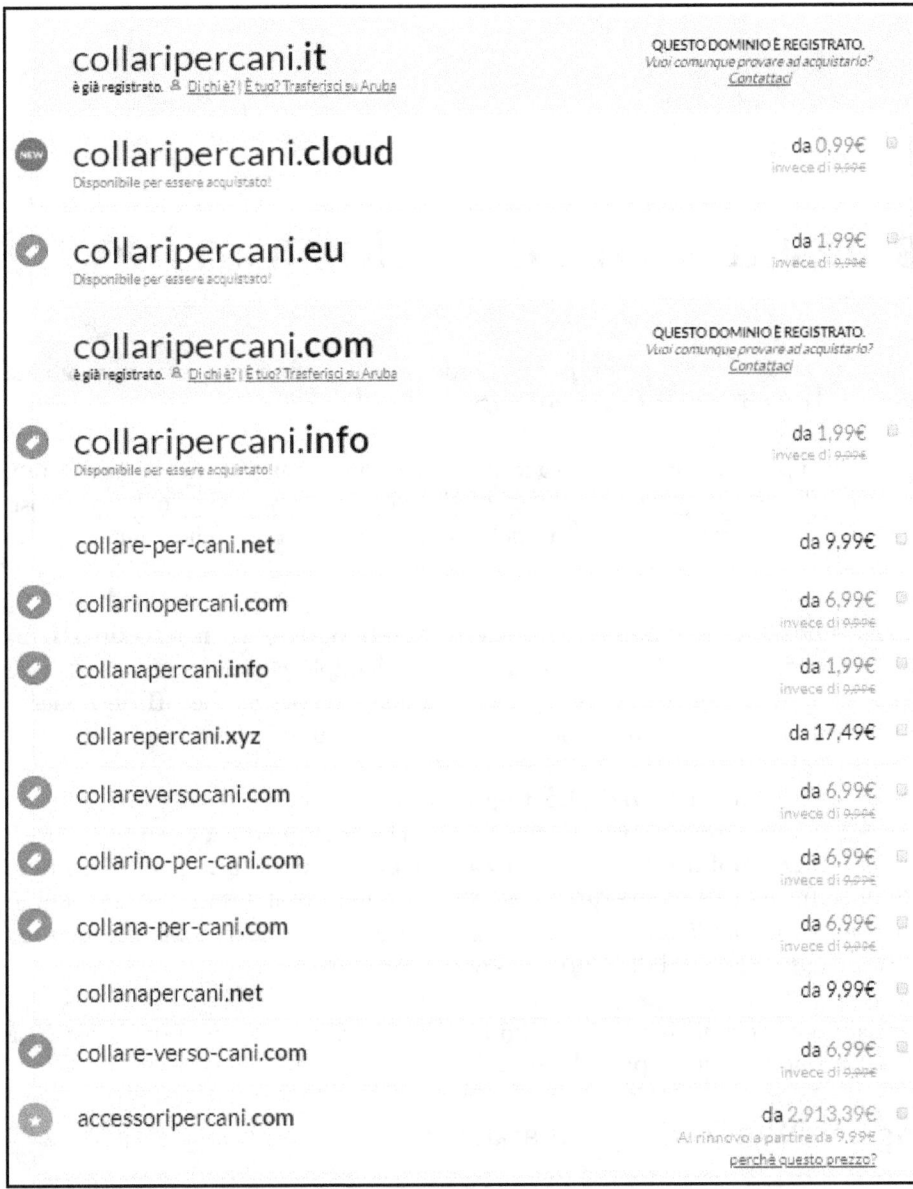

Fig. 3.2 – *domini disponibili e suggerimenti.*

I prezzi dei nomi dominio possono variare molto a seconda del potenziale stimato. Potresti quindi trovare tra i risultati anche dei domini molto costosi, nella maggior parte dei casi però riuscirai a cavartela con una piccolissima spesa.

Anche se hai trovato il nome dominio che cercavi, ti consigliamo per ora di non procedere all'acquisto. Come vedrai tra poco, puoi infatti optare per un pacchetto che include anche lo spazio hosting.

SCEGLIERE IL SERVIZIO HOSTING

Non appena avrai scelto il nome per il tuo dominio e verificata la sua disponibilità potrai passare alla **scelta del servizio hosting**.

Non ti preoccupare se non sei ferrato in materia e non ne sai nulla di server e di reti, non è troppo difficile da capire: in informatica si definisce hosting (dall'inglese to host, ospitare) un servizio di rete che consiste nell'allocare su un server delle pagine web di un sito.

In pratica **l'hosting provider è la società che ti noleggerà lo spazio su un computer server sul quale risiederà il tuo sito** rendendolo così accessibile dalla rete Internet e ai suoi utenti 24 ore su 24. Esistono tantissime società che offrono questo servizio, per cui non avrai nessuna difficoltà a trovare una buona offerta.

Dovrai solo scegliere un **servizio hosting capace di ospitare WordPress**. Questo è il software di content management system (CMS) che **ti consentirà di modificare il tuo sito in maniera molto intuitiva e senza scrivere neanche una riga di codice**. Si tratta di un software largamente diffuso ed utilizzato in tutto il mondo, basato su uno script molto leggero, compatibile con la maggior parte delle società di web hosting. La maggior parte dei siti che visiti di solito sono fatti con WordPress.

Non avrai quindi problemi a trovare uno spazio hosting sul quale potrai installare WordPress. Ci sono migliaia di provider da cui si può scegliere.

Hosting con Wordpress preinstallato

Volendo, puoi anche risparmiarti la procedura di installazione di WordPress. Ci sono infatti dei provider che offrono **servizi hosting con WordPress preinstallato**. **Questa è la strada più semplice che ti consigliamo di seguire**. Scegliendo uno di questi servizi infatti non dovrai installare manualmente nulla, ma **avrai già un sito con il tuo CMS pronto per essere configurato**.

Tra i servizi hosting di questo tipo c'è ad esempio quello di Aruba.it denominato "Hosting WordPress" che per poco meno di 25 euro l'anno include lo spazio web, il nome dominio e anche WordPress preinstallato.

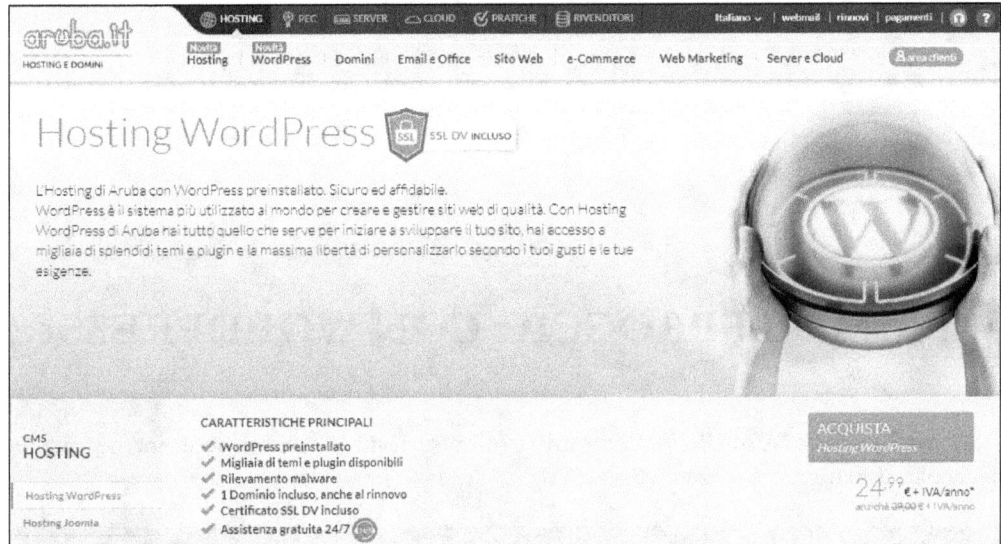

Fig. 3.3 – *Hosting WordPress di aruba.it.*

Per acquistarlo non devi fare altro che andare su aruba.it e seguire tutte le istruzioni. Dopo aver acquistato il servizio, potrai subito accedere al pannello di controllo del tuo sito. Ti basterà andare all'indirizzo web: **www.[nomesito.com]/wp-admin** e digitare il tuo nome utente e la tua password.

Fig. 3.4 – *form di accesso al pannello di gestione di WordPress.*

Una volta effettuato l'accesso ti troverai di fronte al back-end del tuo sito, ovvero il pannello di gestione di WordPress attraverso il quale potrai modificare ogni aspetto visibile (front-end) e ogni funzionalità del sito stesso.

PARTE III – PRIMI PASSI SUL WEB

PRIMO APPROCCIO CON WORDPRESS

Il back-end di WordPress è strutturato in sezioni, ciascuna dedicata ad alcune particolari funzioni del software.

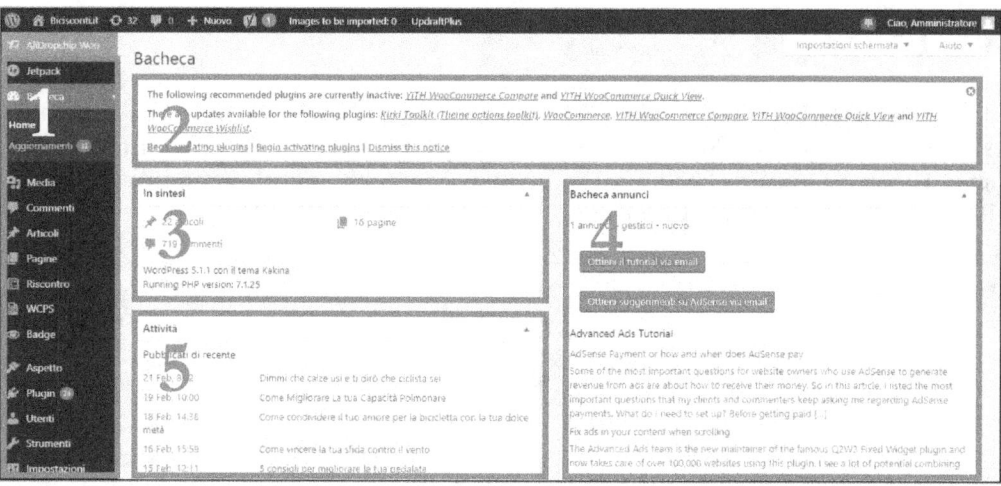

Fig. 3.5 – *back-end di WordPress.*

La maggior parte delle sezioni è accessibile dalla colonna di sinistra (identificata con il numero 1 nella figura) Questo è il **menu di amministrazione**. Da qui potrai inserire articoli, pagine, modificare le impostazioni e l'aspetto del sito, gestire i ruoli degli utenti, visualizzare i commenti e molto altro ancora.

In alcuni casi, cliccando su una delle voci presenti a sinistra si apriranno dei sottomenu. Questo perché alcune sezioni (come ad esempio quella dell'Aspetto o delle Impostazioni) sono più complesse di altre.

Per andare molto a fondo nella descrizione del funzionamento di WordPress servirebbe molto più spazio di quanto ne abbiamo a disposizione in questo volume, tuttavia, per ora, non è necessario che tu apprenda perfettamente ogni aspetto del funzionamento di questo CMS.

Per poter gestire al meglio il tuo negozio online **ti basterà infatti comprendere solo le regole essenziali che riguardano il funzionamento di questo CMS** o quelle che servono espressamente per l'e-commerce.

Nei paragrafi seguenti ti descriveremo quindi le principali sezioni di WordPress, in modo da non farti sentire spaesato nel tuo primo approccio con il CMS e con lo scopo di fornirti una traccia e degli spunti per i tuoi futuri aggiornamenti.

La Bacheca

L'area centrale della pagina principale del back-end è definita "Dashboard" (oppure "Bacheca" nella versione italiana) e contiene una serie di *widget*, ossia applicazioni che offrono accesso rapido alle funzioni di utilizzo più comune.

Il primo widget in alto (2) contiene una serie di **avvisi e notifiche**, che di volta in volta ti informeranno della possibilità di aggiornare una o più componenti del sistema.

Il riquadro direttamente sotto (3) ti presenta **un riepilogo sintetico** di ciò che il sito contiene e quindi quanti articoli, quante pagine e quanti commenti degli utenti.

Nel riquadro a fianco (4) troverai invece degli **annunci** che potrebbero ad esempio informarti sulla possibilità di scaricare dei tutorial su WordPress o su alcune sue componenti.

Nell'area in basso (5) sarà presente un **elenco dei post che hai pubblicato di recente**, ordinati in ordine cronologico.

La bacheca è personalizzabile. Potrai quindi postare a piacimento tutti i widget presenti oppure anche decidere di eliminarli o di aggiungerne di nuovi.

La sezione Impostazioni

Procedendo con la descrizione delle sezioni in ordine di importanza, la prima da tenere in considerazione è quella che riguarda le impostazioni.

In questa sezione dovrai inserire le **informazioni essenziali del sito**: il titolo del sito ed il motto sono importanti, non solo perché vengono mostrati dal tema, ma anche perché compaiono nei risultati delle ricerche effettuate su Google e sugli altri motori. Il motto deve essere una frase breve e chiara (come uno slogan pubblicitario) che riassume i contenuti del sito.

Dovrai inoltre specificare l'indirizzo del sito (URL) e l'indirizzo email dell'amministratore. Questo sarà l'indirizzo (non sarà visibile ai visitatori) al quale saranno inviate tutte le comunicazioni automatiche inviate dal sistema.

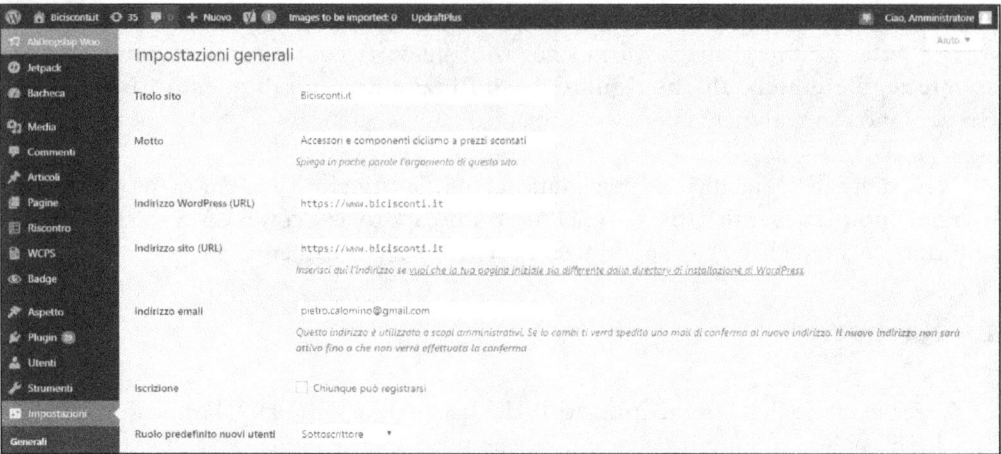

Fig. 3.6 – *la sezione Impostazioni*.

La sezione Aspetto

In questa sezione potrai scegliere che aspetto dare al tuo negozio online. A tal riguardo WordPress ti offre la possibilità di utilizzare dei temi già pronti (gratuiti oppure a pagamento), che daranno al tuo sito un aspetto molto professionale e che spesso sono anche ottimizzati per la navigazione da mobile.

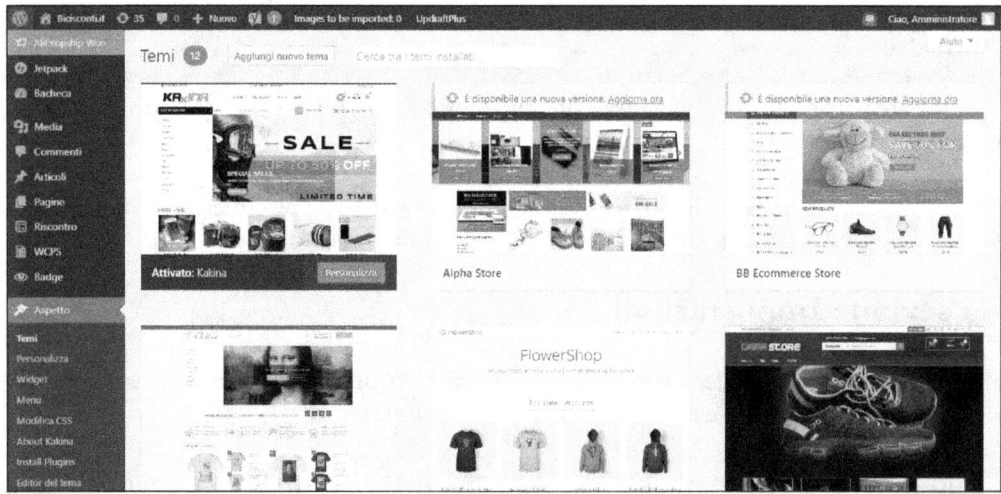

Fig. 3.7 – *la sezione Aspetto*.

Alcuni temi sono generici, ovvero validi per tutti gli scopi, mentre altri sono specificamente pensati per l'e-commerce.

Puoi facilmente provare un tema senza attivarlo, scegliendolo dalla galleria e cliccando sul pulsante "Anteprima in tempo reale". Per attivarlo, è sufficiente cliccare sul pulsante "Attiva".

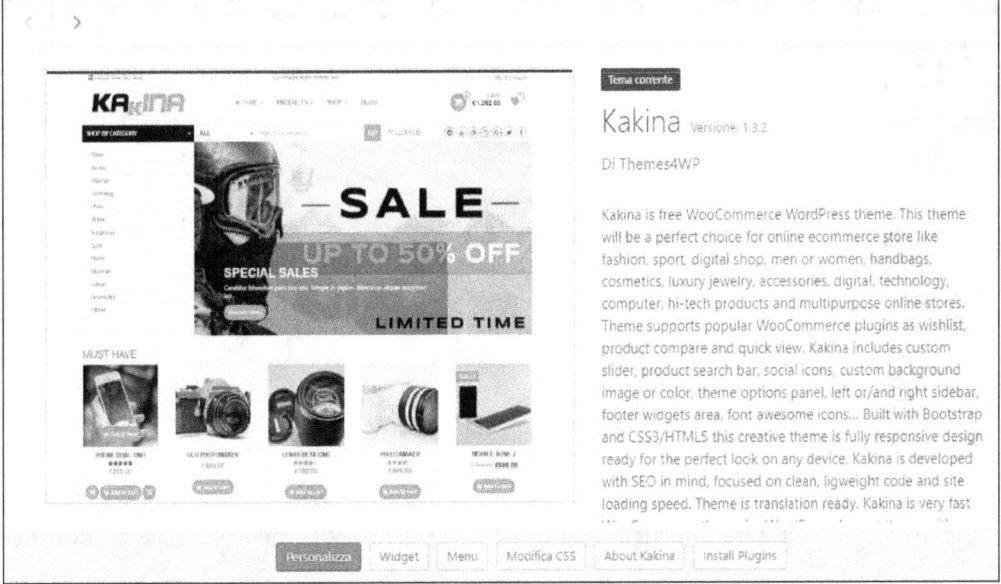

Fig. 3.8 – *anteprima di un tema.*

Per il nostro negozio di prova abbiamo installato il tema "Kakina", potresti anche tu fare lo stesso. Questo tema è gratuito e si adatta perfettamente a negozi di qualsiasi genere. Subito dopo che lo avrai attivato il tuo sito assumerà l'aspetto di un vero e proprio negozio online.

Man mano che andrai avanti nel tuo lavoro, sempre da questa sezione, potrai continuare a personalizzare in vario modo l'aspetto e le funzionalità del sito. Ad esempio è molto importante inserire uno o più menu di navigazione. Potrai farlo andando nella voce "menu" di questa stessa sezione. Qui, oltre a inserire uno o più menu potrai anche configurarli, decidendo dove dovranno comparire e quali voci dovranno essere in essi presenti.

La sezione Articoli

WordPress è un CMS originariamente creato per la gestione dei blog e normalmente i blog non sono altro che delle raccolte di articoli. Per questo motivo in WordPress è presente una sezione dedicata, tramite la quale è possibile inserire dei nuovi articoli oppure visualizzare e modificare quelli già presenti.

Ai fini della realizzazione e gestione del negozio online, non avrai la necessità di inserire articoli, per cui potresti teoricamente ignorare quest'area di WordPress.

Tuttavia, il mantenimento di un blog collegato al negozio è fortemente consigliato, come vedremo nella parte di questo volume dedicata al marketing, per cui può esserti utile comprendere il funzionamento anche della parte redazionale.

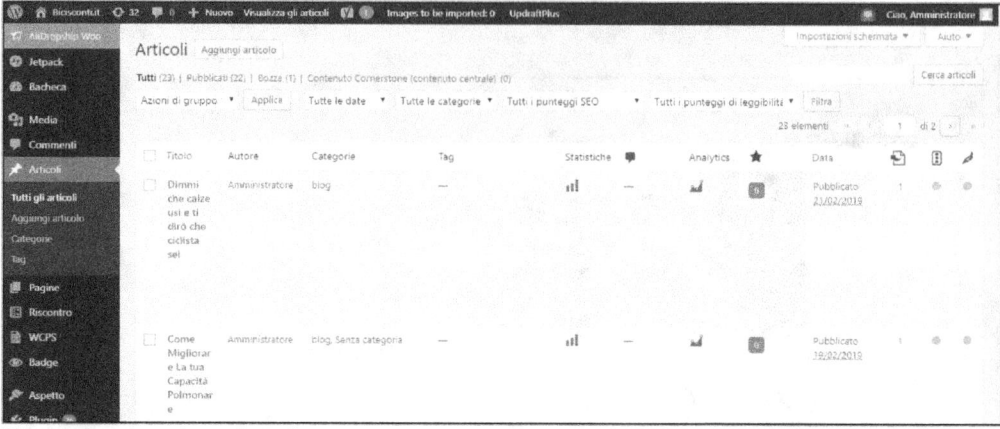

Fig. 3.9 – *la sezione Articoli.*

Come avrai modo di constatare, WordPress è un software molto semplice e dall'uso intuitivo. Non sarà per te difficile comprenderne il funzionamento, anche se non hai mai avuto un blog.

La sezione Pagine

Ogni sito Internet è fatto di una serie di pagine collegate tra loro e navigabili mediante un menu. Dalla sezione Pagine di WordPress potrai quindi aggiungere, eliminare o modificare qualunque pagina del sito.

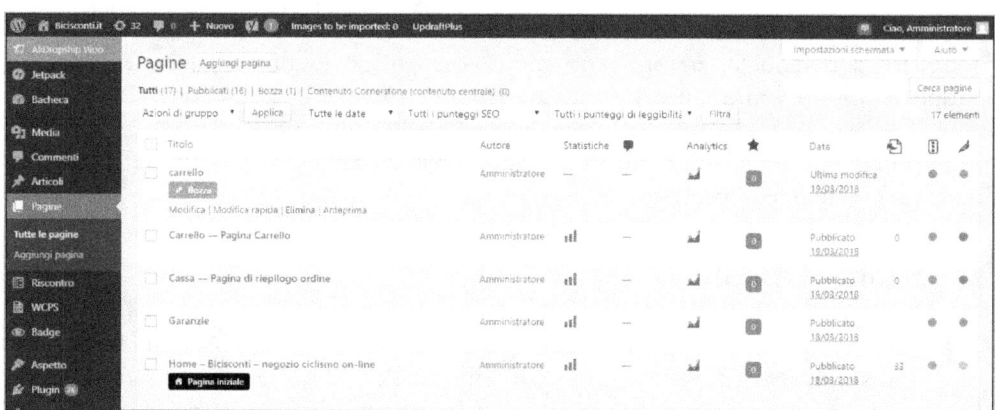

Fig. 3.10 – *la sezione Pagine.*

Quando installerai WooCommerce (il componente che trasforma il sito in un negozio), automaticamente verranno create le pagine che servono ad ogni negozio: il carrello, la cassa, i pagamenti, ecc.

In futuro però, se vorrai, potrai inserire anche delle altre pagine. Ad esempio: una pagina per descrivere le garanzie che offri, una pagina per spiegare chi sei, una pagina che illustri i termini e le condizioni, e così via.

La sezione Commenti

In questa sezione troverai i commenti che i lettori potrano lasciare agli articoli del tuo blog (se deciderai di averne uno) e le recensioni che i clienti potranno fare per i prodotti del tuo negozio. Queste ultime, come vedremo in seguito, potranno anche essere importate direttamente da AliExpress.

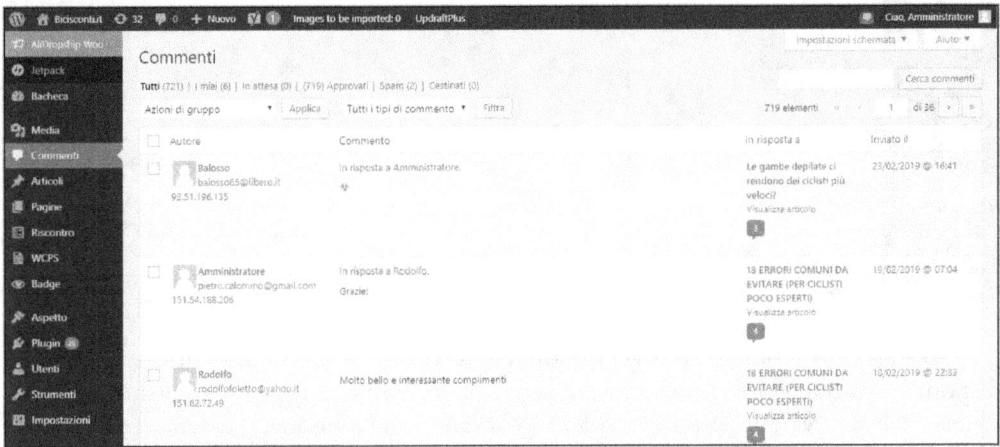

Fig. 3.11 – *la sezione Commenti.*

Da questa sezione avrai comunque modo non solo di vedere ed approvare commenti e recensioni, ma anche eventualmente di modificarli.

La sezione Plugin

WordPress è un software modulare che si può arricchire di moltissime funzionalità tramite l'installazione di **componenti aggiuntivi** o estensioni denominate **"plugin"**. **WooCommerce**, ad esempio, è un plugin e, come vedremo nel seguito di questo volume, **ti consentirà di trasformare il tuo sito in un vero e proprio negozio elettronico**, dotato di moltissime funzionalità avanzate.

Anche **AliDropship** è un plugin. Installandolo aggiungerai al tuo negozio tutte le **funzionalità riguardanti il dropshipping**. Ma le possibilità non finiscono qui, in quanto ci sono ci sono centinaia di plugin per WordPress. Alcuni sono gratuiti, altri a pagamento e si trovano sotto le categorie più disparate, ognuna delle quali si occupa di potenziare una funzionalità specifica, dalla grafica alla SEO, dal contatto con gli utenti ai metodi di pagamento.

In pratica, man mano che andrai avanti nello sviluppo del tuo sito potrai aggiungere sempre nuove funzionalità proprio grazie ai plugin Se vorrai potrai rinnovare completamente il tuo sito quando ti pare.

Per utilizzare al meglio WordPress bisogna quindi sapere come installare ed attivare i plugin. La procedura in realtà è molto semplice e si completa quasi sempre con **pochissimi clic del mouse**.

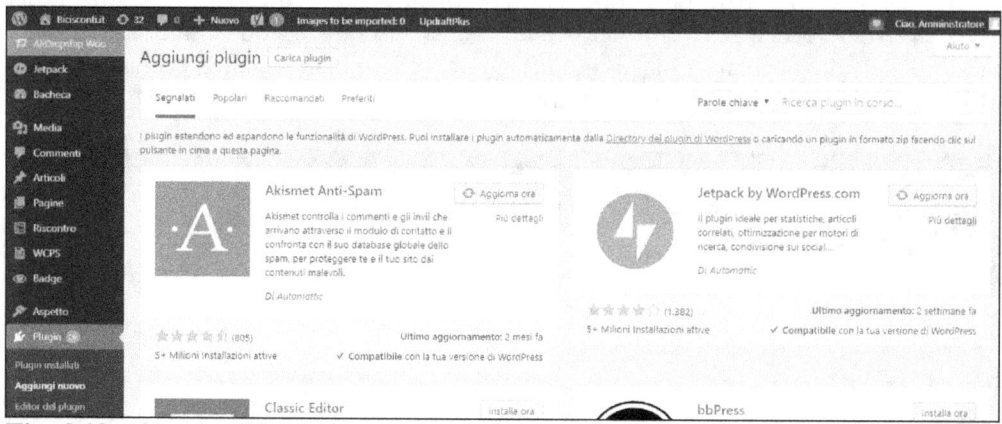

Fig. 3.12 – *la sezione Plugin*.

Dalla sezione plugin potrai infatti visualizzare tutti i componenti aggiuntivi disponibili oppure fare delle ricerche per trovare esattamente ciò di cui hai bisogno. L'installazione avviene automaticamente cliccando sul pulsante "Installa ora". Dopo l'installazione, il plugin può essere attivato, cliccando sul pulsante "Attiva" oppure disattivato (se non lo riterrai più utile).

Conclusioni

Come hai potuto vedere, WordPress non è un'applicazione difficile da utilizzare. Per comprenderne a fondo il funzionamento ti basterà solo fare un po' di pratica. Prima di passare allo step successivo, però, potresti anche decidere di studiare ancora di più il sistema. Il modo migliore per farlo, secondo noi, è **leggere la documentazione ufficiale** (https://it.wordpress.org/support/) . Alternativamente potresti optare anche per **una buona guida in italiano** come quella disponibile su HTML.it: https://www.html.it/guide/guida-wordpress/.

Ti consigliamo comunque di dedicare qualche ora di tempo a **prendere confidenza con il software**, navigando al suo interno e testando da solo le varie funzionalità disponibili.

PARTE IV – GUIDA ALL'USO DI WOOCOMMERCE

In collaborazione con HTML.it

PARTE IV – GUIDA ALL'USO DI WOOCOMMERCE

INTRODUZIONE A WOOCOMMERCE

WooCommerce è il plugin che trasformerà il tuo sito WordPress in un vero e proprio negozio elettronico dotato di tutto ciò che serve per vendere prodotti online. Questo componente aggiuntivo è talmente ricco di funzionalità da essere considerato **uno dei più potenti software per e-commerce disponibili sul mercato.**

La guida a WooCommerce contenuta in questa parte del volume è stata realizzata in collaborazione con HTML.it ed è molto dettagliata. Vista l'importanza di WooCommerce abbiamo infatti voluto offrirti una guida completa e non limitata alla descrizione delle sole funzionalità di base. In questo modo potrai consultarla quando vuoi, in caso di dubbi o necessità particolari.

Ai fini della costruzione del tuo negozio online in dropshipping **non avrai necessariamente bisogno di studiare in anticipo ogni funzione di WooCommerce**, anche se noi consigliamo **vivamente** di dedicare allo studio di questo software una buona parte del tuo tempo.

Se però vai di fretta e non resisti alla tentazione di iniziare subito a costruire la tua attività in drop-shipping, potresti limitarti a installare WooCommerce e a rimandare la lettura delle altre parti della guida ad un secondo momento, in base alle tue necessità.

Ti ricordiamo infine che, dal momento che **WooCommerce è in continuo aggiornamento**, alcune funzioni potrebbero subire delle modifiche rispetto a quanto descritto in questa sezione del libro.

Se vuoi essere sempre al passo con i tempi ti rimandiamo pertanto al sito dell'editore, dove potrai trovare sempre delle informazioni più aggiornate: https://www.html.it/guide/woocommerce-guida-alle-commerce-con-wordpress/

PARTE IV – GUIDA ALL'USO DI WOOCOMMERCE

INSTALLARE WOOCOMMERCE

Il Plugin WooCommerce è gratuito, puoi installarlo come qualsiasi altra estensione di WordPress, utilizzando l'installer interno. La procedura di installazione è molto semplice: vai al menu "Plugin > Aggiungi nuovo". Sarai indirizzato alla pagina di istallazione, dove troverai diversi elenchi di plugin. Le sezioni "In evidenza", "Popolari", "Raccomandati" e "Preferiti" proporranno altrettante selezioni di plugin gratuiti. Se WooCommerce non compare già tra quelli proposti, puoi utilizzare il campo di ricerca che permette di individuare qualunque plugin presente nella Directory.

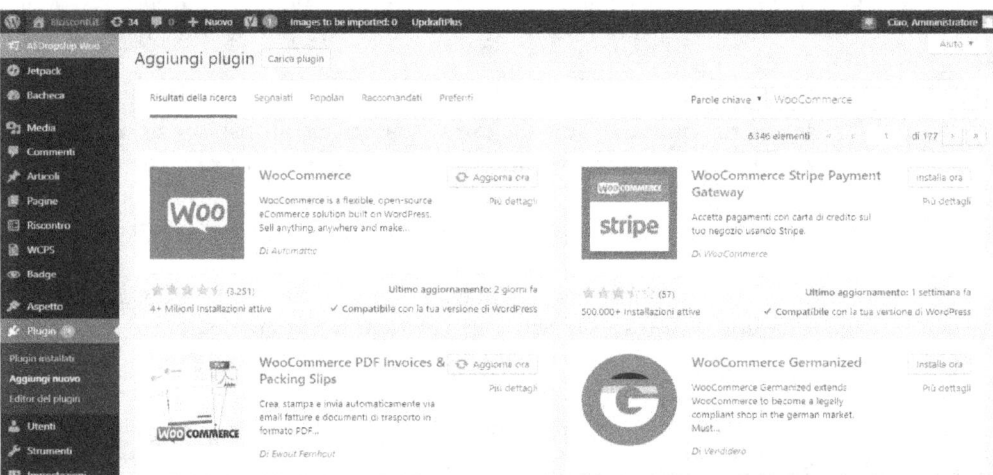

Fig. 4.1 – *individuare il plugin WooCommerce dalla sezione Plugin di WordPress.*

Una volta individuato il plugin WooCommerce di WooThemes, basta cliccare su "Installa adesso" e attendere lo scaricamento e l'installazione.

Ad installazione ultimata, puoi procedere con l'attivazione. Vai quindi nel menu "Plugin", scorri fino alla voce "WooCommerce" e clicca su "Attiva".

Una volta portati a termine tutti i passaggi indicati in precedenza, se tutto è andato a buon fine compariranno nel menu principale di WordPress due nuove voci: "WooCommerce" e "Prodotti".

Impostazioni Generali

Per accedere alle impostazioni del plugin clicca sulla voce di menu "WooCommerce" e poi su "Impostazioni".

Com'è facilmente intuibile, dalle schede in alto possiamo spostarci tra le impostazioni delle varie sezioni. In questo paragrafo scopriremo le voci della scheda "Generale", per le altre si rimanda ai paragrafi relativi. Andiamo quindi a scoprire le funzionalità delle voci presenti nelle "Opzioni Generali":

Funzionalità	Descrizione
Nazione Negozio	La località dove operi come venditore, utile per determinare le tasse da applicare.
Località di vendita	Verso quali paesi vuoi abilitare le vendite.
Località di spedizione	Qui puoi scegliere se spedire in tutte le nazioni, solo nelle nazioni in cui vendi o se limitare le spedizioni solo in specifiche nazioni.
Indirizzo predefinito cliente	Viene utilizzato inizialmente per calcolare le tasse e le spedizioni quando l'utente non è ancora registrato. Puoi scegliere tra "Indirizzo del negozio", "Nessun Indirizzo" (e quindi niente calcolo delle tasse) oppure puoi scegliere di geolocalizzare l'utente in base alla località dalla quale si connette. Una volta che l'utente ha inserito i suoi dettagli questo indirizzo viene ignorato.
Abilita imposte	Selezionando questa casella scegli di attivare il calcolo delle tasse. Se la lasci disattivata rimarrà nascosta anche la voce "Imposte" che trovi nel menu "Impostazioni".
Avviso Negozio	Se abiliti quest'opzione comparirà una casella di testo in cui inserire un messaggio da visualizzare in alto in tutte le pagine del negozio, per avvisare, ad esempio, di problemi tecnici, manutenzione, e così via.
Opzioni Valuta	Consente di personalizzare la valuta da utilizzare per il tuo negozio. Puoi dunque scegliere la valuta per i prezzi esposti, scegliere la posizione in cui visualizzare il simbolo della valuta, il numero di cifre decimali e i simboli per separare le migliaia e i decimali.

Tab 4.1 – *voci presenti nelle "Opzioni Generali"*.

Una volta scelte le impostazioni in base alle tue esigenze non ti resta che salvare le modifiche. Ora puoi inserire i prodotti, come vedremo nel prossimo capitolo.

IMPOSTARE LE TASSE SUI PRODOTTI

Dopo la prima installazione del plugin, di default il sistema di calcolo fiscale è disattivato. Per attivarlo basta recarsi su "WooCommerce > Impostazioni" e selezionare la casella "Abilita imposte e calcoli fiscali" e salvare le modifiche.

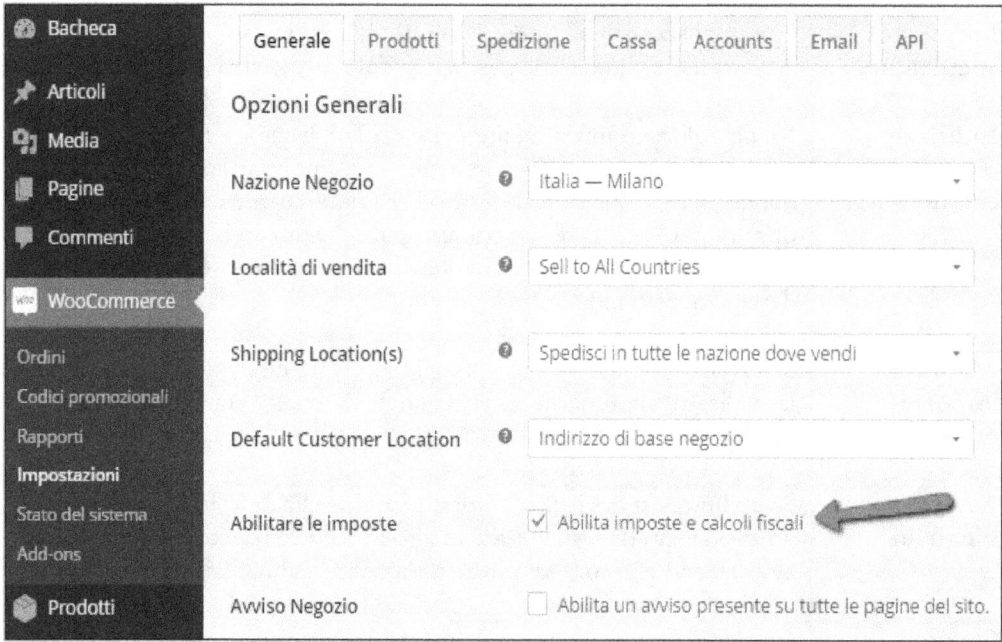

Fig. 4.2 – *Abilitazione imposte e calcoli fiscali.*

A questo punto, nel menu "Impostazioni" comparirà la scheda "Imposte" dalla quale puoi procedere con la personalizzazione.

Andiamo adesso a scoprire tutte le opzioni disponibili per il calcolo delle imposte con WooCommerce.

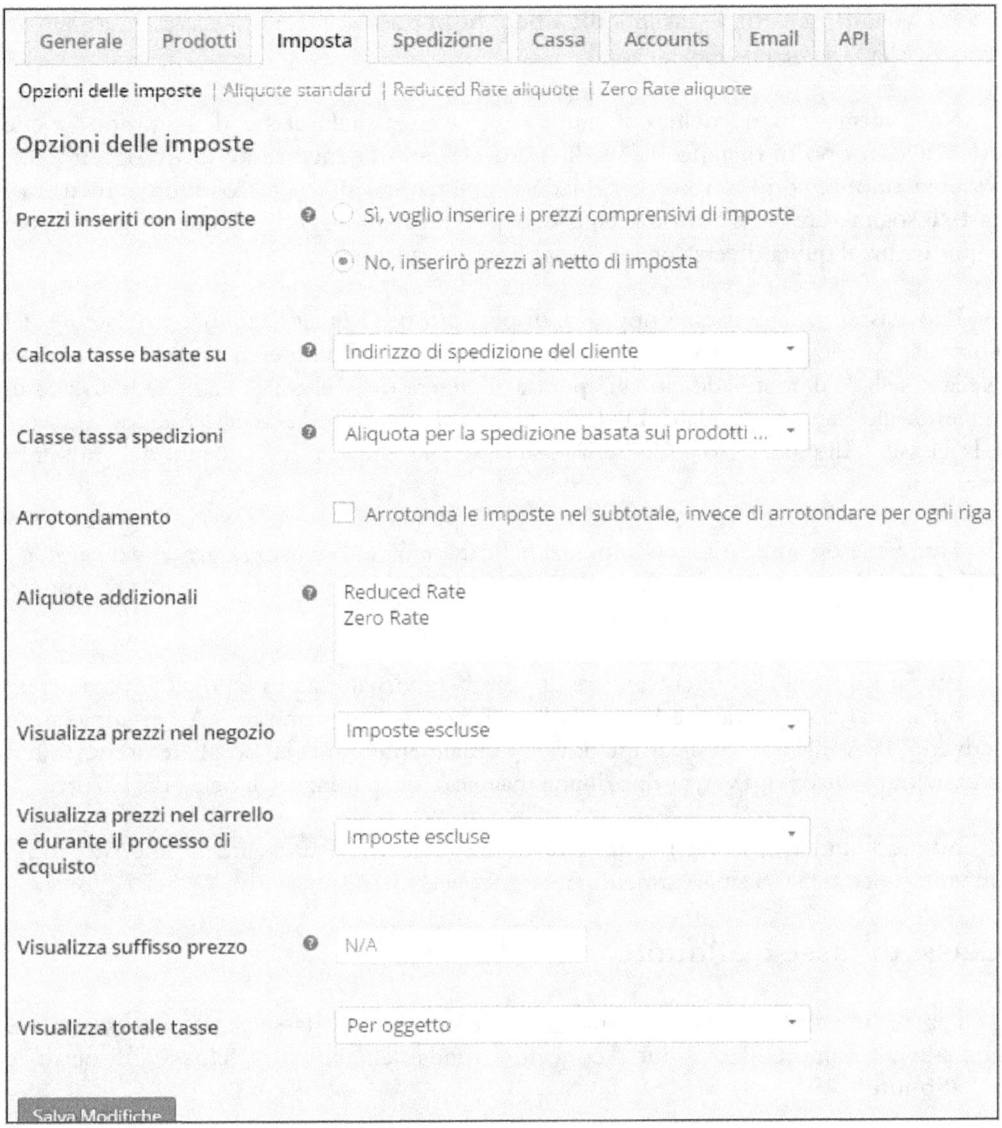

Fig. 4.3 – *Personalizzazione scheda Imposta.*

La prima opzione "Prezzi inseriti con imposte" riguarda il modo in cui verranno inseriti i prezzi nel catalogo prodotti. Puoi infatti scegliere se inserire il prezzo comprensivo di tasse oppure al netto dell'imposta. È importante **operare questa scelta prima dell'inserimento dei prodotti**, in quanto la modifica non interesserà i prodotti già inseriti.

Con l'opzione "Calcola tasse basate su" puoi scegliere quale indirizzo dovrà essere utilizzato per il calcolo delle imposte: indirizzo di spedizione del cliente, oppure indirizzo di fatturazione, oppure ancora indirizzo di base del negozio. In quest'ultimo caso il calcolo fiscale non terrà conto del luogo in cui si trova il cliente.

Per quanto riguarda le **tasse sulle spedizioni** puoi scegliere la classe da assegnare nella casella "Classe tassa spedizioni".

Nella maggior parte delle configurazioni, la tassa della classe di spedizione viene calcolata dal tipo di oggetto da spedire: Ad esempio la spedizione di un oggetto con aliquota ridotta, come un libro, richiede l'applicazione di un tasso ridotto. In questo caso bisogna dire a WooCommerce che per tutti gli oggetti di questo tipo dovrà applicare un'aliquota diversa da quella applicata normalmente.

Può esistere anche il caso opposto: di prodotti per i quali l'aliquota è maggiore del normale. Anche in questo caso bisognerà dire a WooCommerce come comportarsi. Nella casella "Aliquote addizionali" puoi aggiungere delle classi di tasse da utilizzare in aggiunta alle aliquote standard. Di default, vengono aggiunte la classe "Aliquota ridotta" e la classe "Aliquota zero". Vedremo le classi e le aliquote in dettaglio nel prossimo paragrafo.

Tramite le opzioni "Visualizza prezzi nel catalogo" e "Visualizza prezzi nel carrello" e durante il processo di acquisto puoi scegliere se mostrare ai clienti i prezzi comprensivi di tasse oppure tasse escluse.

Per far capire al cliente che genere di prezzi sta visualizzando è possibile aggiungere un suffisso al prezzo tramite la casella "Visualizza suffisso prezzo". Ad esempio puoi scrivere "IVA inclusa" o "IVA esclusa". Normalmente è meglio scegliere di mostrare i prezzi comprensivi di IVA, al fine di una maggiore trasparenza agli occhi del cliente.

Infine, l'ultima opzione ti permette di scegliere se visualizzare le imposte come un'unica voce totale o singolarmente per ogni oggetto.

Classi di tasse e aliquote

Per capire meglio come vengono gestite e applicate le tasse da WooCommerce è necessario comprendere due concetti fondamentali: le **"classi di tasse"** e le **"aliquote"**.

Le aliquote non sono altro che il tasso percentuale che viene applicato per calcolare l'ammontare delle tasse.

Le classi possono essere considerate come le categorie principali che contengono varie aliquote, applicate in base a delle regole precise. Come detto prima, WooCommerce alla prima installazione crea tre classi di tasse predefinite: una per le aliquote standard; una per le aliquote ridotte; una per le aliquote zero.

Per aggiungere, o eliminare, una classe è sufficiente inserirla in una nuova riga nella casella "Aliquote addizionali". Dopo aver salvato comparirà in alto insieme alle altre. Cliccando su una di queste si aprirà un elenco:

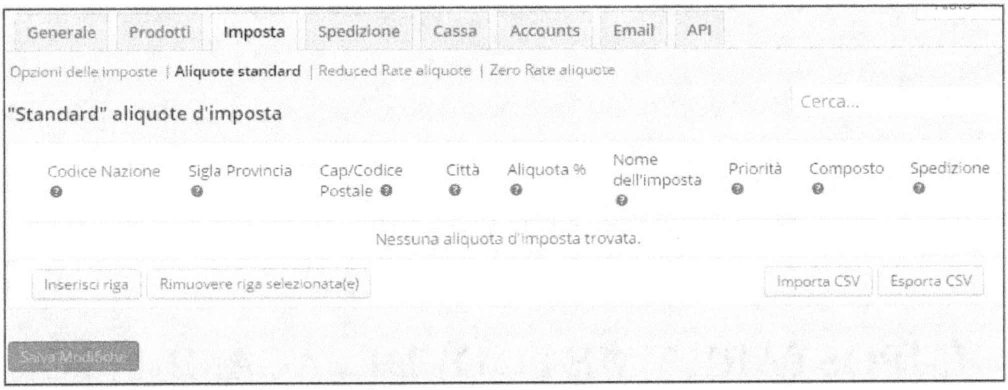

Fig. 4.4 – *inserimento aliquota addizionale.*

Qui puoi cliccare su "Inserisci Riga" e procedere con la personalizzazione delle regole. Per capirci meglio vediamo in un esempio pratico come creare l'aliquota standard per il calcolo dell'IVA:

- in "Codice Nazione" inserisci IT per l'Italia, le caselle di Provincia, CAP e Città possiamo lasciarle vuote (o con un asterisco) così verrà applicata a tutte le città;
- nella casella "Aliquota" inserisci la percentuale che dovrà essere applicata (nel nostro esempio 22) e assegnagli un nome, usato per riconoscere questa regola;
- infine clicca su "Salva le modifiche".

Procedi quindi nello stesso modo per eventuali altre aliquote e per tutte le altre classi di tasse. Da questo elenco puoi anche modificare o eliminare regole inserite in precedenza. Per eliminare in un solo colpo tutte le aliquote create è sufficiente andare su "WooCommerce > Stato del sistema > Strumenti" e cliccare su "Cancella tutte le aliquote create".

WooCommerce include anche una funzione di importazione ed esportazione tasse in formato CSV; basta recarsi su "WooCommerce > Impostazioni > Imposte", scegliere la classe di tasse che ci interessa e cliccare in basso a destra su "Importa CSV" o "Esporta CSV". Per l'importazione è necessario creare un file CSV con 10 colonne in quest'ordine preciso: country code, state code, postcodes, cities, rate, tax name, priority, compound, shipping e tax class.

Per concludere, non bisogna dimenticare che WooCommerce offre anche un comodo sistema di report per le tasse, filtrabile per anno, mese e CAP. Lo puoi trovare in "WooCommerce > Rapporti (o Report) > Imposte".

A questo punto, dopo aver concluso tutte le operazioni di configurazione delle tasse, puoi procedere all'assegnazione della classe di tassa ad ogni prodotto. Lo vedremo nel dettaglio nel capitolo dedicato alla creazione dei prodotti.

IMPOSTARE I METODI DI PAGAMENTO

Per iniziare a vendere online è necessario poter ricevere i pagamenti dai clienti del tuo e-commerce. In questo capitolo andremo a scoprire quali sono i metodi di pagamento predefiniti di WooCommerce e come impostarli nel migliore dei modi. Inoltre vedremo come aggiungere altri gateway non presenti inizialmente nel sistema.

Impostazioni di base del checkout

Per accedere alle impostazioni del checkout e dei metodi di pagamento clicca su "WooCommerce > Impostazioni > Cassa (o Checkout) ". Nella prima Tab puoi personalizzare la fase di checkout del tuo negozio. Andiamo a scoprire le opzioni disponibili:

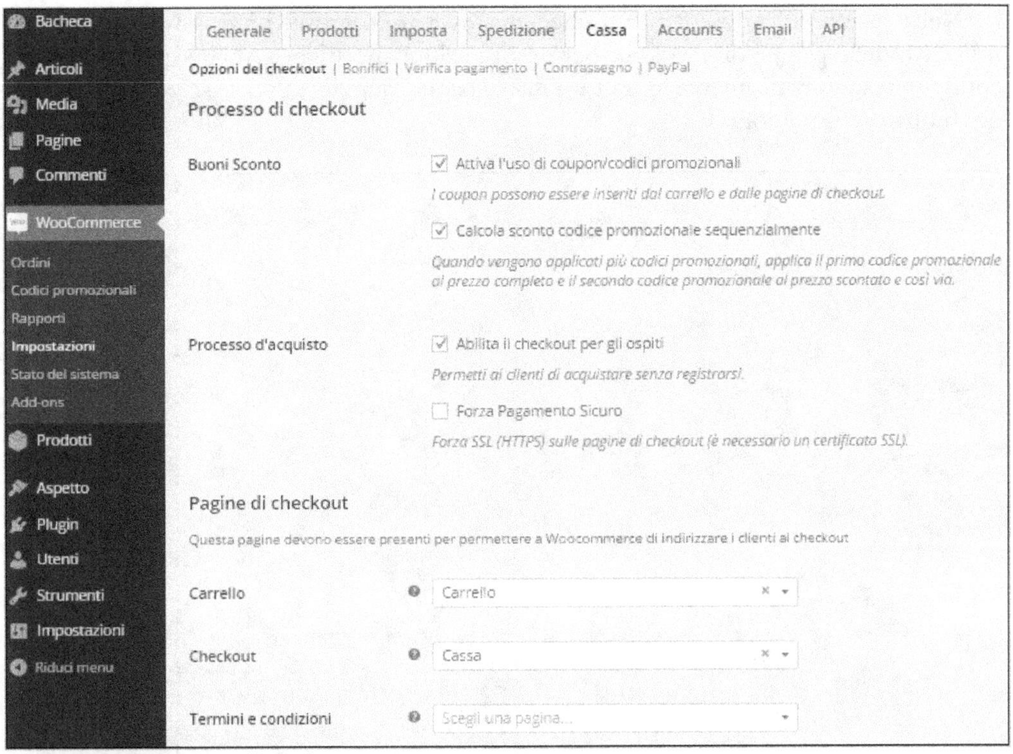

Fig. 4.5 – *opzioni per il checkout.*

Nella sezione "Buoni sconto" puoi attivare e scegliere di applicare sequenzialmente i coupon inseriti, al momento ci basta sapere questo, il resto possiamo tralasciarlo in quanto i coupon e i buoni sconto verranno trattati nel dettaglio in un capitolo dedicato.

Con l'opzione "Abilita il checkout per gli ospiti" puoi permettere agli utenti del tuo negozio di acquistare anche senza creare un account. In questo caso, tutte le informazioni inserite saranno usate solo per gestire quell'ordine e non resteranno salvate.

Con l'opzione "Forza pagamento sicuro" forzi il browser ad utilizzare il protocollo HTTPS nelle pagine di pagamento. Per poterlo attivare ovviamente è necessario un certificato SSL (di cui si parlerà nel seguito di questo volume).

Nella sezione "Pagine di checkout" scegli in quali pagine reindirizzare l'utente per permettergli di controllare il carrello o concludere l'ordine. Le pagine di "Carrello" e di "Checkout" vengono create e impostate automaticamente al momento dell'installazione, quindi generalmente queste due opzioni non devono essere modificate, salvo il caso in cui tu voglia usare pagine specifiche e create separatamente. Per quanto riguarda invece la voce "Termini e Condizioni", per chiedere all'utente di accettare le condizioni di vendita, basta creare una nuova pagina su WordPress con il testo desiderato e inserirla qui in corrispondenza della casella "Termini e Condizioni".

Nella sezione "Endpoint per il checkout" vengono gestiti i suffissi da aggiungere agli URL delle pagine di checkout per gestire azioni specifiche. Anche questi vengono configurati automaticamente durante l'installazione quindi, salvo casi particolari, non dovrebbero essere modificati.

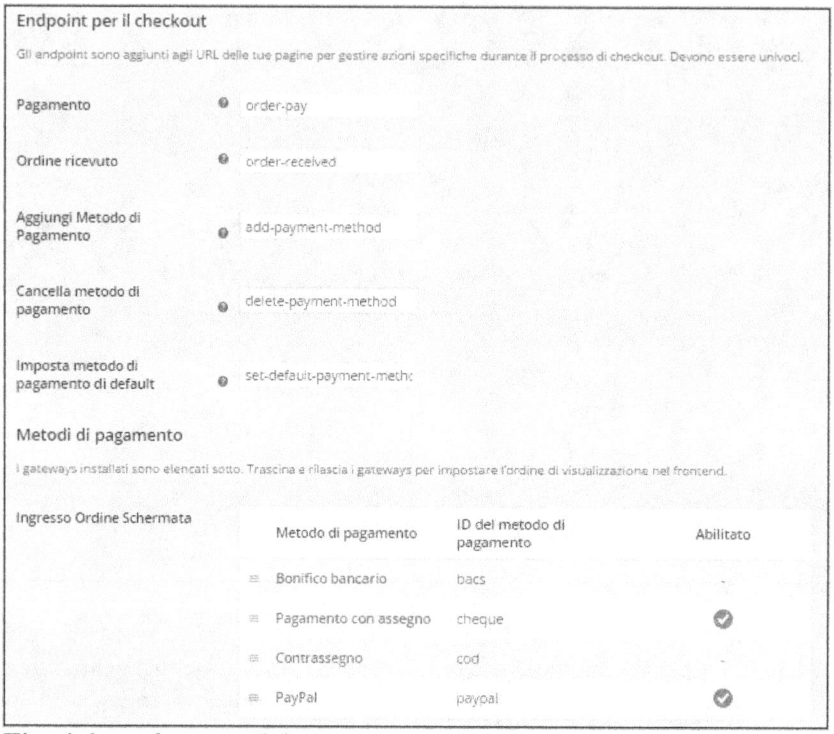

Fig. 4.6 – *endpoint per il checkout.*

Infine, nell'ultima sezione di questa pagina, trovi l'elenco dei metodi di pagamento attualmente installati sul tuo negozio. Da qui puoi verificare se un metodo risulta abilitato, conoscere il suo ID e gestire l'ordine in cui verranno visualizzati nella pagina di checkout. Per modificare l'ordine basta posizionarsi con il mouse sopra l'icona che trovi sulla sinistra e spostare per trascinamento.

Pagamenti con PayPal

Nelle transazioni online PayPal è uno dei metodi di pagamento più usati e sicuri. Questo gateway di pagamento è anche fra quelli predefiniti di WooCommerce, cioè lo troviamo già installato.

Per poterlo utilizzare come metodo di pagamento sul tuo e-commerce è necessario avere un account Business di PayPal, che puoi registrare gratuitamente sul sito ufficiale della piattaforma. Per configurarlo devi recarti su "WooCommerce > Impostazioni > Cassa (o Checkout) " e cliccare in alto sulla sottosezione "PayPal". Vedrai una schermata come la seguente:

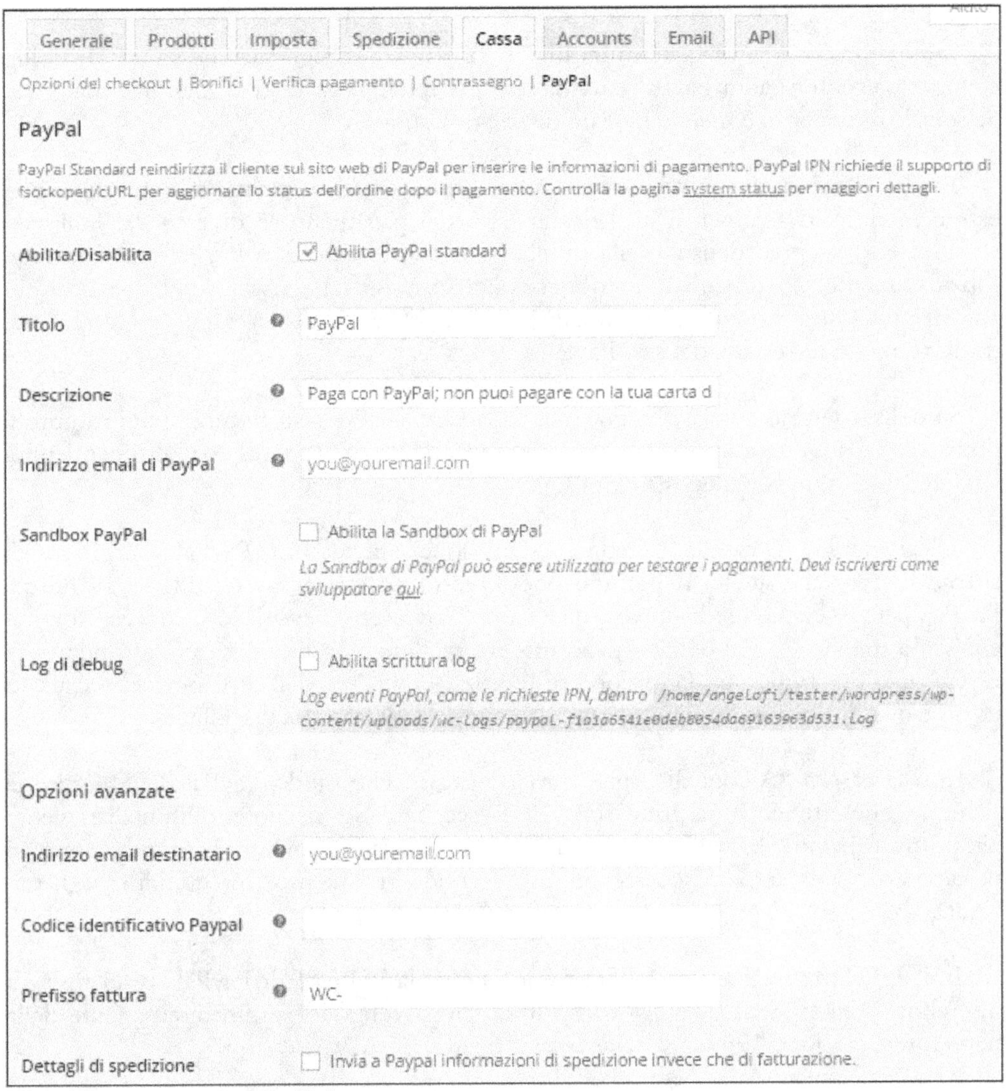

Fig. 4.7 – *impostazioni PayPal.*

La prima opzione serve ad abilitare o meno questo metodo di pagamento e quindi renderlo visibile nel frontend. "Titolo" e "Descrizione" saranno visibili nella pagina di checkout per descrivere questo tipo di pagamento.

Nella casella "Indirizzo email di PayPal" inserisci l'indirizzo email associato al tuo account PayPal in cui ricevere i pagamenti.

La "Sandbox" è uno strumento che ti consente di effettuare dei test di pagamento sul tuo negozio. Per poterla utilizzare è necessario registrarsi come sviluppatore sul sito di PayPal. E' importante ricordarsi di disabilitare questa voce prima della messa online del negozio, in quanto è solo un ambiente di test e non verranno effettuati pagamenti reali.

Con la funzione "Abilita scrittura log" puoi attivare la registrazione su un file di log di tutti gli eventi legati a PayPal e utilizzabili per il debug in caso di malfunzionamenti. Se sei alle prime armi è meglio lasciare disabilitata questa voce.

Tra le "Opzioni avanzate" troviamo "Indirizzo email destinatario", che dovrebbe essere modificato solamente se il destinatario del pagamento è diverso dall'indirizzo email inserito in precedenza. Nella casella "Codice identificativo PayPal" puoi inserire (opzionalmente) il token di identificazione fornito dal servizio per verificare il pagamento. Questa opzione (chiamata Payment Data Transfer) deve essere abilitata dagli strumenti di vendita del sito PayPal.

Se utilizzi PayPal per la fatturazione, nella casella "Prefisso fattura" puoi inserire il prefisso che dovrebbe avere la fattura prima del numero progressivo, altrimenti puoi lasciare vuota o invariata questa casella.

Selezionando la casella "Dettagli spedizione" invierai a PayPal l'indirizzo di spedizione anziché quello di fatturazione. Questo potrebbe essere utile se si utilizza PayPal per le etichette di spedizione. Con "Sovrascrivi indirizzo", invece, forzi il controllo tramite PayPal dell'indirizzo inserito dall'utente. Questo da un lato potrebbe essere utile per evitare la digitazione di indirizzi errati, ma dall'altro potrebbe causare errori e quindi rifiutare l'ordine. Pertanto si consiglia di lasciarla disabilitata.

Con la casella "Azioni di pagamento" decidi in che modo PayPal deve gestire le richieste che arrivano dal tuo sito. Puoi scegliere se riscuotere immediatamente l'importo (opzione "Riscuoti") oppure se verificare solamente l'autorizzazione al pagamento, che verrà riscosso in un secondo momento (e quindi scegliamo "Autorizza").

Infine, l'ultima sezione di questa pagina riguarda le "API di PayPal". Qui procedi inserendo Nome Utente, Password e Firma che ti vengono forniti direttamente dalla piattaforma (sezione "Preferenze venditore > Accesso API").

Pagamenti con bonifico bancario

Il secondo modulo, presente anch'esso di default su WooCommerce, è il pagamento con "bonifico bancario". Con questo gateway di pagamento, l'ordine rimane in attesa fino alla conferma della ricezione del pagamento sul conto corrente. La conferma non viene fatta in automatico, ma chi gestisce il negozio, una volta ricevuto il pagamento, dovrà entrare nel pannello di amministrazione e confermarlo in modo da poter procedere con l'ordine.

Per configurare questo metodo vai su "WooCommerce > Impostazioni > Cassa (o Checkout) " e clicca in alto sulla sottosezione "Bonifici (o BACS) " e avrai una schermata come quella in fig. 4.8.

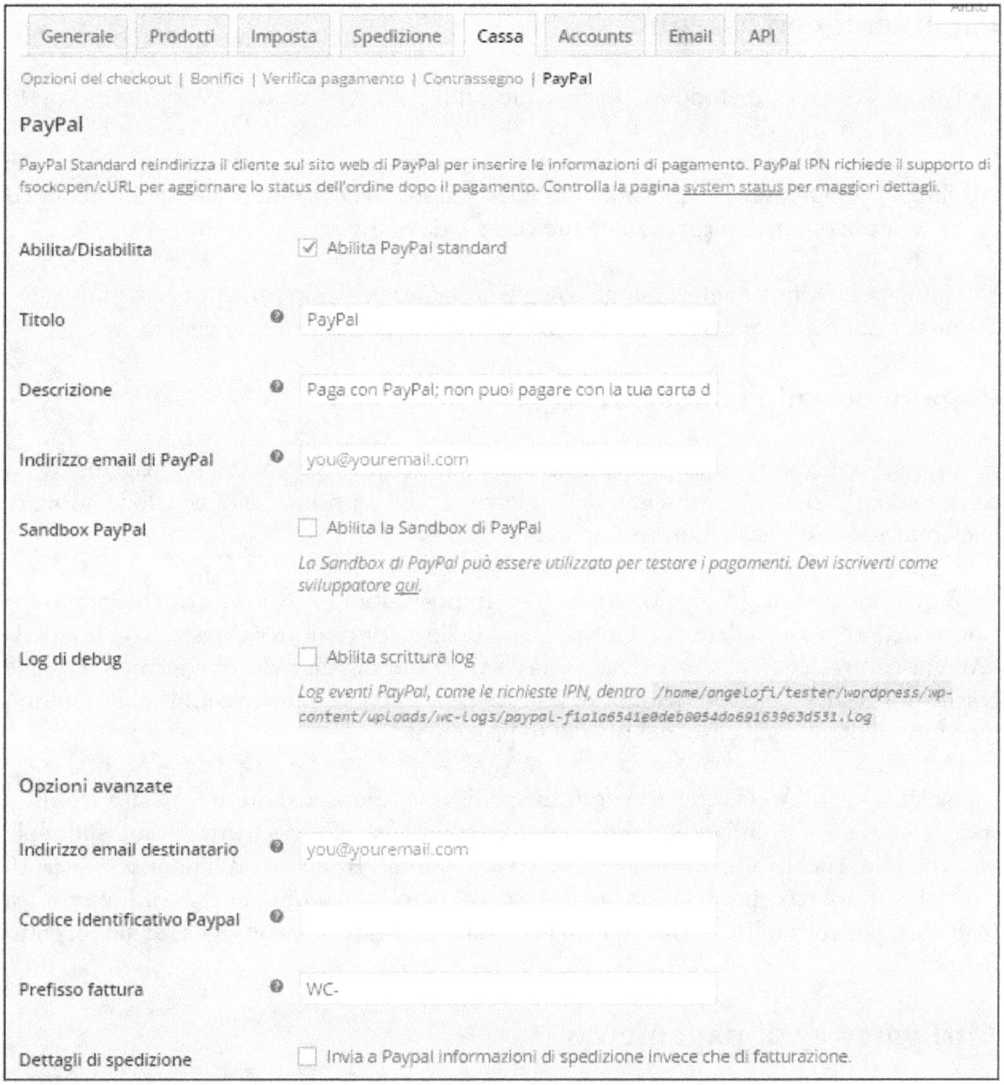

Fig. 4.8 – *gestione bonifici.*

Tramite la casella "Abilita/Disabilita" puoi attivare o disattivare questo metodo di pagamento, nelle caselle "Titolo" e "Descrizione" puoi inserire le informazioni che saranno mostrate all'utente nell'elenco dei metodi di pagamento, e nella casella "Istruzioni" puoi aggiungere tutte le informazioni che serviranno al cliente per effettuare correttamente il bonifico.

Nella sezione "Dettagli Account" puoi inserire le informazioni del conto corrente che dovrà ricevere il bonifico (come ad esempio numero conto, nome banca, IBAN). Queste informazioni saranno mostrate all'utente nella pagina di ricevuta dell'ordine e nelle email di conferma.

Pagamenti con assegno

Anche se è un metodo di pagamento utilizzato raramente, WooCommerce lo include tra i metodi disponibili di default. Da "WooCommerce > Impostazioni > Cassa (o Checkout) > Pagamento con assegno" configura le poche informazioni richieste: "Abilitato" o "Disabilitato", "Titolo" e "Descrizione" che saranno visibili all'utente ed infine le istruzioni per spiegare all'utente come e dove inviare l'assegno.

Come per i bonifici anche per gli assegni la conferma del pagamento non può essere automatizzata ma deve essere eseguita manualmente dal gestore del negozio.

Pagamento alla consegna

Infine, vediamo come poter accettare sul nostro e-commerce "pagamenti in contrassegno", cioè alla consegna della merce, anche se non ti sarà possibile adottare questo metodo se vendi in dropshipping.

Basta andare su "WooCommerce > Impostazioni > Cassa (o Checkout) > Contrassegno" e procedere con l'inserimento delle informazioni richieste. Con la casella "Abilita contrassegno" puoi attivare o disattivare questo metodo di pagamento. Nelle caselle "Titolo" e "Descrizione" puoi inserire alcune informazioni che saranno mostrate all'utente nella lista dei metodi di pagamento.

Nella casella "Abilita per i metodi di spedizione" puoi inserire per quali metodi di spedizione sarà disponibile il pagamento alla consegna. Nel caso in cui sia disponibile per tutte le spedizioni, puoi anche lasciarla vuota. Infine, con l'ultima casella di controllo, puoi scegliere se abilitare questo metodo anche per gli ordini virtuali (software, video, audio..), cioè quelli che non implicano la consegna di un oggetto fisico.

Altri gateway di pagamento

Quelli visti finora sono solo alcuni dei numerosi gateway di pagamento disponibili per WooCommerce. Per aggiungere un gateway di pagamento basta andare su "WooCommerce > Add-ons > Gateway di pagamento", selezionare quello desiderato e procedere con l'eventuale acquisto e installazione.

GESTIRE LE SPEDIZIONI

Un aspetto importante nella gestione di un negozio di e-commerce è quello che riguarda le spedizioni, cioè come consegnare i prodotti al cliente. WooCommerce ha una gestione molto basilare delle spedizioni, andiamo ad analizzare i suoi metodi predefiniti.

Zone di spedizione

Per iniziare a gestire i metodi di spedizione del tuo negozio, dal pannello di amministrazione di WordPress clicca sulla voce di menu "WooCommerce", poi su "Impostazioni" e infine sulla scheda "Spedizione".

La prima schermata ti invita a gestire inizialmente le "Zone di spedizione". Queste non sono altro che le aree geografiche verso le quali effettui le spedizioni dei tuoi prodotti e alle quali si applicano determinati costi e tariffe di spedizione. Quindi puoi distinguere tra zone locali, nazionali, internazionali e così via.

Ogni zona a sua volta può avere vari metodi di spedizione, ognuno con tariffe differenti. Sarà il sistema a mostrare al cliente i metodi di spedizione disponibili per la sua zona, in base all'indirizzo inserito.

Al momento della prima installazione è presente solo la zona "Resto del mondo", che viene utilizzata per indirizzi di spedizione che non rientrano nelle altre zone di spedizione che andrai a definire. In base alle tue necessità puoi aggiungere o meno metodi di spedizione a questa zona.

Per aggiungere un'area di spedizione clicca sul pulsante "Aggiungi zona di spedizione" e sarà così aggiunta una nuova riga nella lista delle zone. Qui procedi assegnando un nome e scegliendo i paesi o le regioni/province da attribuire a questa zona.

Inoltre, puoi limitare ulteriormente l'area geografica in base a particolari CAP cliccando su "Limita per CAP specifici" e inserendo un CAP per linea. Dopo aver personalizzato la zona in base alle nostre esigenze, puoi cliccare su "Salva Modifiche".

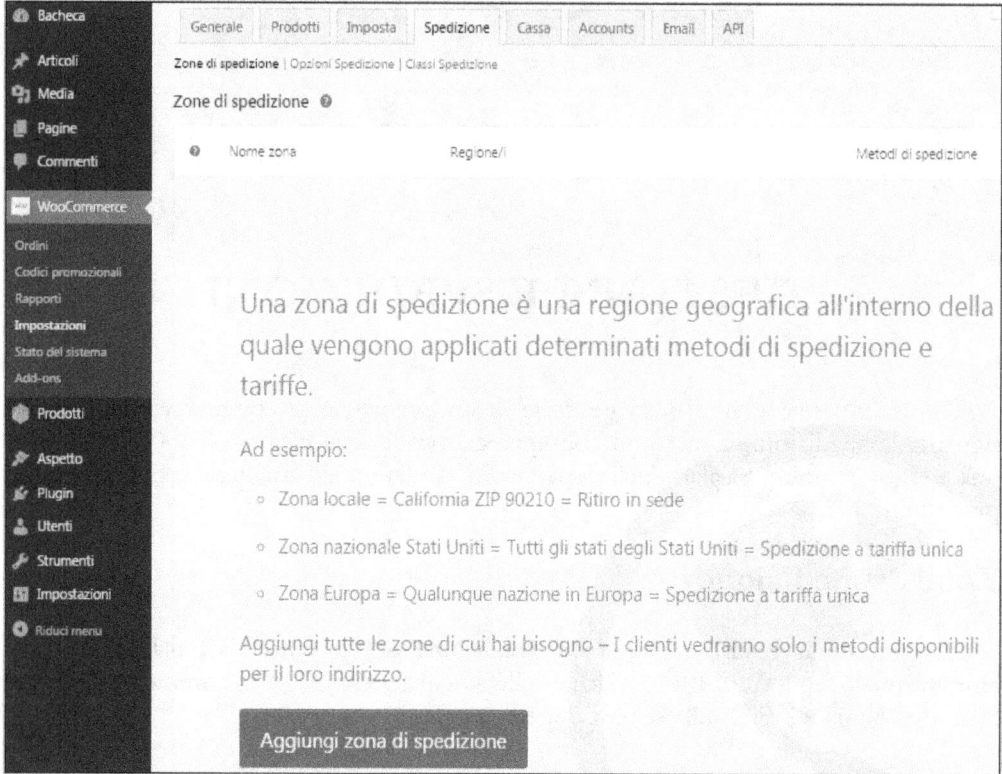

Fig. 4.9 – *scheda "Spedizione"*.

A questo punto non ti resta che aggiungere a questa zona i metodi di spedizione che vuoi rendere disponibili in quell'area geografica.

I metodi di spedizione predefiniti messi a disposizione da WooCommerce sono "Ritiro in sede", "Spedizione gratuita" e "Tariffa Unica". Andiamo a scoprirli nel dettaglio.

Ritiro in sede

Con il metodo "Ritiro in sede" puoi far scegliere al cliente se ritirare i prodotti direttamente nel tuo negozio fisico. Non sarà il tuo caso, se operi solo in dropshipping, ma se vuoi avere anche un piccolo stock di merce, potresti anche valutarlo.

Per utilizzare questo metodo bisogna prima aggiungerlo ad una zona di spedizione. Vai quindi su "WooCommerce > Impostazioni > Spedizione > Zone di spedizione" e clicca sulla zona cui vuoi aggiungerlo. Nella nuova schermata che compare clicca su "Aggiungi metodo di spedizione", seleziona "Ritiro in sede" e infine "Aggiungi".

A questo punto avrai una situazione come questa:

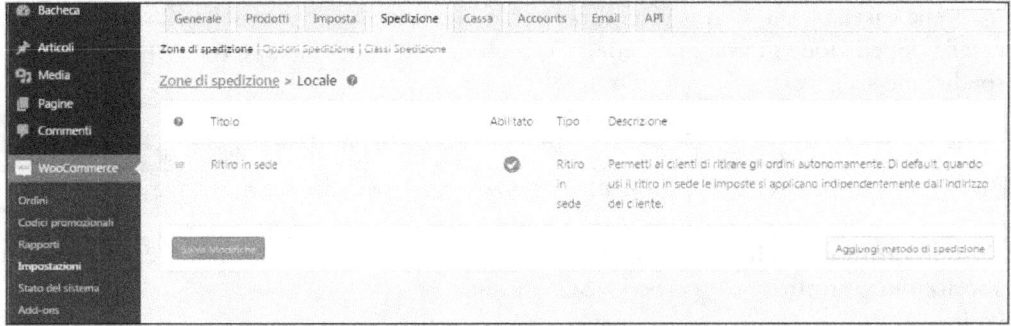

Fig. 4.10 – *impostazioni per il ritiro in sede.*

Non ti resta che personalizzare questo metodo. Dalla lista clicca sul nome del metodo da modificare (in questo caso "Ritiro in sede") e comparirà una finestra modale con tre semplici opzioni: Titolo, per assegnare un nome a questo metodo che sarà visualizzato dagli utenti durante il processo di acquisto; Status imposte, per scegliere se il costo di questo metodo farà parte dell'imponibile per il calcolo fiscale o sarà esente; Costo, se vuoi addebitare un costo per il ritiro in negozio.

Spedizione gratuita

Con WooCommerce puoi offrire una "Spedizione gratuita" ai tuoi clienti al verificarsi di determinate condizioni, ad esempio un ordine oltre una certa cifra, spedizione in una particolare città o utenti che sono in possesso di un coupon.

Per iniziare devi aggiungerlo ad una zona di spedizione. Vai quindi su "WooCommerce > Impostazioni > Spedizione > Zone di spedizione" e scegli la zona cui vuoi aggiungerlo. Nella nuova schermata clicca su "Aggiungi metodo di spedizione", scegli "Spedizione gratuita" e infine clicca su "Aggiungi".

Per personalizzare questo metodo, e poter quindi scegliere in quali occasioni offrire una spedizione gratuita, clicca sulla riga appena creata e comparirà un elenco a discesa come quello in figura:

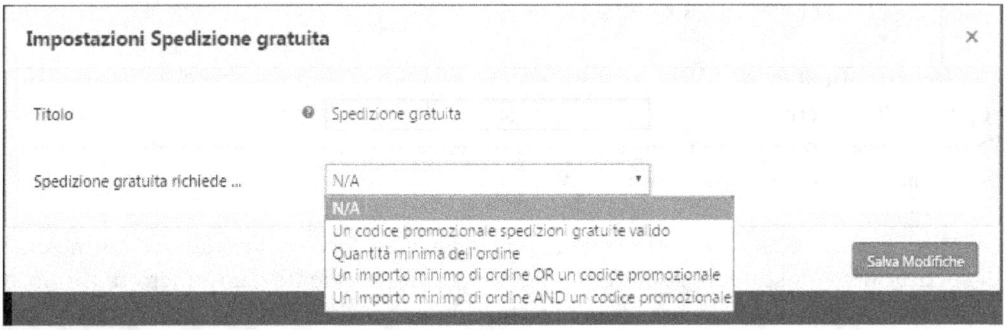

Fig. 4.11 – *impostazioni per le spedizioni gratuite.*

Nella casella "Titolo" inserisci il nome del metodo che sarà visibile all'utente. Nella casella "Spedizione gratuita richiede…" scegli invece la condizione richiesta affinché la spedizione sia gratis:

Condizione	Descrizione
N/A	Nessuna condizione, la spedizione è gratis per tutti i clienti di questa zona.
Codice promozionale spedizioni gratuite valido	L'utente deve inserire il codice di un coupon valido per le spedizioni gratuite.
Quantità minima dell'ordine	L'ordine deve avere un importo minimo per la spedizione gratis. L'importo possiamo inserirlo nella nuova casella che comparirà in basso dopo aver selezionato questa voce.
Importo minimo ordine OR codice promozionale	L'ordine deve avere un importo minimo oppure il cliente deve inserire un coupon valido.
Importo minimo ordine AND codice promozionale	L'ordine deve avere un importo minimo e il cliente deve essere in possesso di un coupon per le spedizioni gratuite.

Tab 4.2 – *condizioni per spedizioni gratuite.*

Dopo aver inserito le opzioni in base alle tue esigenze clicca su "Salva Modifiche".

Tariffa unica

Siamo arrivati all'ultimo metodo di spedizione disponibile su WooCommerce, il più utilizzato. Si tratta del metodo a "Tariffa unica", cioè quello che prevede l'aggiunta di un costo al totale dell'ordine per le spese di spedizione.

Per usare questo metodo devi innanzitutto aggiungerlo ad una zona. Vai quindi su "Woocommerce > Impostazioni > Spedizione > Zone di spedizione" e scegli la zona a cui vuoi aggiungerlo. Nella nuova schermata clicca su "Aggiungi metodo di spedizione", scegli "Tariffa unica" e clicca su "Aggiungi".

Per procedere con la personalizzazione, devi selezionarlo dalla lista cliccandoci sopra. Nella schermata che compare inserisci un "Titolo" che sarà visibile al cliente, in "Status delle imposte", scegli se il costo della spedizione concorrerà a formare l'imponibile, e quindi tassato, o se esente.

Nella casella "Costo" scegli l'importo da aggiungere per chi sceglie questo metodo di spedizione. Il costo può essere fisso, percentuale, dipendente dal numero di prodotti o dal totale dell'ordine o un mix di queste condizioni. Per inserire un importo fisso basta scriverlo nella casella "Costo". Tutte le altre condizioni devono essere inserite come espressioni con placeholder.

Per calcolare il costo in base al numero dei prodotti va usato il placeholder [qty]. Ad esempio se scriviamo: 5 + (2 * [qty]) stiamo impostando un costo fisso di 5 a cui va aggiunto 2 per ogni prodotto acquistato. Per il totale dell'ordine va usato [cost]. Per un calcolo percentuale va usato il placeholder [fee] con due parametri, percent e min_fee. Esempio: 5 + [fee percent="10" min_fee="5"] significa aggiungi un costo fisso di 5 più il 10% del costo totale, e deve essere minimo 5.

Impostazioni generali

Per accedere alle impostazioni di spedizione vai su "Woocommerce > Impostazioni > Spedizione". Selezionando il sottomenu "Opzioni Spedizione" avrai una schermata in cui selezionare poche semplici opzioni.

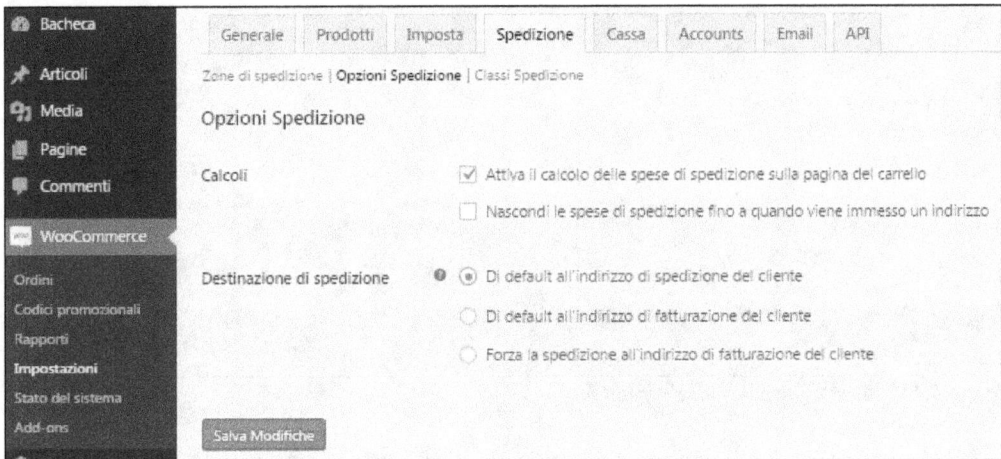

Fig. 4.12 – *impostazioni generali.*

La prima serve per attivare il calcolo delle spese di spedizione nel carrello dell'utente, la seconda per visualizzare le spese di spedizione solo dopo l'inserimento dell'indirizzo a cui spedire i prodotti. L'opzione "Destinazione di spedizione" serve a stabilire l'indirizzo predefinito per la spedizione.

Classi di spedizione

Le "Classi di spedizione" non sono altro che dei tag usati per raggruppare prodotti simili e offrire tariffe di spedizione diverse in base al tipo di prodotto. Ad esempio, grazie a queste classi è possibile far pagare un prezzo più alto per la spedizione di prodotti più pesanti o più ingombranti.

Per aggiungere o gestire una classe vai su "WooCommerce > Impostazioni > Spedizione > Classi di spedizione" e clicca su "Aggiungi". Comparirà così una nuova riga in cui inseriamo un nome e una descrizione (utilizzati internamente) e un codice identificativo o SLUG (opzionale).

Dopo aver salvato puoi andare nella scheda del prodotto e aggiungere la classe di spedizione ai prodotti desiderati. Arrivati a questo punto, in alcuni metodi di spedizione come ad esempio "Tariffa unica", compariranno dei nuovi campi:.

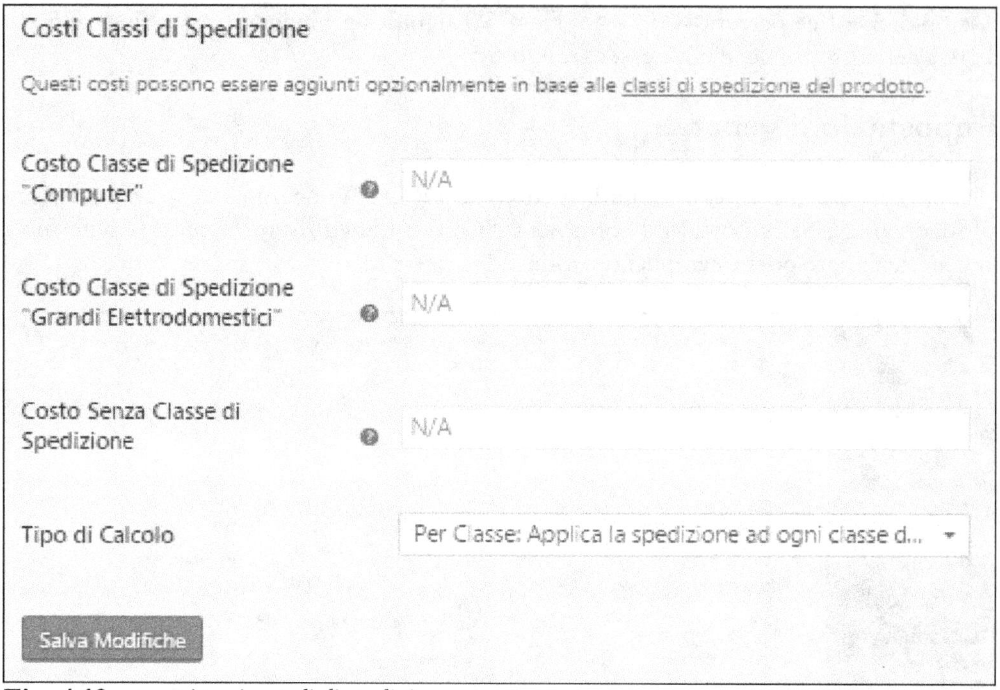

Fig. 4.13 – *campi per i metodi di spedizione.*

Per ogni classe di spedizione che hai definito comparirà una casella in cui inserire il costo (come abbiamo visto nel paragrafo "Tariffa unica"). Nella casella "Costo" senza classe puoi inserire un importo che sarà applicato ai prodotti che non hanno una classe definita (o verrà usato l'importo della casella "Costo"). Infine, in "Tipo di Calcolo" puoi scegliere se sommare singolarmente ogni classe di spedizione al totale (selezionando la voce "Per Classe") o se utilizzare solamente il costo della classe di spedizione più costosa (selezionando allora la voce "Per Ordine").

In questo capitolo abbiamo visto come vengono gestite le spedizioni su WooCommerce e quali metodi abbiamo a disposizione di default. Per altre opzioni avanzate, ad esempio per calcolare i costi di spedizione in base al peso di ogni singolo prodotto o in base alle dimensione, è necessario installare dei plugin a pagamento, in quanto sono funzioni non disponibili nativamente su WooCommerce.

GESTIRE IL CATALOGO

Dopo aver concluso tutte le configurazioni di base vediamo come gestire la parte fondamentale di un qualsiasi negozio, il Catalogo prodotti. In questo capitolo vedremo come inserire e personalizzare le categorie e i prodotti nel catalogo del nostro negozio creato con WooCommerce.

Gestione categorie

Le categorie ti permettono di ordinare i prodotti in base a caratteristiche ben definite, in modo da gestire con facilità i prodotti simili. Il funzionamento è identico a quello delle categorie di WordPress e si possono creare, modificare ed eliminare. Per aggiungere una categoria clicca sulla voce di menu "Prodotti" e poi scegli "Categorie". Ti apparirà quindi la lista delle categorie già create e il modulo per inserirne una nuova:

PARTE IV – GUIDA ALL'USO DI WOOCOMMERCE

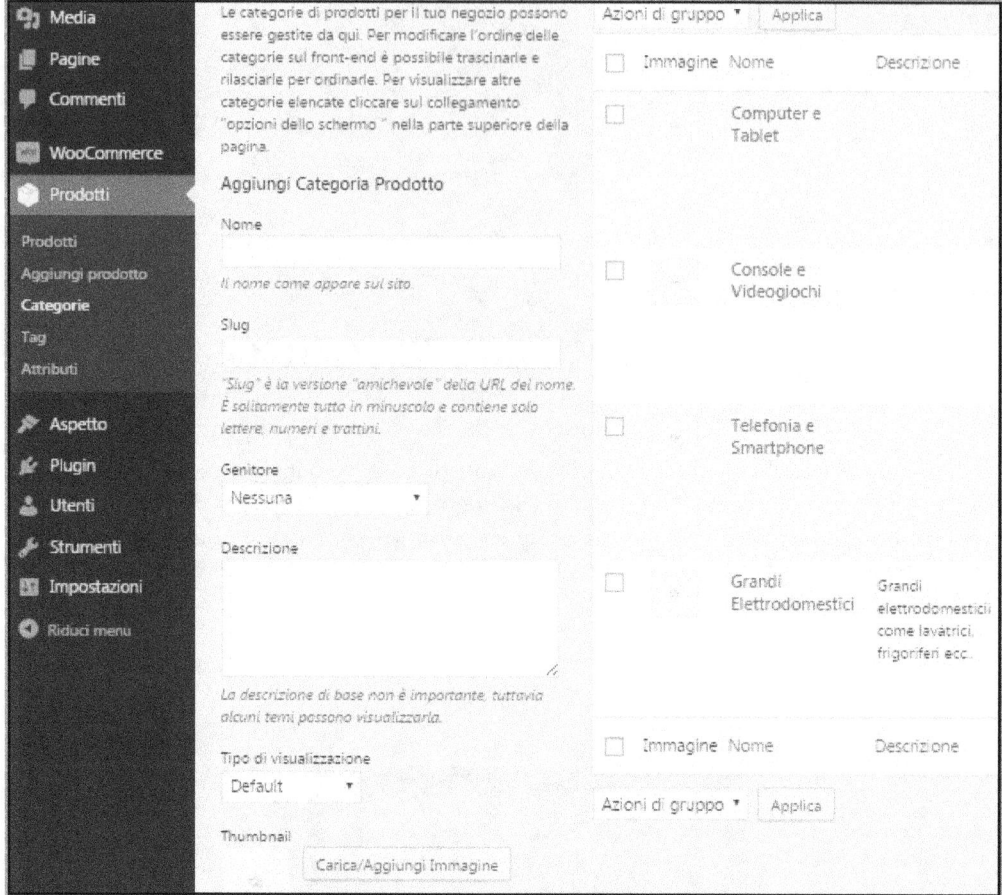

Fig. 4.14 – *inserimento categorie.*

Al momento della creazione del prodotto avrai quindi la possibilità di scegliere la categoria (o più di una) a cui assegnarlo. Le categorie possono essere ordinate con il drag and drop. Questo ordinamento sarà visualizzato anche nel frontend del sito Web.

Gestione tag e attributi

I tag rappresentano un altro modo di raggruppare e classificare prodotti simili. Sono infatti delle "etichette" che puoi aggiungere ad un prodotto per favorirne la ricerca. Il loro funzionamento è del tutto simile a quello delle categorie, e si gestiscono dal menu "Prodotti > Tag".

Gli attributi sono dei campi con informazioni aggiuntive che servono a filtrare la ricerca dei prodotti. Ad esempio, potresti aggiungere degli attributi per taglie, colori e lingua. A differenza delle categorie e dei tag, per affinare la ricerca è possibile selezionare più di un attributo. Anche gli attributi si gestiscono da un'interfaccia simile a quella delle categorie. Si accede dal menu "Prodotti > Attributi".

Tipi di prodotto

Dopo aver creato le categorie, i tag e gli attributi che pensi di voler utilizzare, puoi procedere con la creazione dei tuoi prodotti. Innanzitutto devi avere le idee chiare sul tipo di prodotto che vogliamo inserire.

In WooCommerce il tipo più comune è il prodotto semplice. Si tratta di un prodotto singolo che viene venduto sul tuo sito e spedito al cliente. Oppure puoi selezionare l'opzione virtuale, in caso di prodotti non spediti materialmente (ad esempio un servizio) oppure scaricabile, per segnalare che si tratta di un prodotto immateriale e al cliente dopo l'acquisto sarà inviato un link per scaricarlo.

Un prodotto raggruppato non è altro che un raggruppamento di prodotti semplici che devono essere acquistati in un'unica soluzione.

Un prodotto esterno o "affiliato" è un prodotto che viene pubblicizzato e segnalato nel nostro sito ma venduto altrove.

Infine, un prodotto variabile è un prodotto costituito da varie combinazioni e variazioni, ognuna delle quali con codici, prezzi e disponibilità diverse. Ad esempio un capo d'abbigliamento che ha diverse taglie e diversi colori con codici e prezzi differenti in base alla combinazione scelta.

Grazie alle numerose estensioni disponibili è possibile aggiungere altri tipi di prodotto in base alle nostre necessità, come ad esempio abbonamenti e sottoscrizioni.

Aggiungere un prodotto semplice

Per aggiungere al tuo catalogo un prodotto semplice clicca sul menu "Prodotti" e poi su "Aggiungi prodotto". Avrai un'interfaccia del tutto simile a quella utilizzata per la creazione dei post in WordPress:

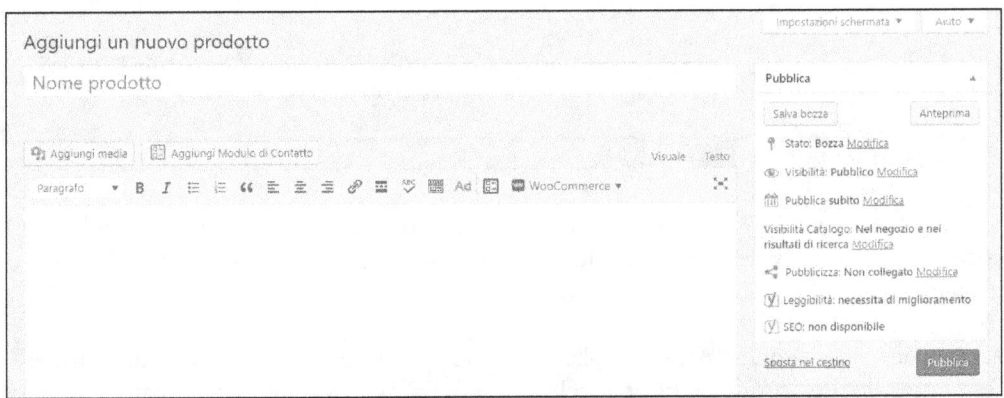

Fig. 4.15 – *aggiungere un prodotto semplice.*

Inizia aggiungendo il nome del prodotto e la descrizione nelle caselle dedicate. Sotto l'editor della descrizione trovi il pannello per inserire i dati del prodotto, qui lascia selezionata la voce "prodotto semplice". Nella scheda "Generale" inserisci il prezzo regolare di listino e l'eventuale prezzo in offerta nel caso in cui il prodotto fosse in sconto. In questo ultimo caso puoi anche impostare il periodo di riduzione del prezzo tramite il pulsante "Pianifica".

Le ultime due caselle riguardano le imposte. Hai la possibilità di scegliere se il prodotto farà parte dell'imponibile (quindi ne sarà calcolata l'IVA) o se è esente, o ancora se le imposte devono essere calcolate solo sulla spedizione.

Nella scheda "Inventario" puoi gestire il magazzino interno (sempre ammesso che tu ne voglia avere uno). Nella casella "COD" (o "SKU") puoi aggiungere il codice del prodotto per identificarlo in modo univoco rispetto ad un altro. Deve essere quindi un codice unico. Le altre opzioni sono facilmente comprensibili. Se dalle impostazioni hai abilitato la "gestione delle scorte" (da "WooCommerce > Impostazioni > Prodotti > Inventario"), tramite la casella "Abilita gestione inventario" puoi inserire la quantità attualmente disponibile in magazzino, che da ora in poi sarà quindi gestita da WooCommerce che, in base alle preferenze impostate, potrà disabilitare il prodotto quando terminate le scorte.

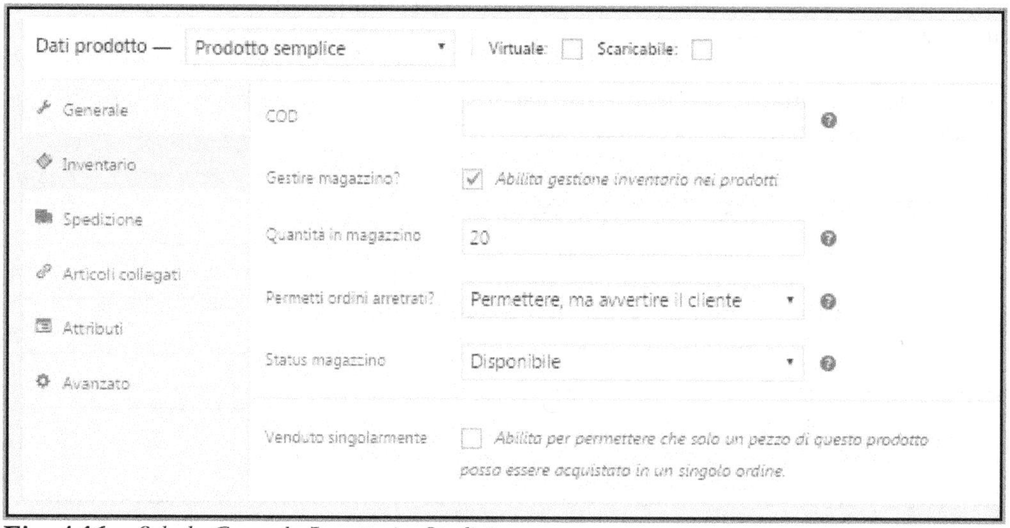

Fig. 4.16 – *Scheda Generale, Inventario, Spedizione, ecc.*

La scheda successiva contiene tutte le informazioni utili alla Spedizione. Puoi infatti specificare peso, altezza, larghezza, lunghezza e assegnare al prodotto la relativa classe di spedizione.

Grazie alla sezione "Articoli collegati" puoi promuovere alcuni dei tuoi articoli. Aggiungendo dei prodotti nella casella "Up-Sells" questi saranno visualizzati nella pagina di dettaglio del prodotto, per incoraggiare l'utente ad acquistare qualcosa di maggior valore rispetto a ciò che sta guardando. I Cross-Sells saranno visualizzati invece nel carrello e rappresentano prodotti o servizi in qualche modo collegati al prodotto.

Nella scheda "Attributi" puoi aggiungere eventuali attributi di questo prodotto e i relativi valori. Infine, nella scheda "Avanzate" puoi attivare le recensioni, stabilire l'ordine del prodotto rispetto agli altri e specificare un'eventuale nota da inviare al cliente che acquista il prodotto.

Come anticipato, un prodotto semplice può essere anche virtuale o scaricabile. Per specificare questi ultimi due casi è sufficiente selezionare la relativa casella che trovi all'inizio della sezione "Dati Prodotto". In questo caso spariranno alcune schede non necessarie (ad esempio le spedizioni) e ne compariranno altre per specificare ulteriori preferenze (il limite di download, la scadenza..).

Procedi quindi inserendo tutte le altre informazioni richieste. In basso trovi il box per inserire una breve descrizione del prodotto, questa sarà visualizzata nella pagina di elenco dei prodotti, mentre la descrizione completa inserita prima sarà visualizzata nella pagina di dettaglio del prodotto.

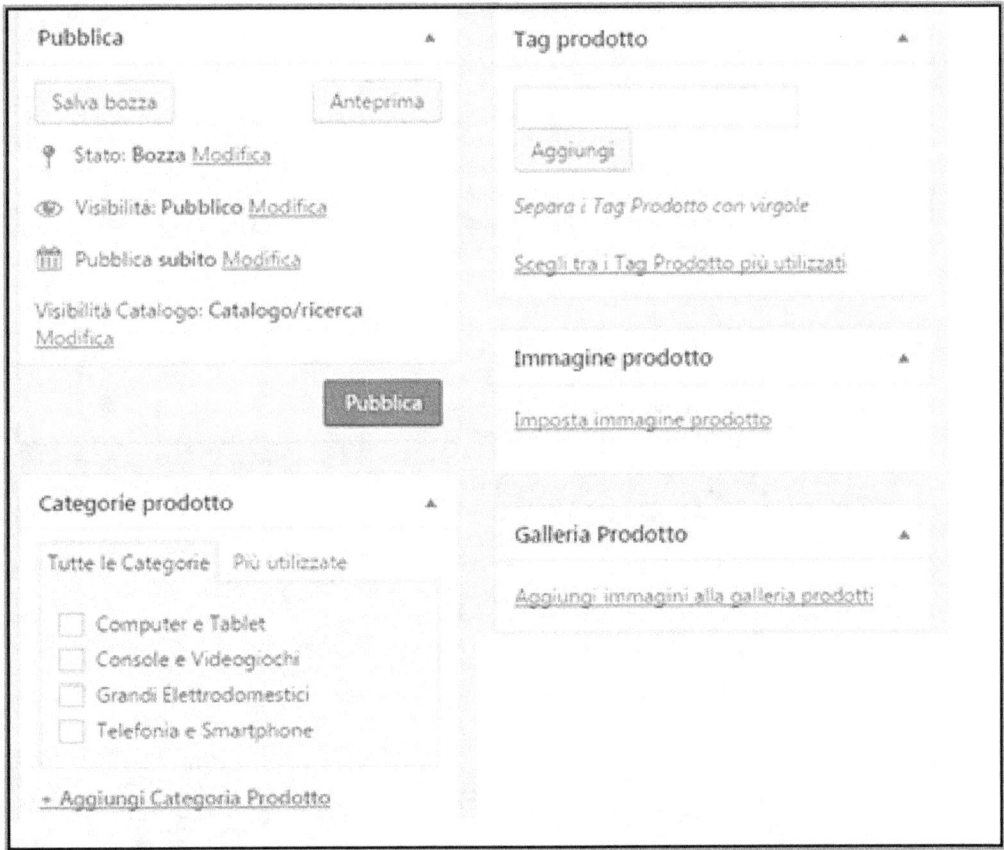

Fig. 4.17 – *pubblicazione e visibilità prodotto.*

Infine, per concludere la personalizzazione del prodotto, nella parte destra trovi vari box per gestire la pubblicazione e la visibilità del prodotto, e per aggiungere la Categoria, i Tag e le immagini.

Impostazioni dei prodotti

Per gestire tutte le impostazioni che riguardano il catalogo vai su "WooCommerce > Impostazioni > Prodotti". Qui, navigando tra i vari sottomenu, puoi procedere con la personalizzazione: ad esempio scegliere le categorie e le unità di misura predefinite, le dimensioni delle immagini, attivare o disattivare la gestione del magazzino.

GESTIRE GLI ORDINI

Status degli ordini

Un ordine viene creato automaticamente quando un utente acquista dal tuo e-commerce e gli viene assegnato un codice identificativo univoco e non sequenziale.

E' importante imparare a gestire gli Stati di un ordine. Lo stato di un ordine è un attributo che ti informa sullo stato di avanzamento di quel particolare ordine.

Gli Status utilizzati su WooCommerce sono quelli descritti di seguito:

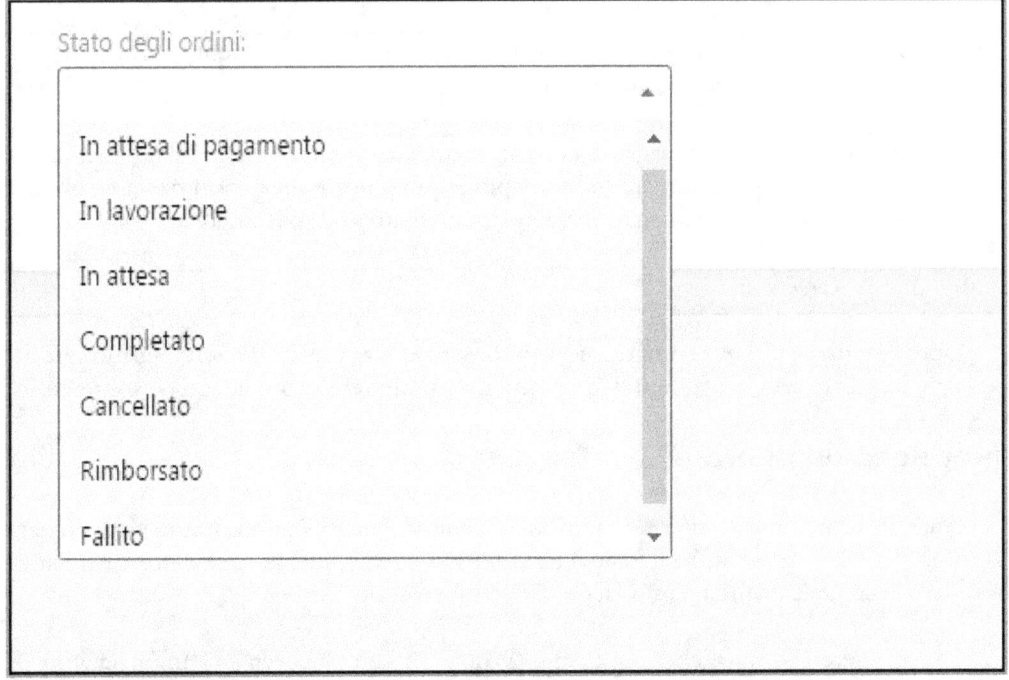

Fig. 4.18 – *stato degli ordini.*

Stato	Descrizione
In attesa di pagamento	Ordine ricevuto ma non ancora pagato.
In lavorazione	Il pagamento è stato ricevuto e il prodotto è stato assegnato all'ordine dal magazzino, ma è ancora in lavorazione (confezionamento, spedizione). Un prodotto digitale o scaricabile, invece, non ha bisogno di tempi di lavorazione, quindi viene completato una volta confermato il pagamento.
In attesa	Il prodotto è stato assegnato all'ordine dal magazzino, ma il processo di lavorazione non è ancora iniziato perché il pagamento non è stato confermato. La differenza tra questo stato e "In attesa di pagamento" sta quindi nella gestione del magazzino: con il primo, viene ridotto lo stock di prodotti disponibili alla vendita, con il secondo no. La scelta se utilizzare uno o l'altro viene fatta in base al metodo di pagamento scelto in fase di checkout.
Completato	Ordine completato e spedito che non necessita di ulteriori operazioni.
Cancellato o annullato	L'ordine è stato annullato da un amministratore o dal cliente, rimane quindi in elenco ma non necessita di ulteriori operazioni.
Rimborsato	L'importo già pagato è stato interamente rimborsato e l'ordine annullato.
Fallito	Il pagamento non è andato a buon fine. Alcuni metodi di pagamento (ad esempio PayPal) potrebbero non passare subito a questo stato ma allo stato "in attesa di pagamento".

Tab 4.3 – *stato degli ordini.*

Questi status di WooCommerce non sono personalizzabili di default, per modificarli bisogna installare plugin aggiuntivi (a pagamento) o mettere mano al codice sorgente.

Notifiche degli ordini

Quando viene inserito un nuovo ordine o cambia lo status di un ordine viene inviata automaticamente una notifica email al gestore o al cliente, in base allo status. Andiamo a vedere insieme le notifiche impostate di default su WooCommerce.

Per accedere alle notifiche, dal menu "WooCommerce" clicca su "Impostazioni" e poi su "Email". Avrai quindi un elenco come quello in figura:

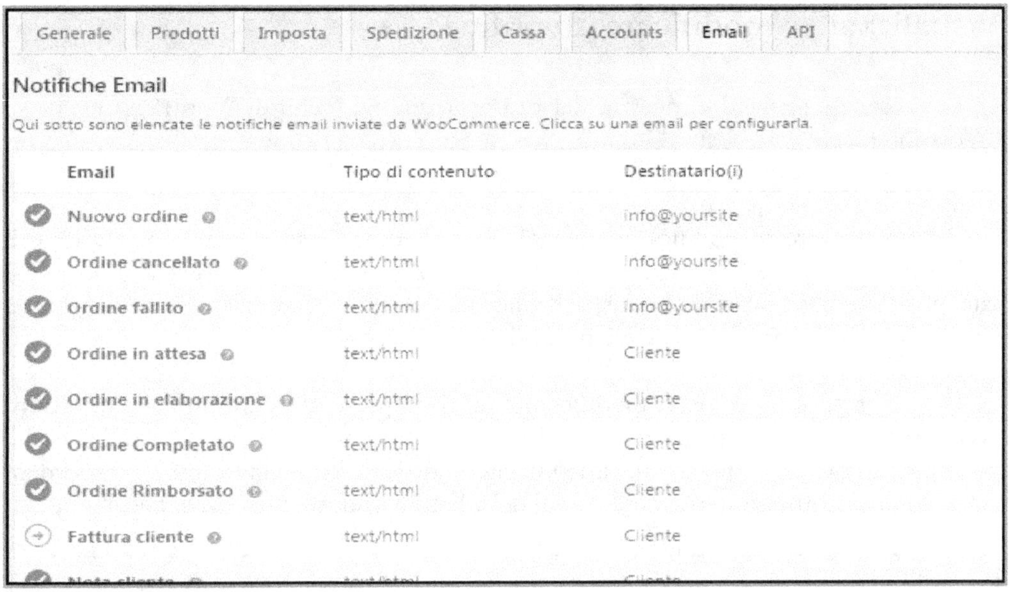

Fig. 4.19 – *notifiche email.*

Ogni azione su un ordine e ogni differente status ha una notifica dedicata da abilitare o meno, il destinatario, l'oggetto e l'intestazione. Inoltre è possibile personalizzare ciascun template delle email.

Per modificare un template bisogna effettuare un *override* copiando il file nella cartella del proprio tema, senza modificare direttamente il file di sistema. Ad esempio, entrando nel dettaglio di una notifica, WooCommerce ci indica il file da copiare e in quale posizione copiarlo prima di modificarlo:

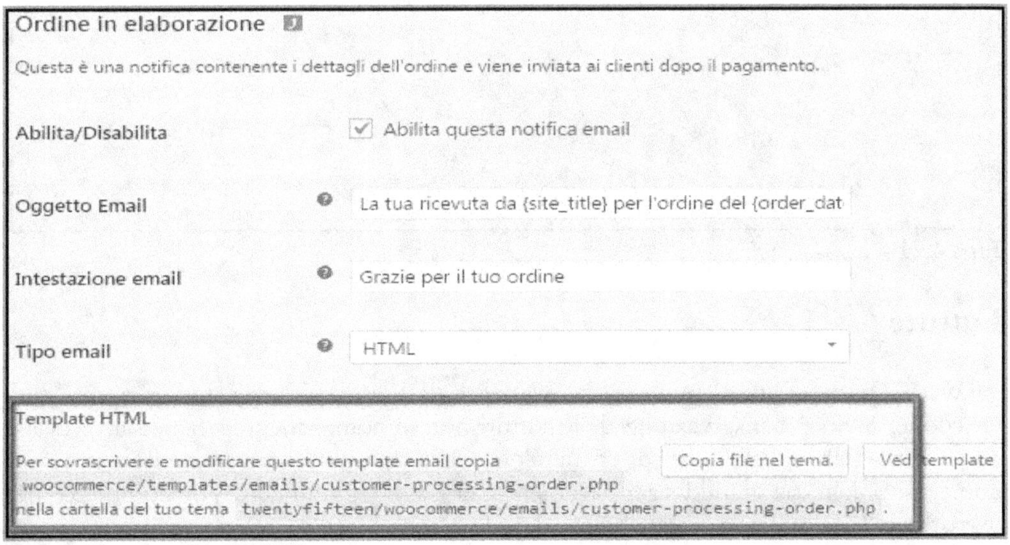

Fig. 4.20 – *template HTML.*

Visualizzare e modificare un ordine

Per accedere agli ordini ricevuti dal tuo negozio, dal menu di WordPress clicca su "WooCommerce" e poi su "Ordini". Nell'elenco così aperto ogni riga rappresenta un diverso ordine e ci fornisce alcune rapide informazioni su di esso:

Per visualizzare o modificare i dettagli di un ordine, basta cliccare sul numero di ordine o sul pulsante "Vedi". Si accederà quindi alla pagina del singolo ordine in cui sarà possibile modificare lo status, i prodotti e le tasse, l'indirizzo di spedizione ed inviare email al cliente o aggiungere note ad uso interno.

Per poter procedere con la modifica dei prodotti presenti in un ordine questo deve avere come status "In attesa" oppure "In attesa di pagamento". Da "Ordini" è anche possibile inserire un ordine manualmente, cliccando su "Aggiungi ordine", e procedere inserendo le informazioni desiderate (dati del cliente, prodotti, metodo di pagamento..).

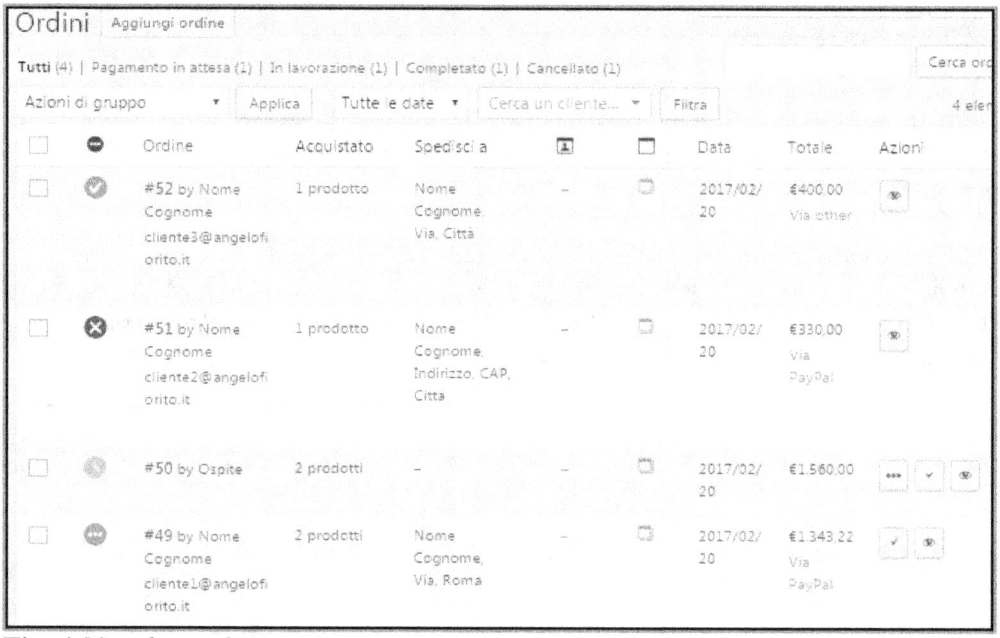

Fig. 4.21 – *elenco ordini*.

Fatture

WooCommerce non prevede nativamente la gestione della fatturazione, cioè creazione, invio e conservazione delle fatture intese come documenti fiscali; prevede solo l'invio manuale al cliente di un riepilogo dell'acquisto. Fortunatamente si trovano numerosi plugin, sia gratuiti sia a pagamento, che si integrano con WooCommerce per disporre della fatturazione direttamente dal tuo e-commerce.

Rimborsi

In caso di problemi bisogna prevedere la possibilità di rimborsare il cliente dell'importo pagato. Se il metodo di pagamento scelto supporta il rimborso automatico (ad esempio PayPal), è possibile effettuare un rimborso dalla pagina di dettaglio dell'ordine. E' sufficiente cliccare sul pulsante "Rimborsa" e scegliere quali e quanti prodotti rimborsare, inserendo eventualmente una nota che descriva la causale del rimborso. Una volta confermato, con il tasto "Rimborsa tramite metodo di pagamento" la somma sarà trasferita in automatico sul conto del cliente e lo status dell'ordine passerà a "Rimborsato".

Se invece il metodo di pagamento non prevede il rimborso automatico, basterà scegliere "Rimborsa manualmente".

GESTIRE GLI SCONTI E LE PROMOZIONI

Prezzo scontato

Un primo metodo per incentivare le vendite è di visualizzare nel catalogo un prezzo scontato rispetto al solito prezzo di listino. Gli utenti vedranno nel tuo negozio il prezzo barrato e, di sotto, il prezzo in offerta. Inoltre, a seconda del template installato, ci sarà un'icona o un testo che indica che quel prodotto è attualmente in offerta:

Fig. 4.22 – *prodotto in offerta*.

Ottenere questo effetto è molto semplice, basta andare nel menu "Prodotti" e cliccare sul prodotto da mettere in offerta. Entrati quindi nella pagina di modifica, nella scheda "Generale" troviamo la casella "Prezzo in offerta" in cui inserire il prezzo scontato. Subito dopo la casella noterai il pulsante "Pianifica", cliccando su questo pulsante avrai la possibilità di programmare la data di inizio e la data di fine dei saldi.

Se invece vuoi applicare lo sconto a più prodotti ti vengono in aiuto le "Azioni di gruppo", basta selezionare la casella di controllo accanto ad ogni prodotto da mettere in saldo e poi scegliere "Modifica" nella casella "Azioni di gruppo". A questo punto, nella sezione "Sconto" puoi scegliere se applicare un prezzo specifico a tutti i prodotti o se scontare il prodotto di un certo valore fisso o percentuale.

Coupon di sconto

La seconda possibilità è di offrire dei coupon di sconto da inserire in fase di acquisto. Si tratta di un ottimo modo per premiare clienti fidelizzati o per acquisirne di nuovi.

Per poter utilizzare questa funzione, è prima di tutto necessario attivarla. Vai quindi su "WooCommerce > Impostazioni > Cassa (o Checkout) " e cerca il riquadro "Buoni sconto".

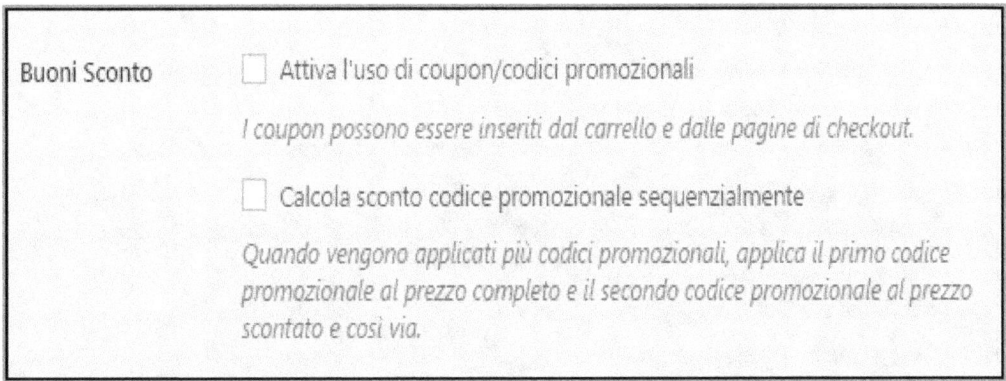

Fig. 4.23 – *impostazione dei buoni sconto.*

Selezionando la prima casella di controllo attiverai la funzione "coupon", questo significa che durante la fase di checkout sarà aggiunto un campo in cui l'utente potrà inserire il codice di un coupon sconto in suo possesso.

Con la seconda, invece, puoi scegliere se applicare eventuali codici sconto successivi in sequenza (cioè il secondo applicato al prezzo scontato dal primo e così via) o se tutti i codici vanno applicati al prezzo originale.

Una volta salvate le modifiche, nel menu "WooCommerce" comparirà la nuova voce relativa ai codici promozionali.

Creare un buono sconto

Per creare un nuovo coupon devi andare nel menu "WooCommerce", scegliere "Codici Promozionali" e poi "Aggiungi Coupon". A questo punto avrai una schermata in cui compilare i campi desiderati.

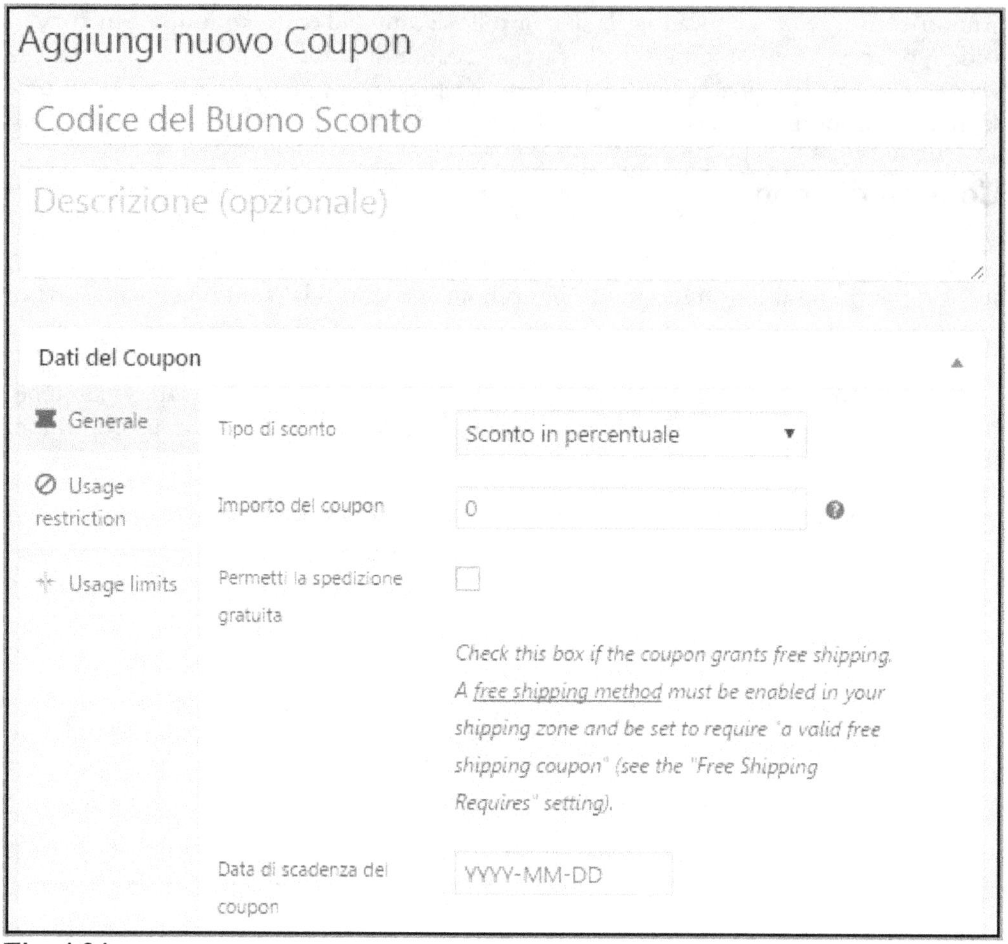

Fig. 4.24 – *creare un nuovo coupon.*

Nella casella "codice coupon" scrivi il codice che l'utente dovrà poi inserire nel carrello in fase di acquisto, mentre la casella "descrizione" puoi utilizzarla come promemoria sul funzionamento di questo coupon, la descrizione è opzionale e viene utilizzata solo internamente.

La sezione "Dati del coupon" è suddivisa in tre schede. Nella scheda "Generale" scegli innanzitutto il tipo di sconto tra "Percentuale" (sull'intero carrello), "Fisso su determinati prodotti" o "Fisso sull'intero carrello". Quindi nella casella "Importo" inserisci l'importo percentuale o fisso, in base alla scelta precedente. Infine, scegli se permettere la spedizione gratuita e se impostare una data di scadenza entro la quale usare il coupon.

Nella scheda "Restrizioni d'uso" puoi impostare le condizioni per cui il coupon sia valido, come ad esempio: spesa minima e massima, se è possibile cumularlo con altre promozioni, per quale email di fatturazione del cliente è valido. Noterai inoltre la presenza dei campi "Prodotti", "Escludi Prodotti", "Categorie", "Escludi Categorie", che meritano una trattazione a parte per capirne il funzionamento.

I campi "Prodotti" e "Categorie", nel caso in cui nella scheda generale sia stato scelto uno sconto percentuale o fisso sul carrello, funzionano così: affinché il coupon sia valido è necessario che nel carrello siano presenti almeno un prodotto tra quelli elencati (o un prodotto proveniente dalla categoria specificata), e lo sconto sarà calcolato sull'intero carrello. Se invece è stato scelto uno sconto fisso sul prodotto, saranno scontati solo i prodotti (o le categorie) specificati. Stesso discorso per la caselle di esclusione: lo sconto viene applicato al carrello che non contiene quei prodotti o, nell'altro caso, non viene applicato ai prodotti elencati.

Infine, nella scheda "Limiti d'uso", puoi impostare quante volte un codice sconto può essere utilizzato in assoluto da tutti i clienti o definire dei limiti di utilizzo per utente. Il campo "Limite di utilizzo per X prodotti" ci permette di impostare il numero di prodotti singoli a cui lo sconto viene applicato, viene quindi visualizzato solamente se nella scheda "Generale" è stato scelto uno sconto fisso sul prodotto.

In conclusione, non ti resta quindi che rendere disponibili i coupon comunicando i codici ai clienti tramite DEM, social network, banner sul sito o pagine dedicate.

Abbiamo visto le funzioni base messe a disposizione da WooCommerce per offrire sconti e promozioni nel nostro negozio. Esistono inoltre numerosi plugin sia gratuiti che a pagamento per WordPress con cui possiamo estendere tali funzioni.

GESTIRE IL MAGAZZINO

In questo capitolo capiremo in dettaglio come gestire le scorte di magazzino e l'inventario dei prodotti direttamente da WooCommerce.. Questa funzionalità serve prevalentemente per programmare il riordino dei prodotti in esaurimento e potrebbe quindi sembrare poco rilevante per un negozio in dropshipping. Tuttavia, ci sono molte opzioni (come quella che ti avvisa se le scorte di un prodotto stanno per finire) che ti sarà utile capire anche operando in dropshipping.

Gestione generale del magazzino

Per prima cosa bisogna configurare in maniera ottimale e secondo le tue esigenze le impostazioni del magazzino. Vai quindi su "WooCommerce > Impostazioni > Prodotti" e scegli la scheda "Inventario". Avrai un'interfaccia come quella in figura:

```
 Generale   Prodotti   Imposta   Spedizione   Cassa   Accounts   Email   API

 Generale | Visualizzazione | Inventario | Prodotti scaricabili

 Inventario

 Gestisci lo stock                  ☑ Abilitare la gestione delle scorte

 Mantenere scorte (minuti)          60        Mantenere scorte (per gli ordini non pagati) per x minuti.
                                    Quando viene raggiunto questo limite, l'ordine in corso verrà annullato.

 Notifiche                          ☑ Abilita le notifiche per scorte basse
                                    ☑ Abilita le notifiche per merce non disponibile

 Destinatario/i della notifica   ❓  stock@yourshop.com

 Soglia disponibilità bassa      ❓  2

 Soglia prodotto "esaurito"      ❓  0

 Visibilità prodotto "esaurito"     ☐ Nascondi i prodotti fuori stock dal catalogo

 Tipo di visualizzazione del     ❓  Mostra sempre la quantità rimanente in magazzino es. "12 in magazzino"  ▼
 magazzino
```

Fig. 4.25 – *interfaccia inventario.*

Se non tutte le opzioni sono visibili, basta flaggare la prima casella "Abilitare la gestione delle scorte". Nella seconda casella "Mantenere scorte (minuti) " puoi impostare per quanti minuti il tuo negozio deve considerare la riduzione del magazzino per prodotti presenti in un ordine non pagato.

Detto in altre parole, se un utente fa un ordine sul tuo sito ma non ha ancora provveduto al pagamento, trascorso il tempo da noi impostato in questa opzione, il prodotto viene rimesso in magazzino e l'ordine annullato. Dunque è importante non inserire un numero troppo basso, l'ideale sarebbe intorno alle 3-4 ore (180-240 minuti). Oppure lasciare vuoto per disabilitare questa funzione.

WooCommerce ti consente anche di impostare delle **notifiche per eventuali prodotti in esaurimento o esauriti**. Basta flaggare le opzioni "Abilita le notifiche per scorte basse" e "Abilita le notifiche per merce non disponibile". Nella casella "Destinatari della notifica" inserisci l'indirizzo email (o più indirizzi, separati da virgola) di chi riceverà le notifiche e dovrà quindi attivarsi per gestire le scorte di eventuali prodotti in esaurimento. Nelle due opzioni successive imposta le soglie che attiveranno le notifiche email.

Nel caso di un prodotto completamente esaurito puoi anche scegliere di nasconderlo in modo da evitare ulteriori ordini di un prodotto fuori stock. Basta quindi abilitare la casella "Nascondi i prodotti fuori stock dal catalogo".

Infine, con l'ultima opzione, controlli cosa mostrare nella pagina del prodotto nel frontend. Puoi scegliere se mostrare sempre la quantità di pezzi disponibili oppure se mostrarla solo quando raggiunge la soglia di disponibilità bassa impostata in precedenza, oppure ancora non mostrare mai le quantità rimanenti in magazzino.

Gestione inventario per singolo prodotto

A questo punto non ci resta che vedere come personalizzare l'inventario per ogni singolo prodotto e come inserire le quantità disponibili. Vai su "Prodotti" e clicca sul prodotto desiderato. Nel pannello delle opzioni in basso scegli la scheda "Inventario" in modo da poter accedere alle funzioni dedicate:

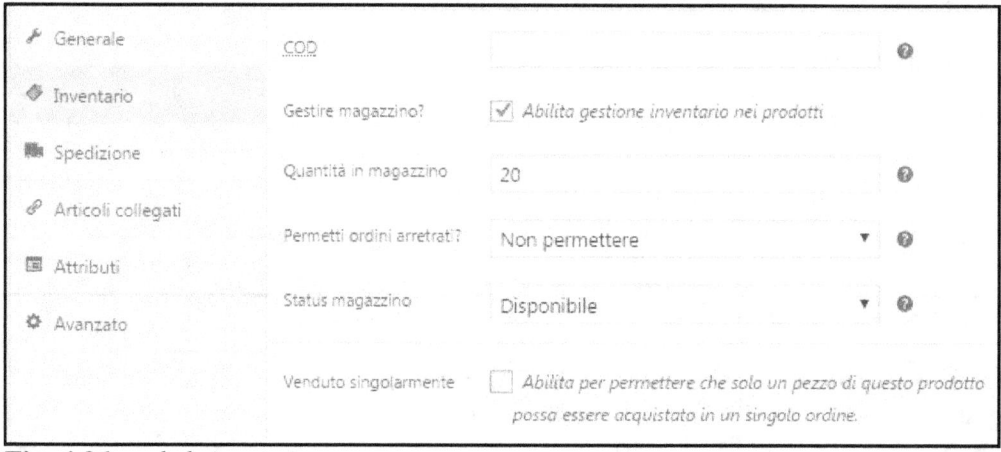

Fig. 4.26 – *scheda inventario.*

Nella casella "COD", o "SKU" è possibile inserire un codice univoco per identificare il prodotto gestito a magazzino, e ciò è utile per avere un controllo dell'inventario.

Nella casella "Quantità in magazzino" puoi inserire il numero di prodotti presenti in magazzino. In caso di prodotti con varianti (taglia, colore, dimensioni..) questo valore viene inizialmente copiato in tutte le variazioni. In seguito puoi accedere alla scheda "Variazioni" per personalizzare le disponibilità di ogni variante.

Attraverso l'opzione "Permetti ordini arretrati" abiliti la possibilità per un cliente di ordinare un prodotto che risulta esaurito. Quindi, devi abilitare questa opzione solo se sei certo di riuscire a soddisfare eventuali ordini di prodotti non presenti in magazzino. Selezionando la casella "Venduto singolarmente" limiti l'acquisto di questo prodotto a uno solo per singolo ordine, funzionalità utile per tenere sotto controllo le vendite in caso, ad esempio, di edizioni limitate.

Infine, dalla casella "Status magazzino" imposti lo stato del prodotto su "Disponibile" o "Esaurito", che quindi sarà visibile o meno nel frontend in base alle precedenti opzioni scelte.

Dopo aver configurato il tutto in base alle tue esigenze, puoi quindi sfruttare gli automatismi messi a disposizione da WooCommerce per gestire le scorte dei tuoi prodotti in magazzino.

REPORT E STATISTICHE DEL NEGOZIO

In questo capitolo parleremo di come visualizzare su WooCommerce report e statistiche che riguardano vendite, utenti, magazzino e tasse, in modo da poter analizzare l'andamento del nostro negozio e-commerce.

Panoramica in bacheca

Iniziamo con un semplice widget da inserire nella dashboard di WordPress per avere una veloce panoramica dello stato degli ordini e dei prodotti.

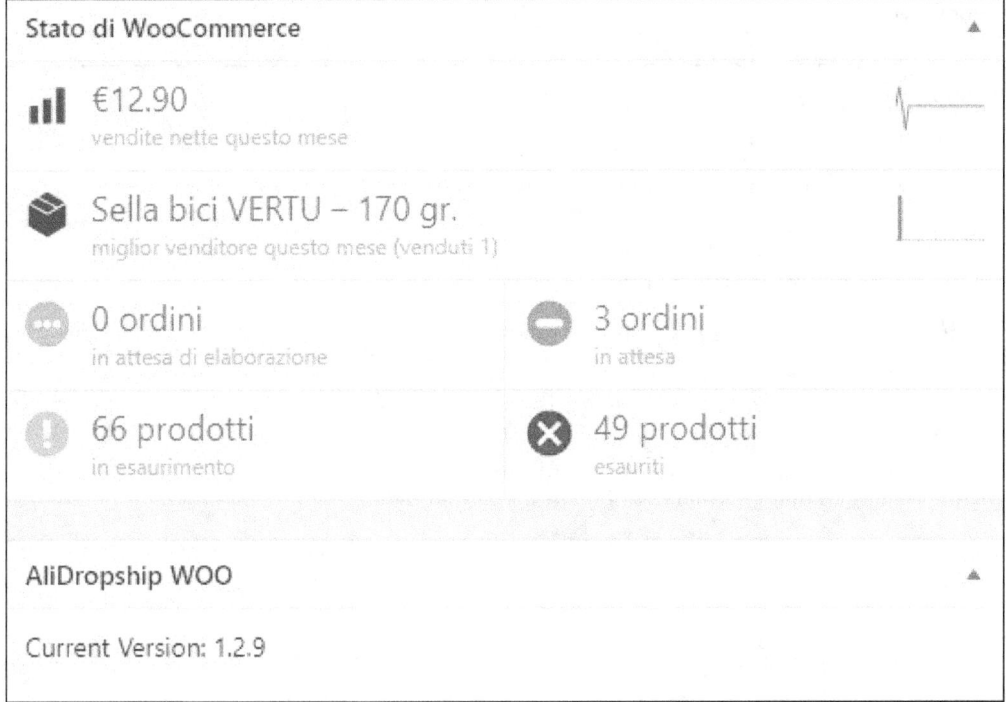

Fig. 4.27 – *stato di WooCommerce.*

Questo widget riporta il totale delle vendite del mese corrente, i prodotti più venduti, gli ordini in lavorazione e quelli in attesa, nonché eventuali prodotti esauriti o in esaurimento.

Per attivare questo widget vai nella Bacheca di WordPress, clicca in alto su "Impostazioni Schermata" e infine seleziona la voce "Stato di WooCommerce".

Questa è solo una rapida panoramica che ha un'utilità limitata in quanto poco dettagliata e riferita al solo mese corrente. Vediamo invece come accedere ai report più descrittivi.

Report ordini

Per accedere alle statistiche degli ordini dal menu di WooCommerce clicca su "Rapporti" e poi su "Ordini". Avrai una schermata come quella in figura 4.28.

Nella parte sinistra vedi il totale e la media delle vendite sia lorde che nette, le vendite giornaliere, il numero di ordini e di prodotti venduti, il valore dei coupon utilizzati e così via.

Nella parte destra, invece, vedi un grafico interattivo che riporta tutti i valori che troviamo sulla sinistra e indica l'andamento delle vendite nel periodo selezionato.

Passando il mouse sopra le voci a sinistra, viene evidenziata nel grafico la figura relativa a quella voce.

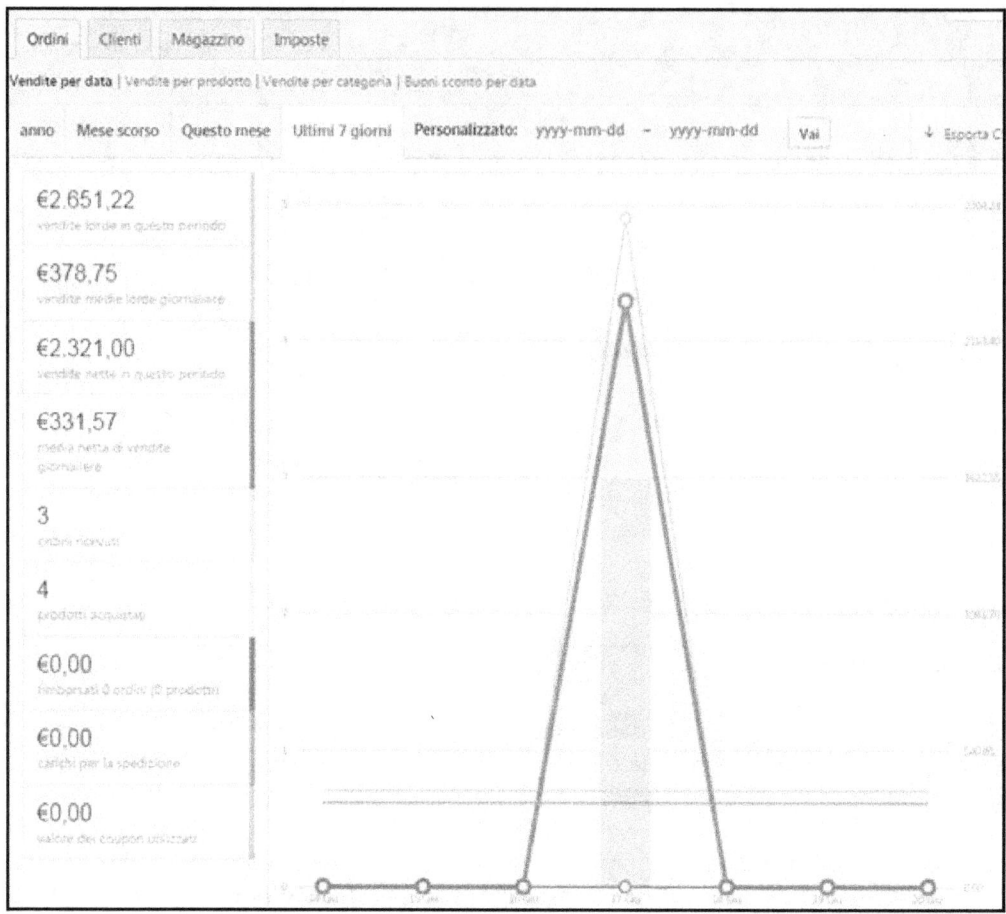

Fig. 4.28 – *statistiche degli ordini.*

In alto trovi il filtro per selezionare il periodo desiderato, ad esempio le vendite dell'ultimo mese, degli ultimi sette giorni o dell'intero anno; in alternativa puoi inserire una data personalizzata.

Un po' più in alto trovi invece le sottosezioni. Da qui puoi passare a visualizzare le vendite per prodotto in cui filtrare per un solo prodotto e visualizzare le relative statistiche di vendita.

Un'altra sottosezione riguarda le vendite per categoria, in cui selezionare una o più categorie e visualizzare le statistiche di vendita nel periodo selezionato.

L'ultima sottosezione riporta le statistiche dei buoni sconto per data che, analogamente ai prodotti e alle categorie, contiene l'elenco dei coupon tra cui scegliere per avere il report di utilizzo per un buono sconto specifico, come l'importo totale di sconto praticato e il numero di utilizzi.

Report Clienti

Passiamo ora alla sezione che riguarda le statistiche clienti. Sempre dal menu "WooCommerce > Rapporti" clicchiamo sulla tab "Clienti". Avrai quindi il numero di clienti che si sono registrati nel periodo selezionato e il numero di vendite divise tra clienti registrati e clienti ospiti. Come visto per le statistiche degli ordini, anche qui il tutto è filtrabile per periodi di tempo.

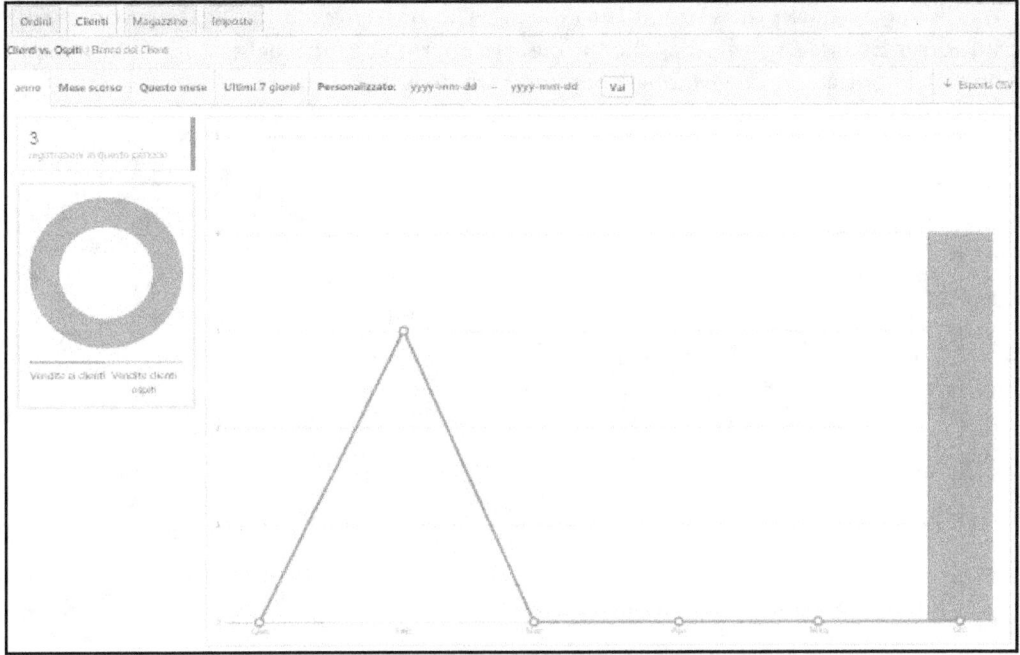

Fig. 4.29 – *statistiche clienti ed ospiti*.

Passando alla sottosezione elenco dei clienti vedrai una lista con nome, email e località dei clienti registrati che riporta anche il numero totale di ordini, l'importo totale speso e la data dell'ultimo ordine di ogni cliente. Da qui puoi accedere velocemente alla lista di tutti gli ordini di quel determinato cliente.

Report Magazzino

La scheda "Magazzino" ti consente di avere una lista dettagliata che riporta i prodotti in esaurimento, già esauriti e più disponibili. Questo report funzionerà solo se hai attivato le gestione magazzino.

Report Tasse

L'ultima sezione ti fornisce un report sulle tasse che sono state applicate agli ordini del negozio. Tramite le sottosezioni puoi visualizzare le imposte per codice postale oppure per periodo. In ogni caso avrai il numero di ordini, l'ammontare delle imposte diviso tra imposte degli ordini e imposte sulla spedizione e infine il totale, cioè la somma delle tasse degli ordini e delle spedizioni. Anche qui il tutto è filtrabile per periodi di tempo

Esportare i dati

In alto a destra di ogni sezione e di ogni sottosezione trovi il pulsante "Esporta CSV" che consente di scaricare un file in formato CSV che riporta tutti i dati visualizzati in quel preciso momento. Si tratta di un semplice file di testo contenente valori separati da una virgola, che può essere aperto con un qualsiasi foglio di calcolo oppure importato in un gestionale per integrarlo in altre statistiche

PARTE V – GUIDA ALL'USO DI ALIDROPSHIP

INSTALLARE ALIDROPSHIP

Ora che hai un sito WordPress con WooCommerce installato e sai come usarlo, puoi installare il plugin commerciale **AliDropship**. Questo plugin ti consentirà di collegarti con AliExpress, di importare i prodotti con pochi semplici passaggi, di tenere i tuoi prezzi sempre aggiornati anche in caso di variazioni da parte dei fornitori e molto altro ancora.

Dopo aver acquistato il plugin e scaricato il file, procedi all'installazione andando a "Plugin> Aggiungi nuovo > Carica plugin".

Scegli il file dal tuo computer e clicca sul pulsante "installa ora".

Appena avrai attivato il plugin vedrai comparire una nuova voce di menu nella barra a sinistra denominata "AliDropship Woo". Cliccandoci sopra si aprirà il menu di AliDropship. Per iniziare ad usare il software dovrai per prima cosa inserire il tuo codice di licenza ed attivarla.

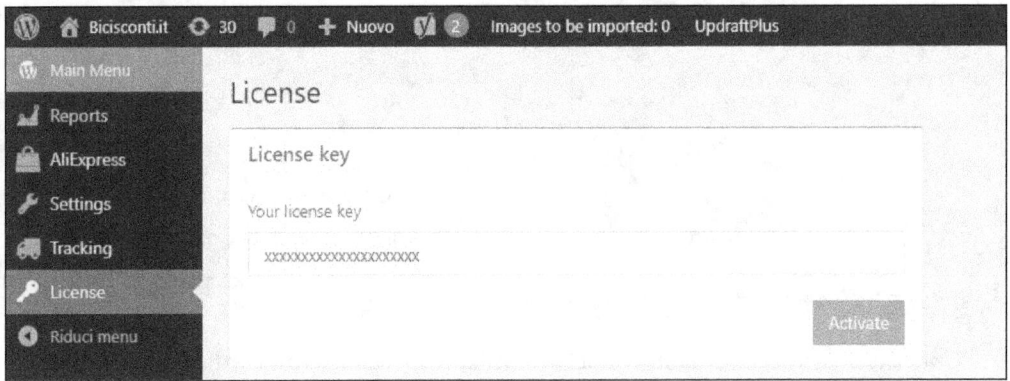

Fig. 5.1 – *inserimento chiave di licenza.*

La tua chiave di licenza personale è valida per un solo sito/nome dominio, ma se deciderai di creare un altro negozio in futuro, la licenza può essere disattivata sul vecchio negozio e riattivata su quello nuovo.

IMPORTARE I PRODOTTI DA ALIEXPRESS

Installare l'estensione del browser Chrome

Per iniziare ad importare i prodotti da AliExpress devi installare **un'estensione del browser Chrome** denominata AliDropship che puoi facilmente trovare nel Chrome web store.

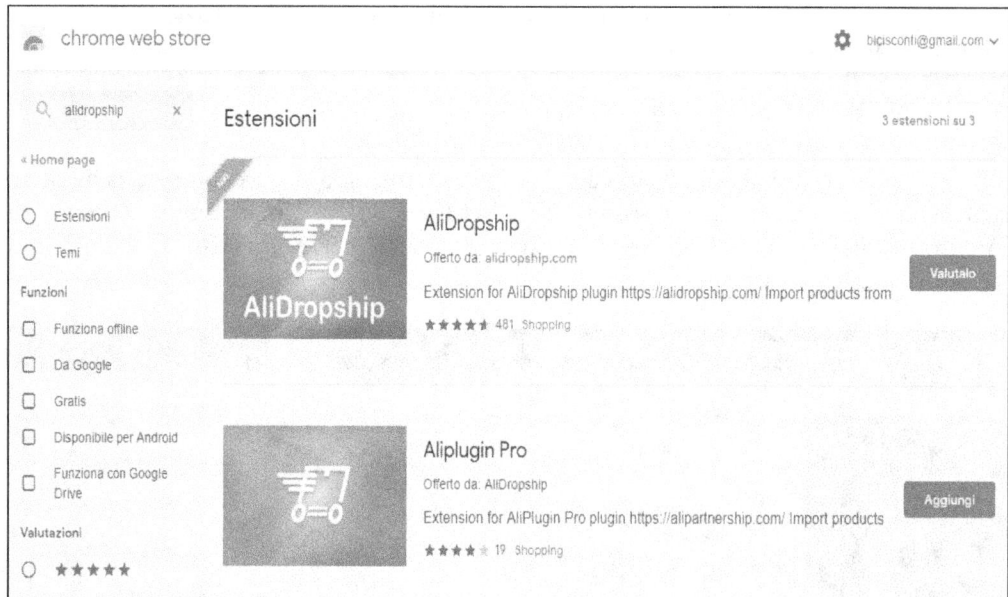

Fig. 5.2 – *ricerca estensione AliDropship nel Chrome web store.*

Con quest'estensione non soltanto potrai importare i prodotti direttamente da AliExpress, ma potrai anche aggiornarli e processare gli ordini automaticamente.

Dopo aver installato l'estensione, devi fare in modo che questa sia autorizzata a prelevare i prodotti da AliExpress e pubblicarli sul tuo negozio online. Per fare questo ti basterà cliccare sul pulsante "Log in" e poi su "Authorize".

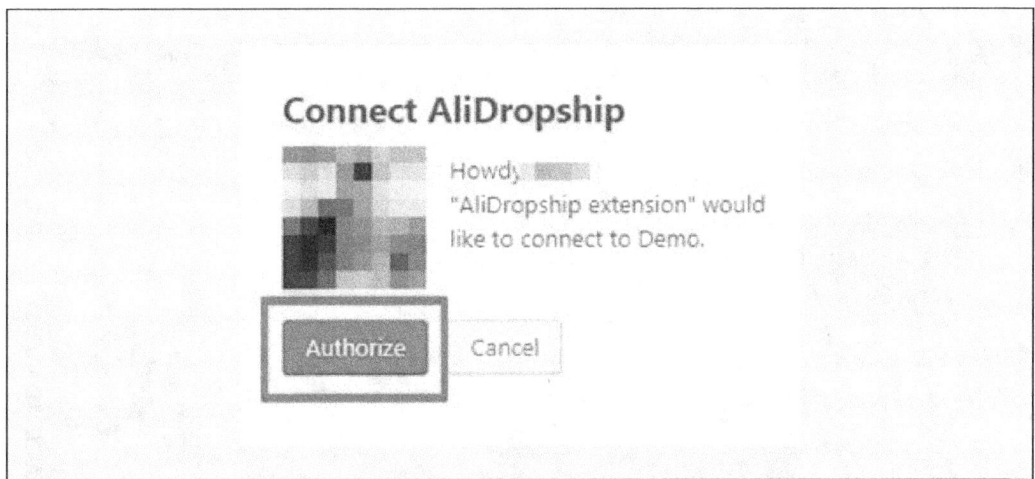

Fig. 5.3 – *connessione dell'estensione AliDropship al negozio.*

A questo punto puoi iniziare ad importare i prodotti andando su "AliDropship >AliExpress > Import products" e cliccando sul pulsante "Use Direct Import".

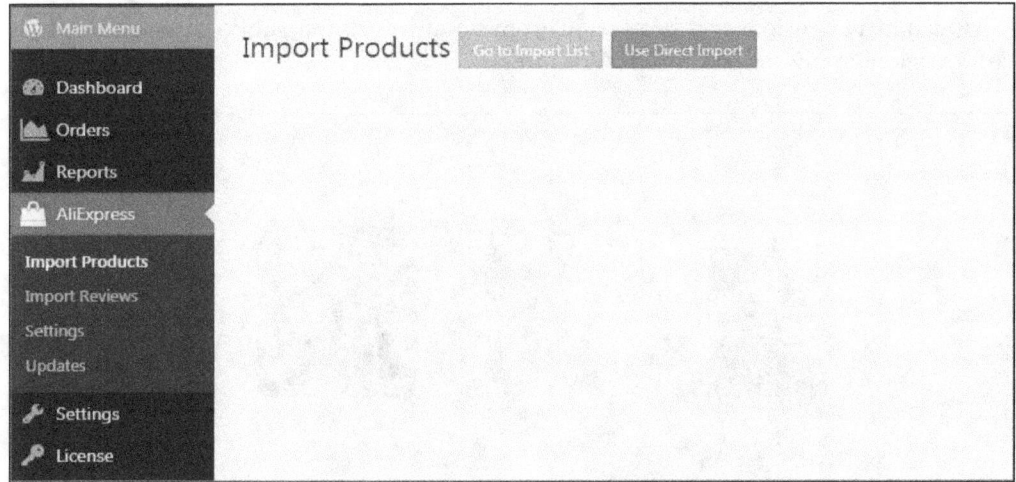

Fig. 5.4 – *iniziare l'importazione dei prodotti.*

Si aprirà una pagina del browser Chrome che ti porterà direttamente su AliExpress.com. A differenza del solito però noterai che in alto sulla pagina sarà comparsa una barra arancione con sopra scritto "AliDropship", segno che l'estensione del browser è ora attiva.

Importazione rapida dei prodotti

Per importare un qualsiasi prodotto nel tuo negozio **con un solo clic del mouse**,

PARTE V – GUIDA ALL'USO DI ALIDROPSHIP

puoi navigare tra le categorie ed i prodotti di AliExpress come faresti normalmente.

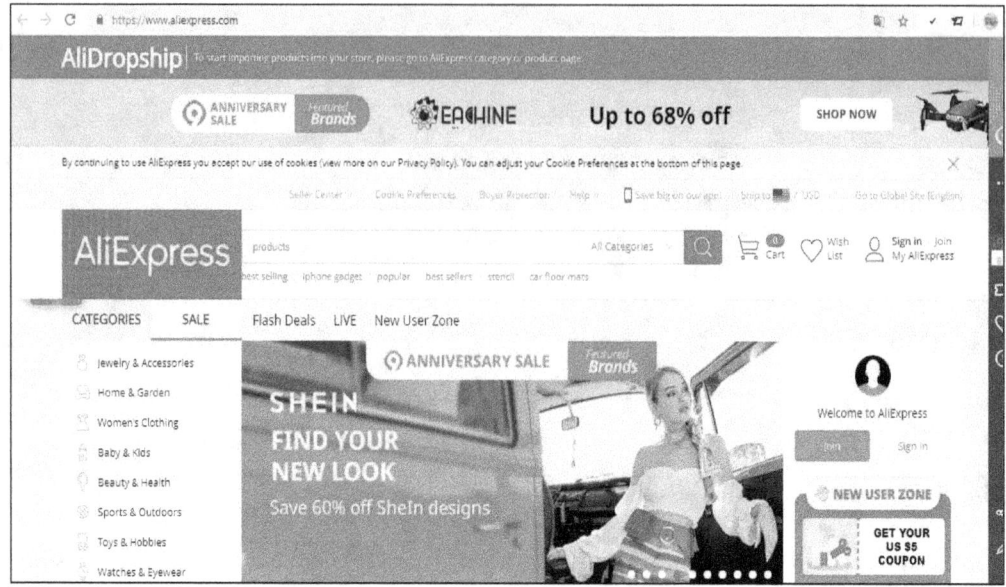

Fig. 5.5 – *navigazione su AliExpress con estensione attivata (è visibile una barra arancione in alto)*

Quando l'estensione del browser Chrome è attiva, potrai subito visualizzare delle informazioni in più sui prodotti di AliExpress.

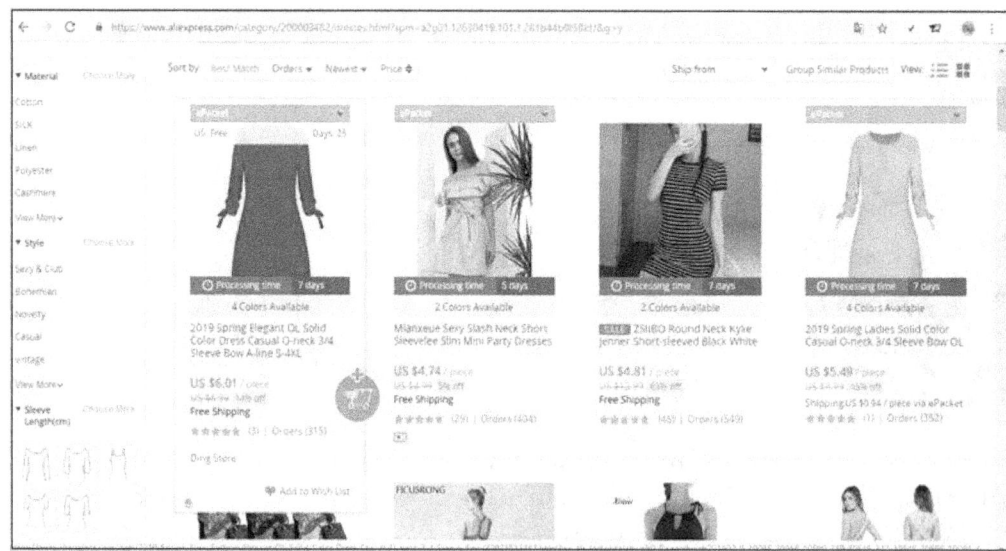

Fig. 5.6 – *navigazione su AliExpress con estensione attivata (è visibile la modalità di spedizione ePacket e l'icona del carrello per l'importazione rapida dei prodotti).*

Come si vede dall'immagine in alto, l'estensione AliDropship del browser Chrome mette subito in evidenza i prodotti per i quali è disponibile la modalità di spedizione **ePacket**. Potresti preferire questi prodotti agli altri, dal momento che questo è un servizio di spedizione molto valido (per maggiori informazioni leggi l'approfondimento alla fine di questo capitolo).

Inoltre ogni volta che farai passare il mouse sopra l'immagine di un prodotto comparirà un'icona di un **carrello con il segno "+"**. Cliccandoci sopra, il prodotto sarà **automaticamente importato** nel catalogo del tuo negozio.

Questo **è il sistema più rapido per importare un prodotto**. In alcuni casi potresti trovare conveniente utilizzarlo **ma non è in generale il metodo di importazione più consigliato**.

Prima di aggiungere un prodotto nel tuo catalogo **conviene infatti fare delle valutazioni più approfondite su chi lo vende** ed AliDropship ti puo' aiutare molto in questo compito.

Inoltre **la descrizione del prodotto potrebbe contenere degli elementi da modificare**. A volte i produttori cinesi appongono i loro loghi sulle immagini dei prodotti oppure inseriscono delle informazioni aggiuntive che riguardano il loro servizio di assistenza, i feedback ricevuti da altri clienti oppure le tempistiche di spedizione. Tutti questi sono elementi che potrebbero essere non necessari per il tuo sito o addirittura controproducenti per la tua attività.

È molto probabile inoltre che i testi descrittivi dei prodotti non corrispondano allo stile del tuo negozio oppure, peggio ancora, che contengano degli errori ortografici, grammaticali e lessicali che sono spesso la conseguenza di una cattiva traduzione, se non addirittura di scarsa attenzione in prima stesura.

Per tutti questi motivi, nella maggior parte dei casi, piuttosto che importare i prodotti con un solo clic del mouse, ti conviene:

1) fare qualche passaggio in più e dare uno sguardo alle informazioni e le statistiche fornite da AliDropship, come illustrato nel seguente paragrafo.

2) Modificare la descrizione del prodotto, riadattandola in base alle tue esigenze.

Informazioni e statistiche fornite da AliDropship

Prima di procedere all'importazione di un prodotto, conviene quindi cliccare sull'immagine del prodotto. Si aprirà la scheda del prodotto nella quale troverai, oltre ai soliti dettagli forniti dal venditore, anche una barra grigia con quattro icone. Si tratta di una serie di **informazioni aggiuntive** che AliDropship ricava per te e che ti saranno utilissime per decidere se importare o meno quel prodotto.

L'icona con la lente di ingrandimento ti consente di verificare se lo stesso prodotto è venduto da altri commercianti su AliExpress ad un prezzo più basso. Per fare questo controllo ti basterà cliccare sul pulsante. Se esiste un'alternativa più conveniente, potresti decidere di cambiare fornitore.

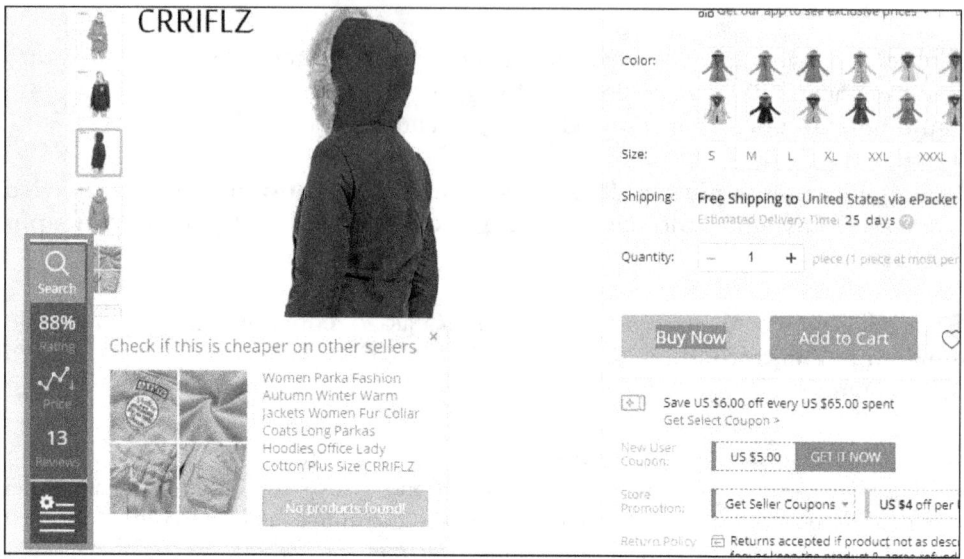

Fig. 5.7 – *scheda prodotto con informazioni aggiuntive ricavate da AliExpress.*

La seconda icona (con un numero seguito dal simbolo %) ti fornisce informazioni e statistiche sul venditore: la **percentuale di feedback positivi** che ha ricevuto, da quanto tempo è attivo su AliExpress, quanti clienti insoddisfatti ci sono stati, quanto è buona la sua comunicazione ed altre cose utili. In base a tutte queste cose **AliDropship ti fornisce un suo giudizio sulla scelta di questo fornitore**. Se questo giudizio non è positivo, ti conviene rinunciare all'importazione del prodotto e scegliere un altro fornitore.

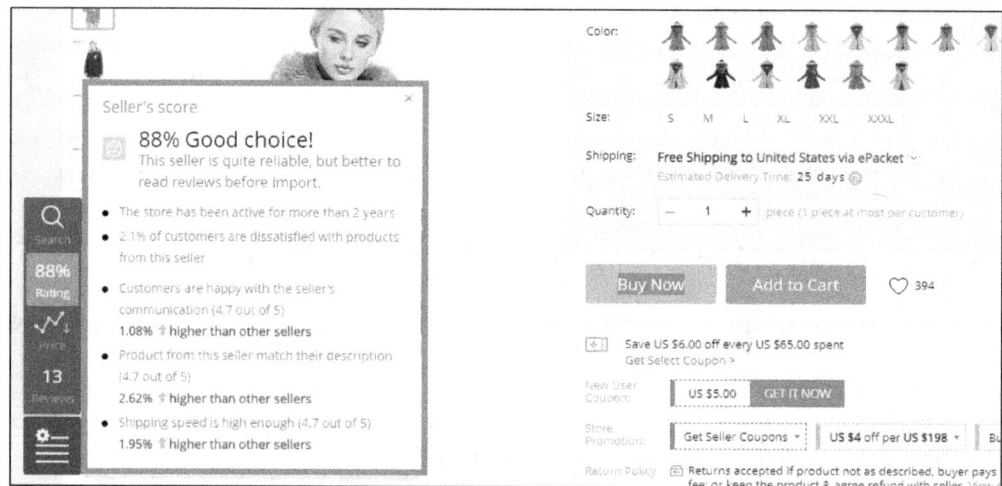

Fig. 5.8 – *informazioni sul rating del venditore.*

La terza icona rappresenta una linea di tendenza, cliccandoci sopra vedrai un grafico che riporta **l'andamento del prezzo** di quel prodotto nel tempo. Anche questa è una informazione che ti può servire. Potrai ad esempio decidere di scegliere il prodotto solo se noti che c'è stato realmente un ribasso nei prezzi negli ultimi giorni.

Fig. 5.9 – *andamento del prezzo del prodotto.*

Infine, l'ultima icona ti fa vedere quante **recensioni dei clienti** sono state pubblicate, mostrandoti anche le foto che i clienti stessi hanno scattato. Un prodotto con tante foto fatte dai clienti è sempre da preferire ad uno senza foto.

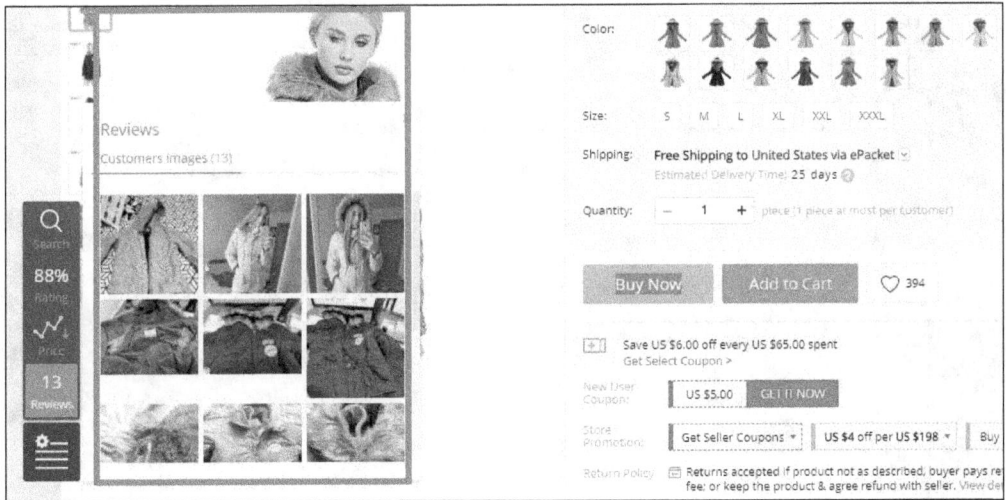

Fig. 5.10 – *foto e recensioni dei clienti.*

Se hai valutato bene tutte queste informazioni, puoi procedere con l'importazione del prodotto nel tuo negozio, ma ti consigliamo di non farlo nel modo rapido descritto poco sopra.

Sarà meglio procedere prima con una revisione delle informazioni.

Modificare la descrizione del prodotto

AliDropship ti consente di rivedere e modificare la descrizione del prodotto prima di importarlo. Anche questa è una funzionalità molto importante, perché potresti avere la voglia o la necessità di cambiare ciò che ha scritto il venditore di AliExpress, magari eliminando dei riferimenti al suo negozio, modificando radicalmente i testi, oppure rimuovendo alcune immagini.

Tieni presente che molto spesso le informazioni in lingua inglese o in italiano sono state automaticamente tradotte dal cinese e quindi la forma lascia molto a desiderare. Se vuoi trasmettere un'immagine professionale del tuo negozio, devi necessariamente intervenire. Alternativamente potresti decidere di importare il prodotto così com'è ed effettuare le revisioni in un secondo momento, operando direttamente dal tuo pannello di controllo di WooCommerce.

Per modificare qualcosa prima di importare il prodotto devi cliccare sul pulsante "Edit" nella barra in alto. Si aprirà una nuova finestra contenente cinque schede.

Nella prima scheda, denominata "General", puoi modificare il titolo del prodotto, il permalink, e associare lo stesso prodotto ad una categoria presente nel tuo negozio.

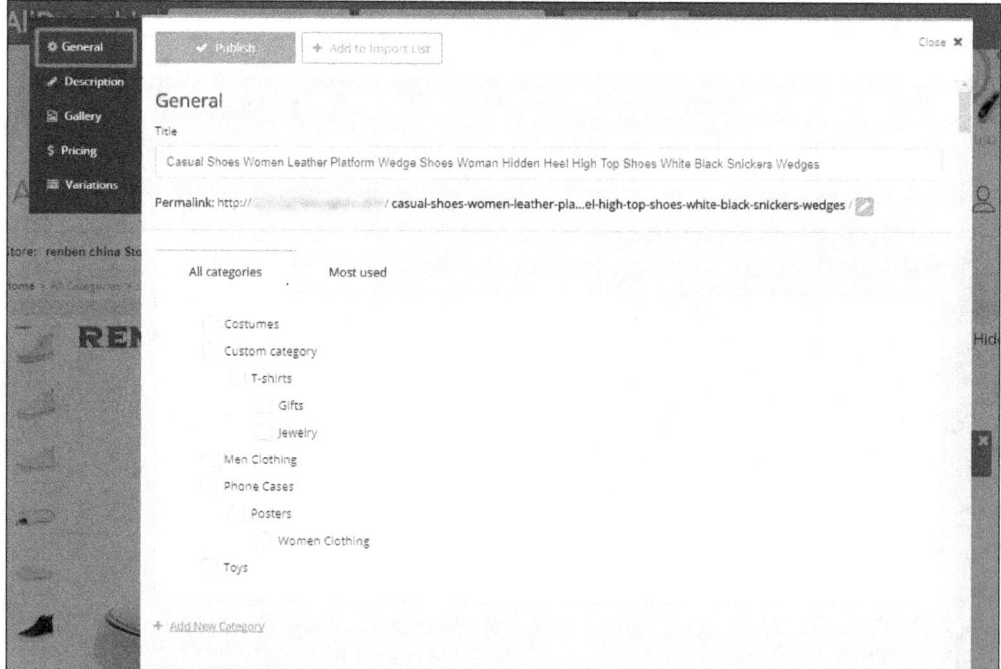

Fig. 5.11 – *Scheda "General"*

Non conviene infatti mantenere il nome prodotto presente in AliExpress, perché questo potrebbe essere troppo lungo e anche perché la scelta di un nome differente ti aiuterà a differenziarti da altri venditori che potrebbero importare lo stesso oggetto.

È buona regola cambiare anche i permalink in quanto quelli presenti in AliExpress sono spesso troppo lunghi e potrebbero essere inadatti al nostro negozio ed alla descrizione del prodotto che vogliamo inserire. Inoltre bisogna fare attenzione perché i permalink devono essere "SEO friendly" e quindi contenere le stesse parole chiave che identificano il prodotto.

La seconda scheda su cui potrai operare per personalizzare la presentazione del prodotto è quella denominata "Description". Quando sarai in questa scheda potrai ad esempio decidere di non importare la descrizione testuale del prodotto scritta dal negoziante di AliExpress marcando la caselle "Remove text".

Marcando invece "Remove images" eviterai di importare le immagini presenti nella descrizione del fornitore (questa decisione non ha effetto sulle immagini "featured", ovvero quelle che identificano il prodotto nella vetrina del negozio).

Se vuoi invece mantenere le immagini della descrizione, ma le vuoi modificare, puoi usare un utile editor interno al quale si accede cliccando sul simbolo della matita che compare in alto nell'angolo di ciascuna immagine.

Fig. 5.12 – *Scheda "Description".*

Nella scheda "Gallery" potrai agire sulle immagini che compaiono nella galleria. Qui puoi decidere quale deve essere l'immagine rappresentativa del prodotto, cliccando sull'opzione "Make Featured". Si tratta in pratica dell'immagine che il cliente vede quando naviga tra i prodotti presenti nel tuo negozio. Ogni immagine presente nella galleria può essere modificata o eliminata.

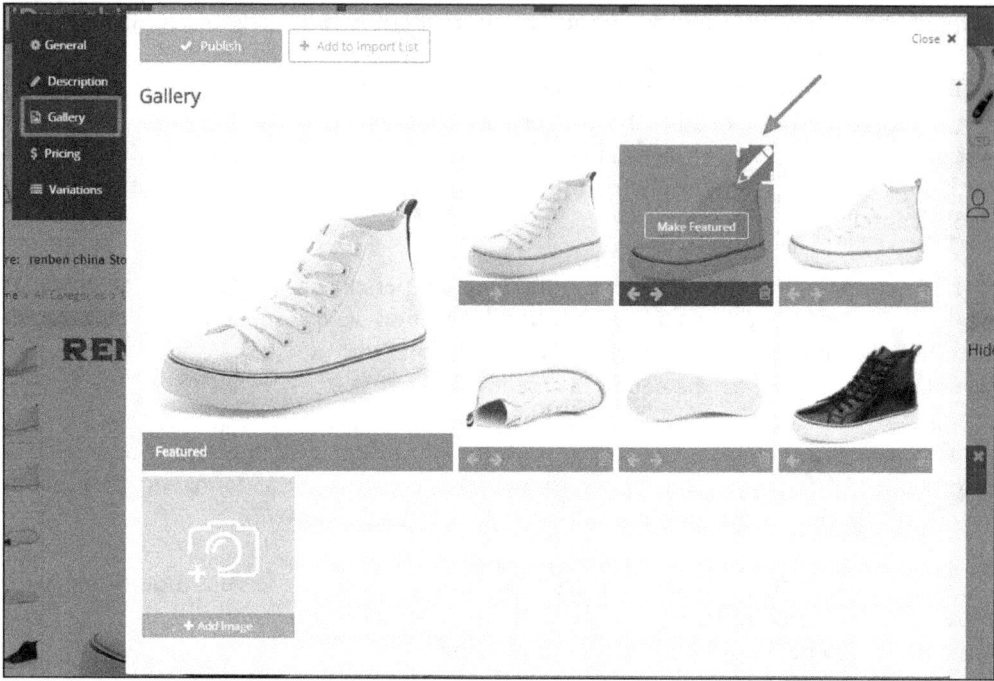

Fig. 5.13 – *Scheda "Gallery"*.

Nella scheda "Pricing" puoi decidere se il prezzo di questo prodotto si deve aggiustare automaticamente in base alle formule che hai già impostato nel tuo negozio (di cui parleremo nei prossimi capitoli), oppure se deve fare eccezione alle regole da te già impostate.

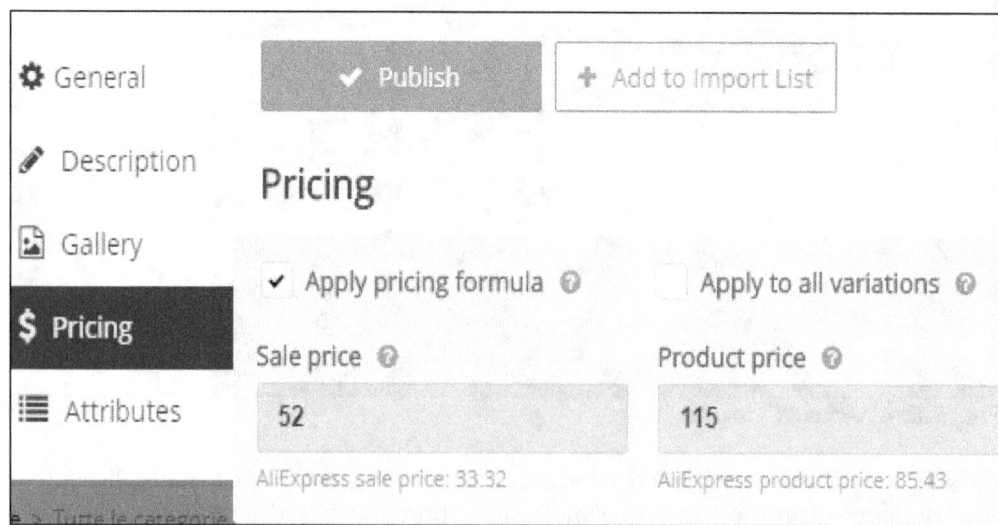

Fig. 5.14 – *Scheda "Pricing"*.

Infine nella scheda "Variations", non soltanto puoi modificare o cancellare le varianti del prodotto esistenti (taglie, colori, modelli) ma puoi addirittura inserire nuove variazioni.

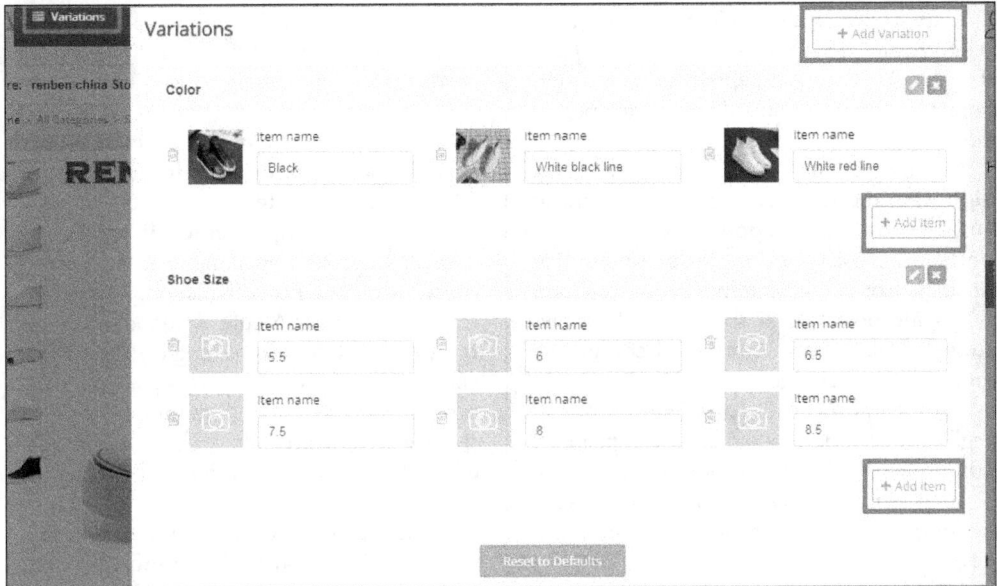

Fig. 5.15 – *Scheda "Variations"*.

Una volta che avrai fatto tutte le necessarie modifiche, puoi cliccare sul pulsante "Publish" per importare e mettere subito online il prodotto. Cliccando invece su "Add to Import list" metterai il prodotto, così modificato, in una sorta di lista di attesa per essere pubblicato successivamente.

SCHEDA DI APPROFONDIMENTO:
IL SERVIZIO EPACKET DI ALIEXPRESS

Uno dei principali problemi di AliExpress è che i fornitori si trovano per lo più in Cina ed i lunghi tempi di spedizione possono diventare fonte di insoddisfazione per il cliente.

Come già osservato, **AliExpress ha migliorato moltissimo negli ultimi anni le tempistiche di spedizione** e sta continuando a lavorare molto seriamente su questo fronte, facendo accordi con compagine postali e di spedizione locali ed internazionali, incluse le maggiori compagnie statunitensi ed europee.

Per minimizzare il problema, potresti scegliere di vendere solamente dei prodotti economici per i quali è disponibile l'opzione di **spedizione ePacket**. In questi casi, i clienti riceveranno i prodotti in tempi più brevi.

Dal momento che la maggior parte dei prodotti di AliExpress provengono dalla Cina oppure Hong Kong, la spedizione con la modalità ePacket non è sempre la soluzione più economica, ma è sicuramente **il modo più rapido** per fare in modo che un prodotto arrivi dalla Cina alla maggior parte degli altri mercati occidentali (Italia compresa).

Il servizio ePacket è stato introdotto nel 2011, dopo che il servizio postale degli USA ha fatto degli accordi speciali con i principali corrieri di Cina, Hong Kong e successivamente anche con la Corea del Sud e Singapore. Questi accordi bilaterali erano finalizzati ad **abbassare i costi ed i tempi di spedizione per i pacchi di piccole dimensioni**.

Come si può facilmente intuire, la lettera "e" sta per "e-commerce". Inizialmente questo tipo di servizio serviva ad accrescere il commercio con gli Stati Uniti, ma successivamente si è esteso alle altre nazioni ed oggi consente a clienti di tutto il mondo di acquistare prodotti dalla Cina con prezzi di spedizione molto vantaggiosi.

I tempi di consegna con questo servizio sono generalmente compresi tra 7 e 12 giorni. Attenzione però, perché si tratta solo dei **tempi tecnici di spedizione**, ai quali si devono aggiungere anche i **tempi morti del fornitore** (che potrebbe non spedire immediatamente il tuo ordine) ed i **tempi di lavorazione** degli uffici postali cinesi. In base alla nostra esperienza possiamo dire che il tempo medio di spedizione quando si sceglie il trasporto ePacket è compreso **tra i 12 ed i 21 giorni**. Non è certamente poco tempo, ma neanche così tanto da comportare seri problemi per il cliente. **L'importante è comunicare bene con chi acquista e specificare quali possono essere le tempistiche.**

Certamente esistono soluzioni più rapide del servizio ePacket, per esempio le spedizioni con corrieri come **DHL, FedEx, UPS possono arrivare a destinazione molto prima,** ma sono anche molto più costose e quindi non convengono per beni dal prezzo contenuto.

Il servizio ePacket, oltre ad essere relativamente rapido ed economico (spesso gratuito) ha il vantaggio di essere **tracciabile**. Il venditore può fornire all'acquirente un codice tracking con il quale è possibile visualizzare lo stato della spedizione istante per istante.

Questo si può fare sia utilizzando i siti web ufficiali dei servizi postali (EMS, USPS, ecc.) sia utilizzando servizi di terze parti come 17TRACK, Postal Ninja, Package Mapping, AfterShip e molti altri.

IMPORTARE LE RECENSIONI DEI CLIENTI

Il plugin AliDropship non soltanto ti consente di importare i prodotti, con descrizioni e foto, ma ti offre anche la possibilità di **importare le recensioni dei clienti direttamente nel tuo negozio,** proprio come se avessero acquistato il prodotto direttamente da te.

Si tratta di una funzionalità molto utile, perché per un potenziale acquirente, poter leggere le recensioni di chi ha comprato il prodotto prima di lui e vedere anche delle foto fatte da altri clienti, costituisce un **elemento di garanzia** non da poco.

Le recensioni dei clienti evidenziano che il prodotto ed il venditore sono reali e, anche se a volte rilevano la presenza di alcune piccole pecche nel prodotto o nel servizio, generalmente contribuiscono a migliorare la **percezione di fiducia nei confronti del negozio online.**

Molto spesso i potenziali acquirenti non leggono (oppure leggono con poca attenzione) le descrizioni del venditore, però prestano molta attenzione a quello che dicono gli altri clienti. In sintesi: nel mondo dell'e-commerce le opinioni contano e contribuiscono notevolmente a costruire la reputazione dei venditori.

Per questo motivo **ogni recensione di un cliente vale, in termini promozionali, più di mille parole spendibili dal venditore.**

Il plugin AliDropship consente di importare le recensioni dei clienti in due modi:

1) Per più prodotti contemporaneamente.
2) Un prodotto per volta.

Importare le recensioni in blocco

Se vuoi importare in un colpo solo tutte le recensioni per tutti i prodotti collegati ad AliExpress, puoi andare su "AliDropship> AliExpress> Import Reviews".

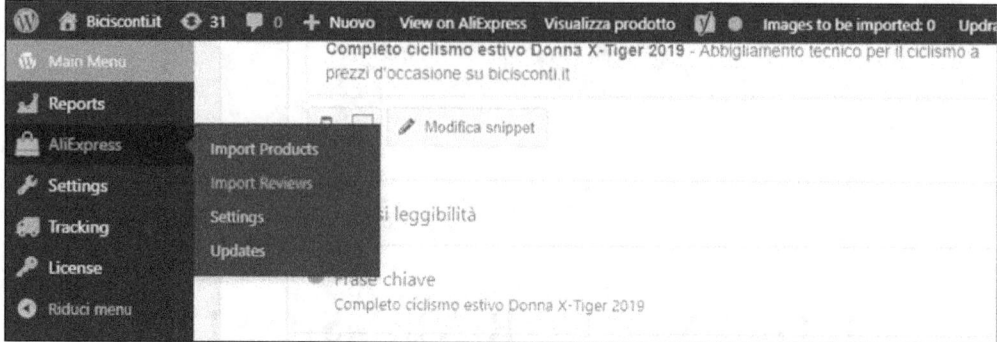

Fig. 5.16 – *importazione recensioni dei clienti.*

Si aprirà una finestra nella quale potrai decidere tutte le opzioni dell'importazione:

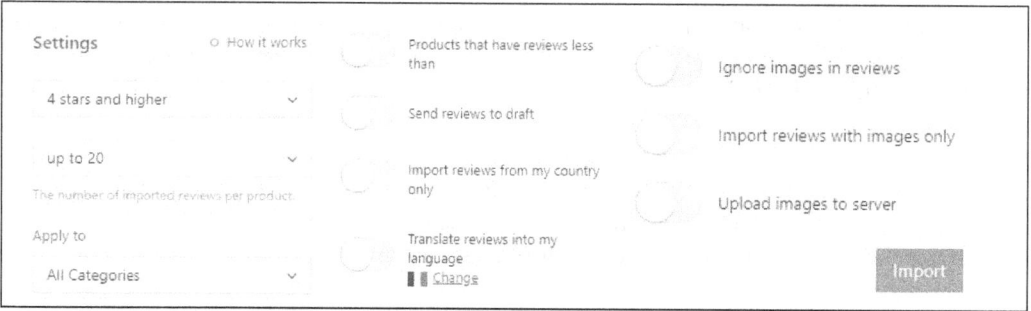

Fig. 5.17 – *opzioni di importazione delle recensioni.*

Utilizzando i menu a discesa puoi **scegliere il numero massimo di recensioni da importare per ogni prodotto** e puoi stabilire anche di **importare solo le recensioni che abbiano un certo numero di stelle** (ad esempio: minimo 4 stelle). In questo modo potrai evitare di importare delle recensioni negative.

Puoi importare le recensioni per tutte le categorie di prodotto, oppure puoi **scegliere solo le categorie che preferisci**.

Dal momento che AliExpress è un negozio internazionale, le recensioni che troverai saranno scritte da clienti provenienti da ogni angolo del mondo. Questo per te può essere un vantaggio, se vuoi che il tuo negozio si rivolga a tutti. Se però hai deciso di rivolgerti solo ad una clientela locale, ad esempio solo i clienti italiani, puoi anche **limitare l'importazione delle recensioni a quelle dei clienti di una o più nazioni specifiche**.

Alternativamente, potresti decidere di non limitare l'ambito di provenienza dei clienti, ma di **tradurre tutte le recensioni nella lingua del tuo sito**.

Questa è un'interessante funzionalità che ti consentirà di **risparmiare molto tempo**. Fai attenzione però: si tratta comunque di una traduzione automatica. Se vuoi che le recensioni siano perfette, ti consigliamo di rileggerle e di effettuare le correzioni necessarie a mano prima della pubblicazione. Questo si può fare scegliendo l'opzione "send review to draft".

Per **modificare successivamente le recensioni** che hai importato, puoi cliccare sul pulsante "commenti" presente nella barra laterale del pannello di controllo di WordPress.

Non sempre è necessario avere moltissime recensioni per ogni prodotto, è invece importante che le recensioni siano significative. Per questo motivo potresti decidere di applicare un'altra limitazione e importare **soltanto le recensioni con foto**. Con AliDropship puoi farlo semplicemente marcando l'apposita casella. Le immagini, come sai, hanno sempre un fortissimo impatto su chi visita il negozio e per questo sono molto più efficaci delle parole.

Sempre per quanto riguarda le immagini, se lascerai attiva l'opzione "upload images to server", tutte le immagini collegate alle recensioni dei clienti saranno scaricate e conservate sul tuo server. Si tratta di un'opzione che devi valutare bene: è consigliabile attivarla, se non vuoi perdere nulla, ma con il tempo potresti rischiare che tutte queste immagini occupino troppo spazio sul tuo server. La decisione dipende dalle caratteristiche dell'hosting che hai scelto e da quante recensioni hai intenzione di importare. Per iniziare potresti lasciare l'opzione attiva ed eventualmente modificarla successivamente.

Dopo aver settato tutti i parametri puoi **avviare l'importazione cliccando il tasto "import"**. Vedrai comparire una finestra con una barra che ti mostrerà l'avanzamento dell'importazione, fino a quando questa non sarà finita.

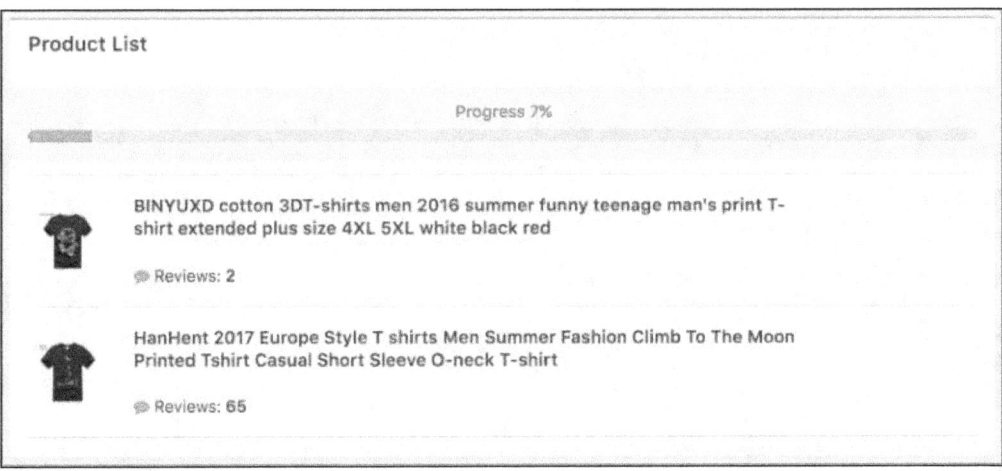

Fig. 5.18 – *importazione delle recensioni in corso.*

Ad importazione terminata, troverai tutte le recensioni nel tuo negozio. Se vorrai, potrai modificarle o eliminarle successivamente anche andando nelle singole schede dei prodotti, tramite il pannello di controllo di WooCommerce.

Importare le recensioni singolarmente

Se vuoi, puoi importare le recensioni di un solo prodotto per volta. Questa procedura può essere utile se sei particolarmente attento e non vuoi commettere alcun tipo di errore, rivedendo le recensioni una per una prima della pubblicazione.

Per fare questo, partendo dal menu prodotti di WooCommerce, entra nella scheda del prodotto che intendi modificare:

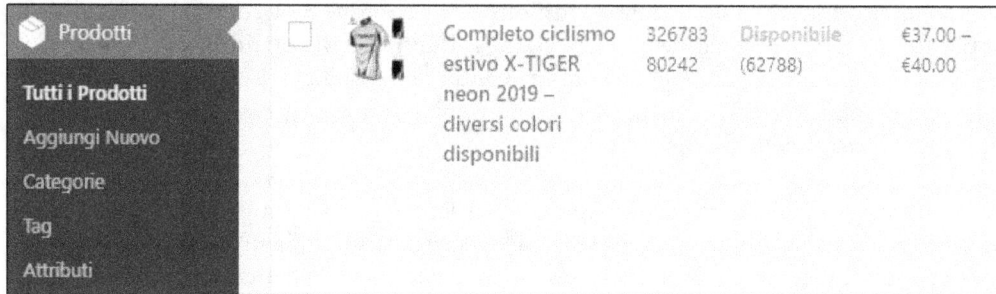

Fig. 5.19 – *scheda prodotti.*

Scorri in basso la pagina di modifica del prodotto, sino a trovare la scheda "Dati prodotto". Cliccando sul tasto "Reviews" si aprirà un pannello molto simile a quello descritto in precedenza per l'importazione multipla.

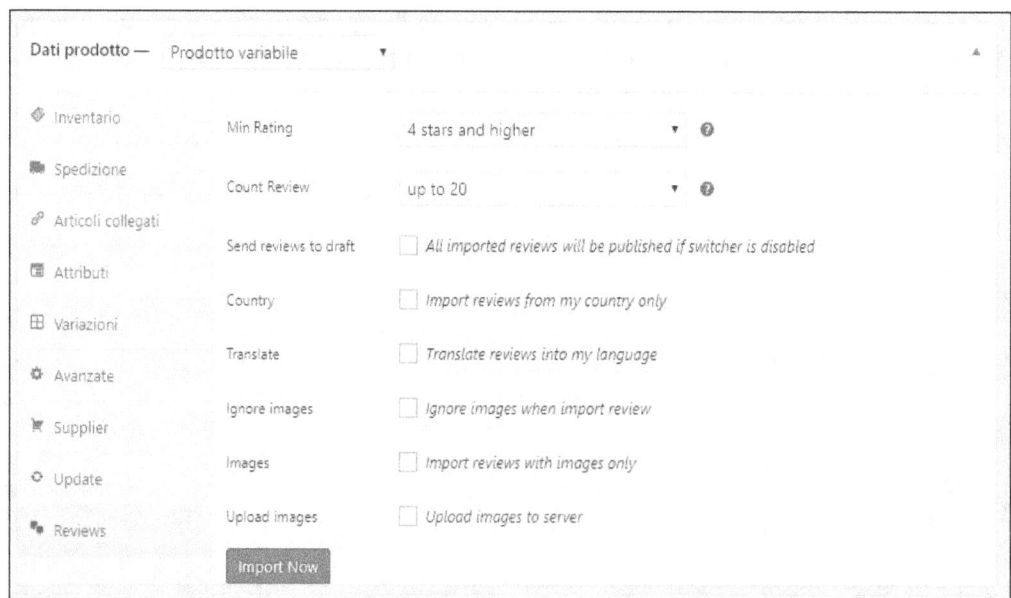

Fig. 5.20 – *opzioni di importazione delle recensioni dei clienti all'interno della scheda prodotto.*

Le opzioni cliccabili e le funzionalità presenti sono le stesse descritte sopra, l'unica differenza in questo caso è che, cliccando sul tasto "import now", importerai solo le recensioni di quello specifico prodotto che stai modificando.

MARK UP AUTOMATICO DEI PREZZI

Per poter trarre profitto dal tuo business devi **rivendere i prodotti ad un prezzo maggiore rispetto a quello che paghi acquistandoli su AliExpress**. Il plugin AliDropship ti consente di stabilire delle regole che modificano in maniera automatizzata i prezzi dei prodotti che importi.

Per impostare queste regole devi andare nelle impostazioni del plugin "AliDropship Woo > Settings > Pricing".

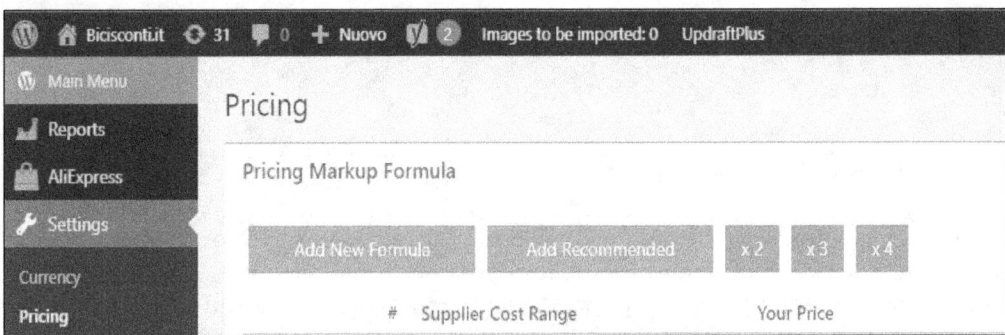

Fig. 5.21 – *impostazioni dei prezzi.*

Le regole ti consentono di stabilire che tipo di incremento di prezzo applicare al prodotto, **in base al costo di acquisto del prodotto stesso**. Ad esempio, potresti decidere di triplicare il prezzo di tutti i prodotti che paghi un euro e di raddoppiare il prezzo di tutti i prodotti che paghi due euro.

Per inserire una nuova regola clicca sul pulsante "**Add New Formula**". La regola si applicherà solo ad una determinata **fascia di costo dei fornitori** ("Supplier Cost Range"), ad esempio: solo a tutti i prodotti che costano tra 1 e 10 euro.

Sei tu a stabilire quante fasce di costo inserire e quanto devono essere ampie. Se non vuoi complicazioni **potresti addirittura decidere di avere un'unica fascia di costo** che va da zero a + infinito e applicare la stessa regola per tutti i prodotti. Potresti ad

PARTE V – GUIDA ALL'USO DI ALIDROPSHIP

esempio decidere semplicemente di triplicare i prezzi di tutti i prodotti. Questa però **non è una strada che ti consigliamo di intraprendere**. Il plugin Alidropship ti consente di fare delle distinzioni che ti possono essere molto utili, quindi perché non approfittarne?

Puoi quindi stabilire che il prezzo del venditore venga incrementato con una qualsiasi operazione aritmetica: addizione (+), moltiplicazione (x) o uguaglianza (=) e stabilire anche un valore. Facciamo un esempio:

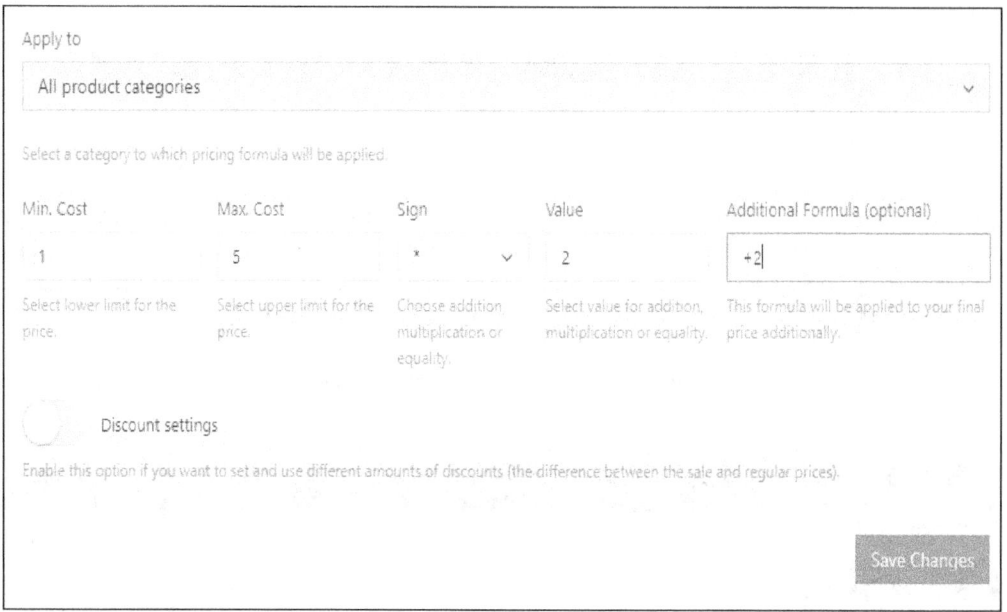

Fig. 5.22 – *formula per l'aggiustamento dei prezzi.*

In base alla formula mostrata nella finestra, tutti i prodotti dei fornitori con prezzo compreso tra 1$ e 5$ saranno moltiplicati per 2 e in più saranno aggiunti altri 2$ al prezzo finale. In pratica, se il prodotto da importare costa 3$ su AliExpress, il prezzo nel tuo negozio sarà 8$ (=3$ * 2 + 2$).

Con questo sistema, se hai bisogno di stabilire delle regole diverse per differenti range di prezzi dei fornitori, **puoi aggiungere tutte le formule che vuoi**. Per lavorare più rapidamente puoi utilizzare i pulsanti **x2, x3, x4** che duplicano, triplicano o quadruplicano il prezzo del fornitore.

Se invece non vuoi perdere troppo tempo in questa fase, oppure non sei ancora in grado di elaborare delle tue formule personalizzate, **ti consigliamo di inserire le formule raccomandate da AliDropship**. Si tratta di una serie di regole, basate sull'esperienza maturata dagli sviluppatori del software e che quindi si adattano abbastanza bene alla maggior parte dei settori.

Puoi inserire le formule raccomandate semplicemente cliccando sul pulsante "Add

Recommended" ed automaticamente saranno caricate le regole che vedi nella seguente finestra.

Pricing Markup Formula		
# Supplier Cost Range	Your Price	
1 0 < cost < $1	cost = 7.95	
2 $1 < cost < $2	cost = 8.99	
3 $2 < cost < $5	cost = 9.95	
4 $5 < cost < $30	cost * 2	
5 $30 < cost < $50	cost * 1.75	
6 $50 < cost < $100	cost * 1.5	
7 $100 < cost < ∞	cost * 1.35	

Fig. 5.23 – *formule raccomandate per l'aggiustamento dei prezzi.*

In base alle formule mostrate sopra:

- Tutti i prodotti che costano fino ad 1$ saranno venduti a 7.95$ sul tuo sito.
- I prodotti che costano tra 1$ e 2$ saranno venduti ad 8.99$ sul tuo sito.
- I prodotti con prezzo compreso tra 2$ e 5$ saranno prezzati a 9.95$ sul tuo sito.
- I prodotti che costano tra 5$ e 30$ saranno messi in vendita sul tuo sito ad un prezzo raddoppiato.
- I prezzi dei prodotti che costano tra 30$ e 50$ saranno moltiplicati per 1.75. Ad esempio il prezzo di un prodotto che costa 30$ diventerà 52.5$ sul tuo sito (=30$ * 1.75).
- I prezzi dei prodotti che costano tra 50$ e 100$ saranno moltiplicati per 1.5. Ad esempio il prezzo di un prodotto che costa 60$ diventerà 90$ sul tuo sito (=60$ * 1.5).
- I prezzi dei prodotti che costanopiù di 100$ saranno moltiplicati per 1.35. Ad esempio il prezzo di un prodotto che costa 150$ diventerà 202.5$ sul tuo sito

(=100$ * 1.35).

Dopo aver inserito la formula, oppure le formule, tutti i prezzi dei nuovi prodotti che importi saranno modificati in base alle regole che hai impostato. Se prima di impostare le regole avevi già importato dei prodotti, devi cliccare sul pulsante "Update Prices" per fare in modo che anche questi prezzi si modifichino in base alle nuove impostazioni.

Se vuoi invece che i prezzi ritornino allo stadio iniziale, ovvero uguali a quelli praticati dai fornitori di AliExpress devi cliccare sul pusante "Reset Prices".

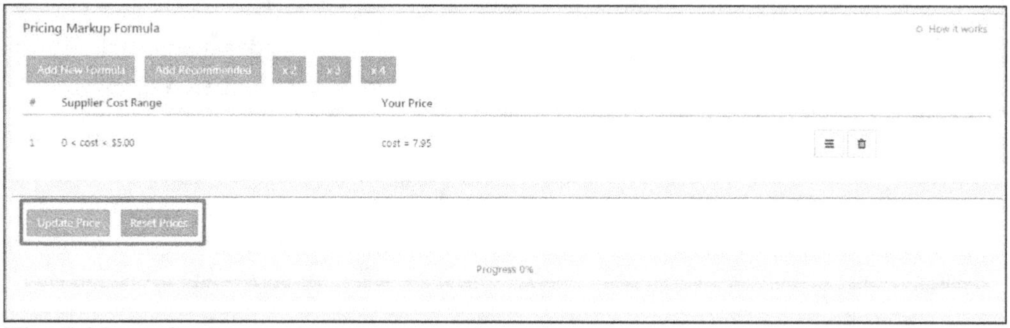

Fig. 5.24 – *pulsanti per aggiornare o resettare i prezzi.*

Per finire, tieni presente che **le formule si possono applicare allo stesso modo a tutte le categorie di prodotto che hai nel negozio oppure anche solo a categorie specifiche**. Questa funzionaità può esserti utile se ritieni che alcune categorie di prodotto necessitino di regole diverse. Per esempio, se hai un negozio di elettronica, potresti decidere che i prezzi dei telefoni cellulari debbano essere aumentati sempre di 10 euro in più rispetto ai prezzi di tutti gli altri prodotti, perché magari sai che su quella particolare categoria paghi un sovrapprezzo sul trasporto.

Per impostare una regola speciale per una sola categoria di prodotto, non devi fare altro che selezionare la categoria che ti interessa dall'elenco a discesa "Apply to" e salvare la formula cliccando sul tasto "Save Changes".

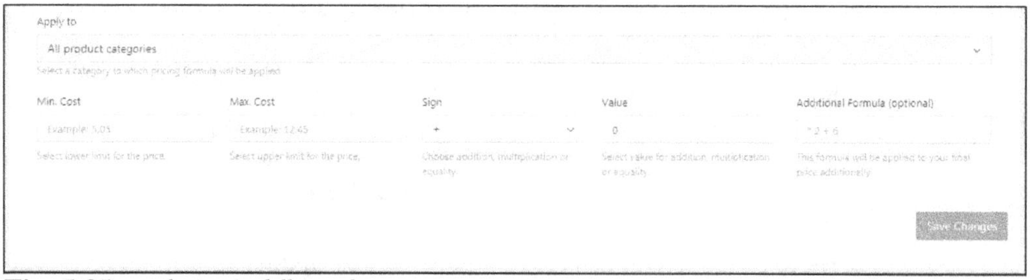

Fig. 5.25 – *salvataggio della regola.*

GUADAGNARE CON IL CASHBACK DI ALIEXPRESS

La parola "cashback" significa letteralmente "riavere i soldi indietro". I programmi di cashback ti consentono di riottenere una parte dei soldi che spendi nei negozi online. Il sistema funziona in questo modo: qualcuno clicca su un link speciale pubblicato da un affiliato e fa un acquisto. Dopo che il prodotto è stato spedito, una parte di quanto speso dal cliente viene restituita all'account dell'affiliato che ha pubblicato il link.

Ora il bello di questo sistema è che, se diventi affiliato di AliExpress e costruisci un negozio in dropshipping **puoi fare in modo che questa parte di costo ritorni direttamente nelle tue tasche** ogni volta che effettui un ordine per conto di un tuo cliente. **I ricavi da affiliazione possono arrivare sino al 12% del prezzo del prodotto** e possono quindi diventare una **fonte addizionale di reddito** per te ed il tuo negozio.

Per iniziare ad utilizzare il sistema di Cashback devi registrarti ad un programma come **Admitad** oppure **EPN**, ottenere il tuo **link affiliato** e poi **connetterlo al plugin**. Vediamo quindi come svolgere l'operazione con Admitad.

Per prima cosa devi andare in "AliExpress > Settings > Aliexpress Cashback" e cliccare sul link "Admitad AliExpress".

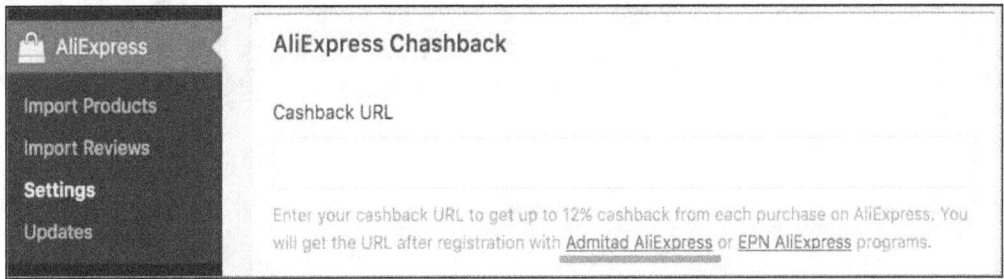

Fig. 5.26 – *setting del cashback di AliExpress.*

Sarai trasportato sul sito web Admitad. Continua scegliendo dal menu l'opzione "I'm a publisher > sign up".

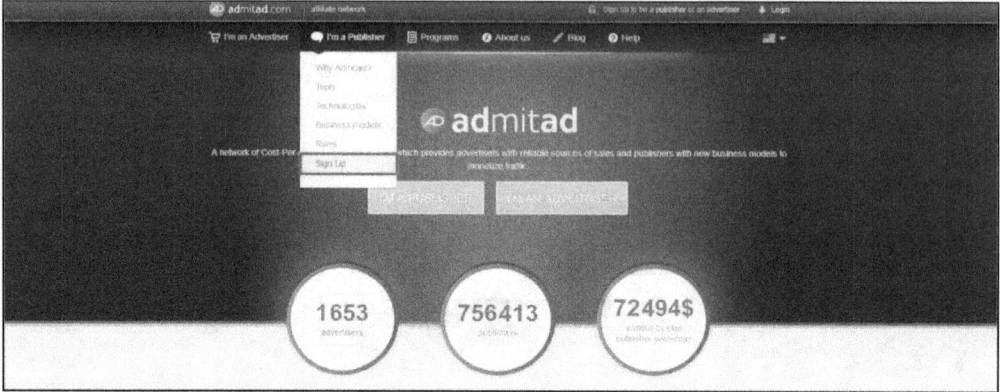

Fig. 5.27 – *home page di Admitad.*

Per la registrazione dovrai compilare un breve form e poi continuare cliccando su "continue sign-up". Nel secondo passaggio devi selezionare la voce "Dropshipping" come spazio pubblicitario e "AliDropship" come applicazione.

Aggiungi l'indirizzo web del tuo negozio e dai un nome allo spazio pubblicitario. Seleziona le regioni in cui vendi i prodotti, le categorie di prodotti che vendi ed aggiungi poche informazioni riguardanti il modo in cui intenderai promuovere la tua attività. Per finire clicca su "continue sign-up".

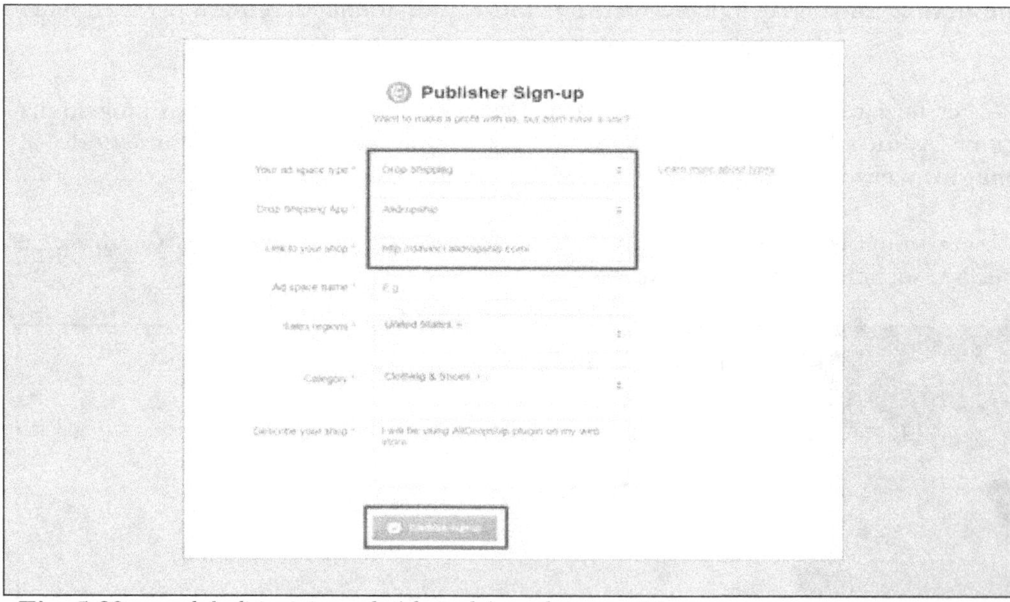

Fig. 5.28 – *modulo di iscrizione ad Admitad (secondo passaggio).*

Se hai fatto tutto bene, visualizzerai una schermata di conferma. Inoltre riceverai una email contenente un **link di attivazione** ed altre istruzioni. Quando ti sarai attivato potrai visitare il tuo account Admitad ed andare nella sezione **"My Programs"**.

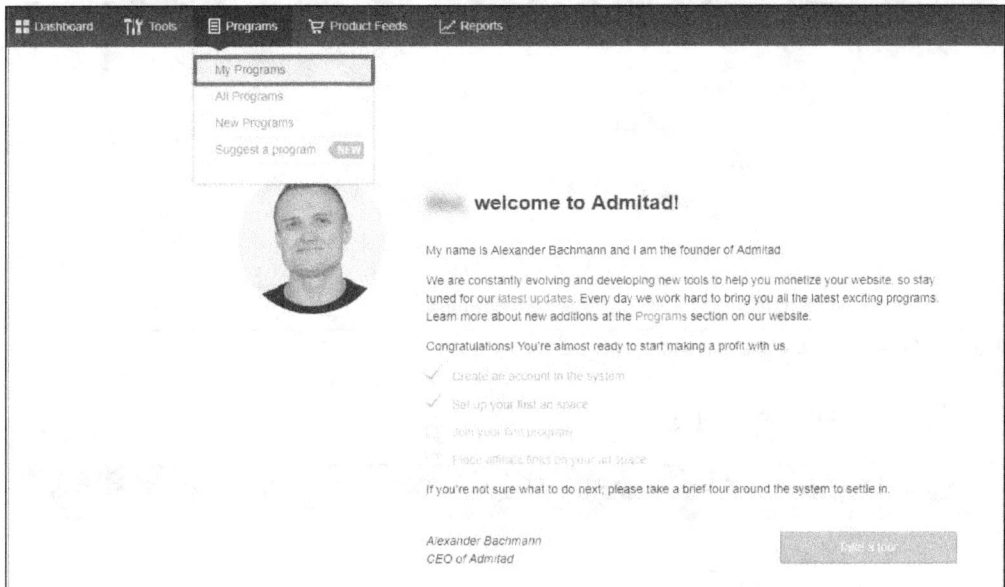

Fig. 5.29 – *pagina di Admitad vista da utente loggato.*

Clicca su "Join programs".

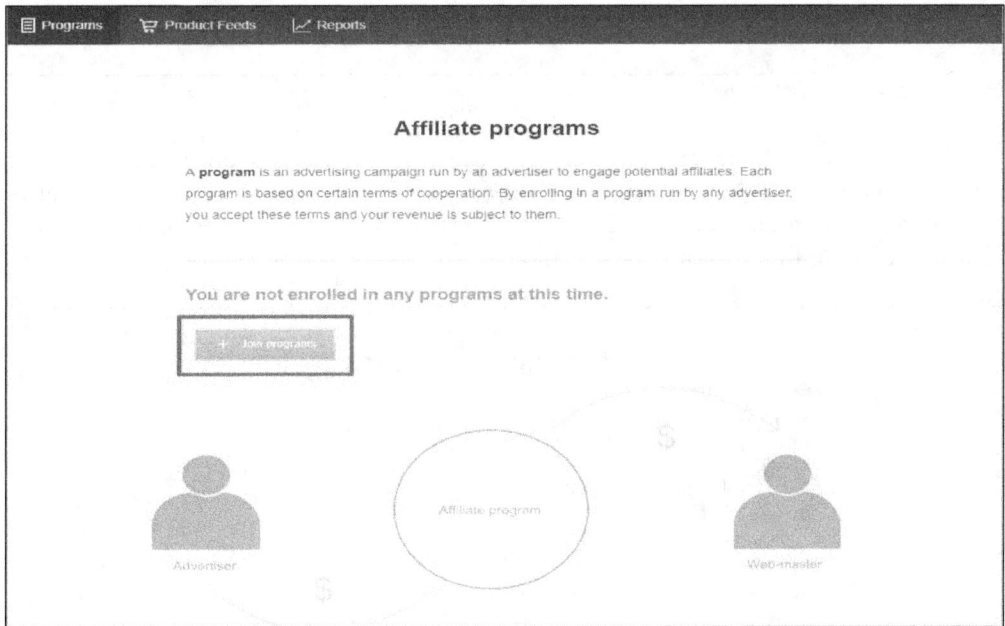

Fig. 5.30 – *pulsante "Join programs".*

PARTE V – GUIDA ALL'USO DI ALIDROPSHIP

Vai sui dettagli del programma relativo ad AliExpress.

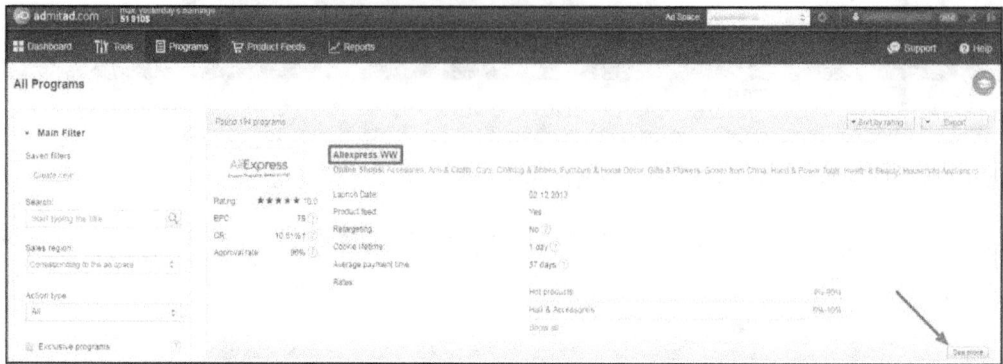

Fig. 5.31 – *pulsante "See more"*.

Clicca sul pulsante "Apply".

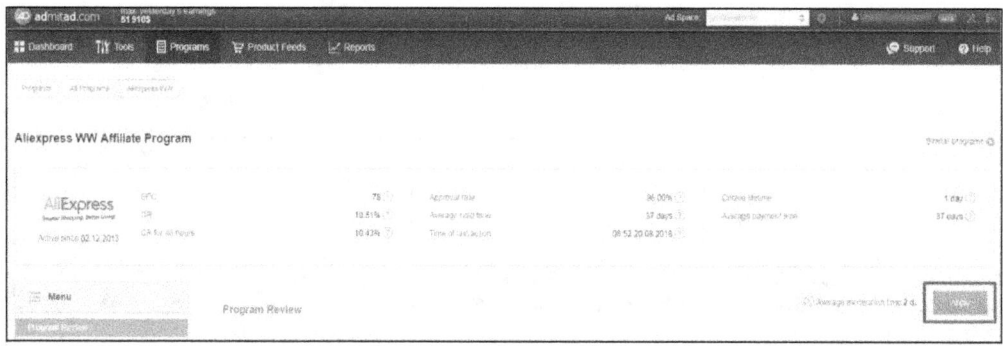

Fig. 5.32 – *pulsante "Apply"*.

A questo punto dovrai attendere che la tua richiesta di iscrizione venga approvata e **potrebbe volerci qualche giorno**. Ad approvazione avvenuta riceverai una email di conferma e, cliccando sul link di AliExpress nella bacheca del programma, potrai visualizzare il tuo **link affiliato**.

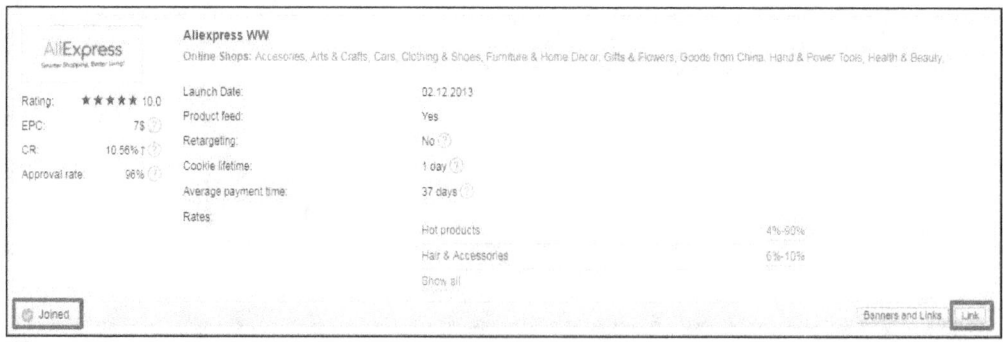

Fig. 5.33 – *pulsante "Link"*.

Copia il link ed incollalo nelle impostazioni del plugin.

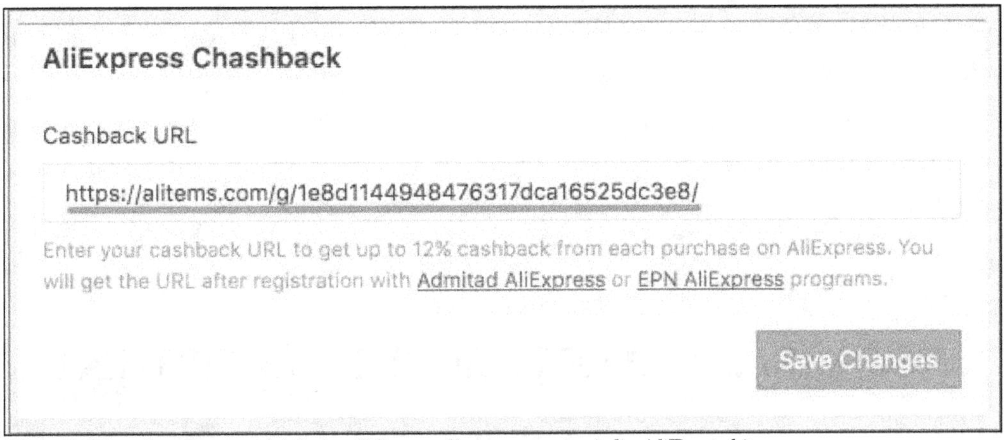

Fig. 5.34 – *inserimento del link affiliato nelle impostazioni di AliDropship.*

Per completare la procedura clicca su "Save Changes". Da questo momento in poi ogni ordine che farai su AliExpress ti porterà **fino al 12% di commissioni sul tuo account Admitad** dal quale potrai successivamente prelevare il denaro.

ACQUISIRE ED EVADERE GLI ORDINI

Ora che hai costruito il tuo negozio online e lo hai riempito di prodotti, **sei pronto ad accettare i primi ordini dei clienti**. Ti starai probabilmente chiedendo cosa accadrà quando riceverai il primo ordine e cosa devi fare per processarlo. Fortunatamente **i plugin AliDropship e WooCommerce ti consentono di automatizzare molto il processo,** semplificandoti la vita.

Vediamo quindi **cosa accade quando ricevi un ordine**: per prima cosa, riceverai **un'email** all'indirizzo che hai impostato per le notifiche che ti avviserà che qualcuno ha effettuato un acquisto nel tuo negozio.

Questa email conterrà **il numero ordine** (assegnato automaticamente dal sistema), **il nome e l'indirizzo del destinatario**, le specifiche **dei prodotti acquistati, l'importo pagato** dal cliente ed il **sistema di pagamento utilizzato**.

Il cliente riceverà un'email molto simile a questa, contenente più o meno le stesse informazioni, che lo avvisa che l'ordine ed il pagameno sono stati registrati dal tuo sistema.

In questa fase, se il cliente ha pagato con carta di credito oppure PayPal, tu hai già ricevuto il denaro e non devi fare altro che andare dal fornitore ad ordinare la merce, dicendogli di spedirla al tuo cliente.

Nuovo ordine: #3769

Hai ricevuto il seguente ordine da ▇▇▇▇▇▇▇

[Ordine #3769] **(16 Febbraio 2019)**

Prodotto	Quantità	Prezzo
Manubrio in Fibra di Carbonio Opera 31.8mm Flat - Rise - Disponibile in varie misure - flat 740mm (#32836160624)	1	€24.00
Subtotale:		€24.00
Spedizione:		Spedizione gratuita
Metodo di pagamento:		PayPal
Totale:		€24.00

Indirizzo di fatturazione

Privato
▇▇▇▇▇▇▇
Via monte Matanna 19 Viareggio-Lucca
55049
Viareggio
LUCCA
▇▇▇▇▇▇@ymail.com

Indirizzo di spedizione

Privato
▇▇▇▇▇▇▇
Via monte Matanna 19 Viareggio-Lucca
55049
Viareggio
LUCCA

Bicisconti.it

Fig. 5.35 – *email di conferma ordine.*

PARTE V – GUIDA ALL'USO DI ALIDROPSHIP

Puoi visualizzare l'ordine che hai ricevuto nel back-end del tuo negozio dal menu "WooCommerce > ordini".

L'ordine può essere identificato, usando il numero che il sistema gli ha assegnato. Nella stessa schermata trovi anche il nome del cliente, la data dell'ordine e l'importo speso. Se il cliente ha già pagato con PayPal, l'ordine viene messo automaticamente in lavorazione.

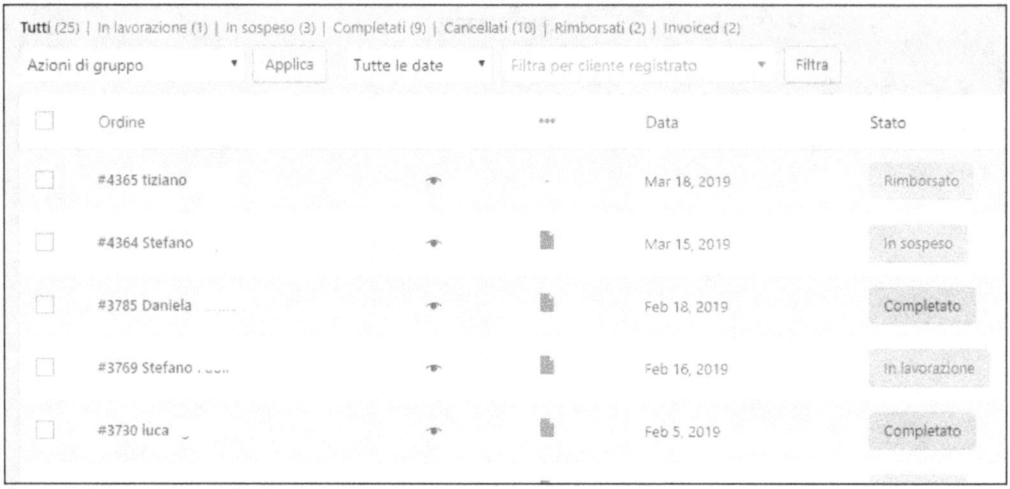

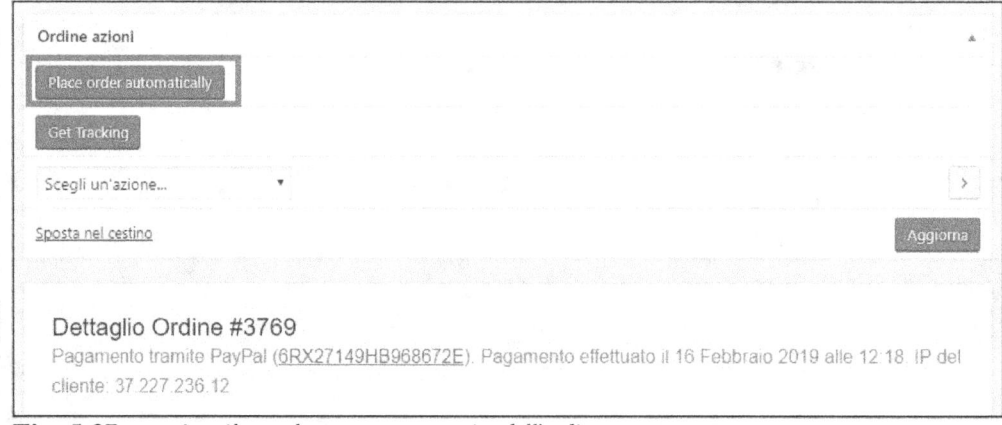

Fig. 5.36 – *sezione "Ordini" di WooCommerce.*

Cliccando sull'ordine entrerai nella schermata di dettaglio, che riporterà anche altre informazioni aggiuntive. Per inviare l'ordine al fornitore devi cliccare sul pulsante "Place order automatically".

Fig. 5.37 – *avviare il completamento automatico dell'ordine.*

Comparirà una finestra che mostra il prodotto che stai acquistando e che contiene un messaggio precompilato da inviare al fornitore, nel quale spieghi che tu fai dropshipping e pertanto richiedi di non includere nessuna fattura o materiali promozionali all'interno del pacco che invieranno al cliente. Se vuoi puoi anche modificare tu stesso questo messaggio.

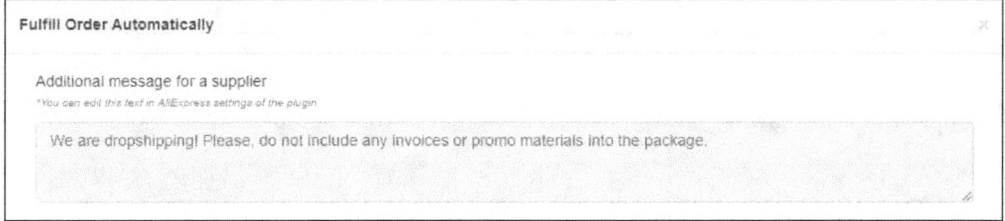

Fig. 5.38 – *completamento automatico dell'ordine: messaggio precompilato per il fornitore.*

Nel passaggio successivo, sarai ricondotto su AliExpress. Il plugin AliDropship compilerà automaticamente il modulo inserendo l'indirizzo di spedizione del cliente e le informazioni di contatto.

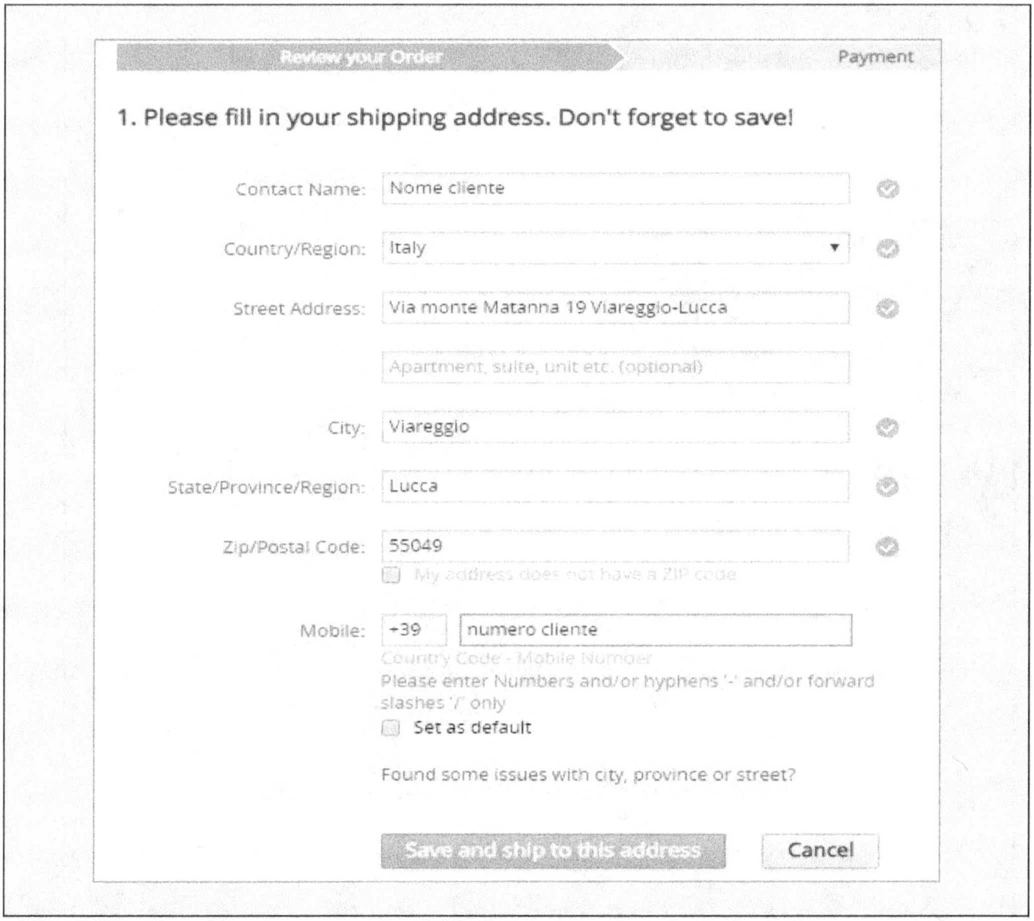

Fig. 5.39 – *completamento automatico dell'ordine: inserimento informazioni cliente.*

PARTE V – GUIDA ALL'USO DI ALIDROPSHIP

Verifica che tutto sia corretto e clicca su "Save and ship to this address". Comparirà un'ultima schermata di riepilogo, contenente tutte le informazioni ed il sistema di pagamento preimpostato.

Fig. 5.40 – *completamento automatico dell'ordine: verifica dei dati inseriti e pagamento.*

Per completare il processo clicca su "Conferma e Paga".

A questo punto sarebbe buona regola scrivere un'altra email al cliente, spiegandogli che l'ordine è stato processato e che sarà evaso nei tempi previsti dal sistema, preannunciandogli anche che gli sarà inviato un aggiornamento nonappena il codice tracking sarà disponibile.

Difatti **non è detto che il fornitore cinese spedisca immediatamente il pacco**, perché anche lui avrà bisogno di tempo per processare l'ordine. A volte tra il momento dell'acquisizione dell'ordine e quello della consegna al corriere trascorrono alcuni giorni. Meglio quindi precisarlo sin da subito ed indicare al cliente anche un indirizzo email oppure un numero di telefono di servizio che potrà utilizzare in caso di necessità.

Nonappena il fornitore di AliExpress consegnerà il pacco all'ufficio postale, sarà disponibile il codice tracking che potrai comunicare tu stesso al cliente. Per individuare questo codice, vai nella sezione "Tracking" del menu di AliDropship.

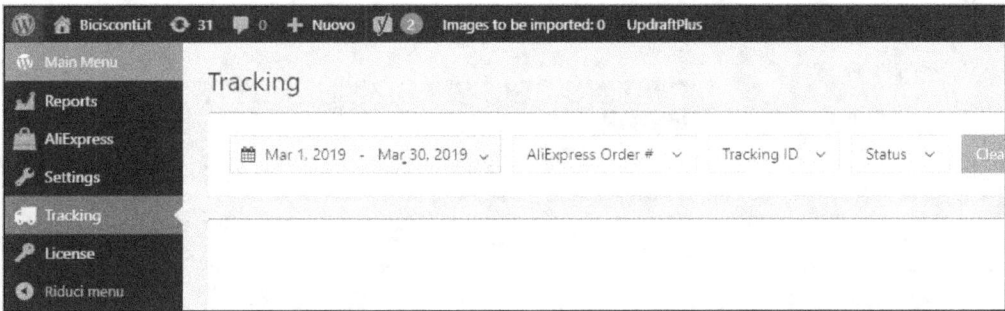

Fig. 5.41 – *sezione "Tracking" di AliDropship.*

Sincronizza i dati. cliccando sul pulsante "All sync".

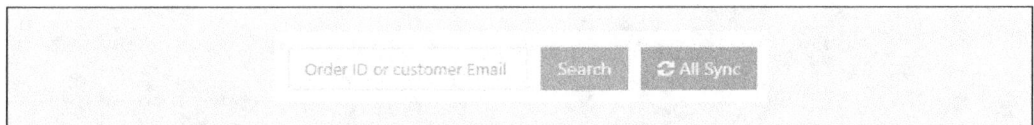

Fig. 5.42 – *pulsante "All Sync" per sincronizzare i dati.*

A questo punto puoi ricercare l'ordine utilizzando uno dei filtri in alto.

Fig. 5.43 – *filtri per ricercare i dati.*

Oppure puoi scorrere la finestra fin quando non riesci ad individuarlo.

Fig. 5.44 – *ordine del cliente con codice tracking.*

Come puoi notare nell'area destra di questa finestra compaiono due numeri. Il primo è il codice che identifica l'ordine su AliExpress, mentre il secondo numero è il codice tracking. Se clicchi sopra il codice tracking si aprirà in una nuova finestra la pagina del sito che offre il servizio di tracciamento della spedizione.

Fig. 5.45 – *ordine del cliente con codice tracking.*

Da qui puoi monitorare tu stesso ogni fase della spedizione. Oppure puoi cliccare su "Copia Link" ed inviare al cliente il collegamento alla pagina di tracking, in modo che lui stesso possa tenere sotto controllo la spedizione. Di seguito il testo di una email di esempio:

Gentile Cliente,

Il pacco contenente il prodotto da lei acquistato è stato consegnato al corriere.

La informiamo che il numero di riferimento della sua spedizione è: **RX436970422CN**.

Normalmente i tempi di consegna della merce con questo vettore variano dai 10 ai 21 giorni. Potrà monitorare in qualsiasi momento lo stato della sua spedizione cliccando sul seguente link:
https://www.17track.net/?nums=RX436970422CN

Le ricordiamo che per qualsiasi problema o richiesta di assistenza può contattare il nostro servizio clienti telefonando al 339-XXXXXX oppure scrivendo a customercare@nomenegozio.com

Cordiali saluti,
Lo staff del negozio

Se vuoi, puoi anche **automatizzare il processo** e fare in modo che il tuo negozio online invii automaticamente ai tuoi clienti le email che contengono il codice tracking della spedizione. Per fare questo vai su "AliDropship> AliExpress > Settings > Tracking Service" e scegli uno dei servizi disponibili, tra quelli presenti nell'elenco a discesa.

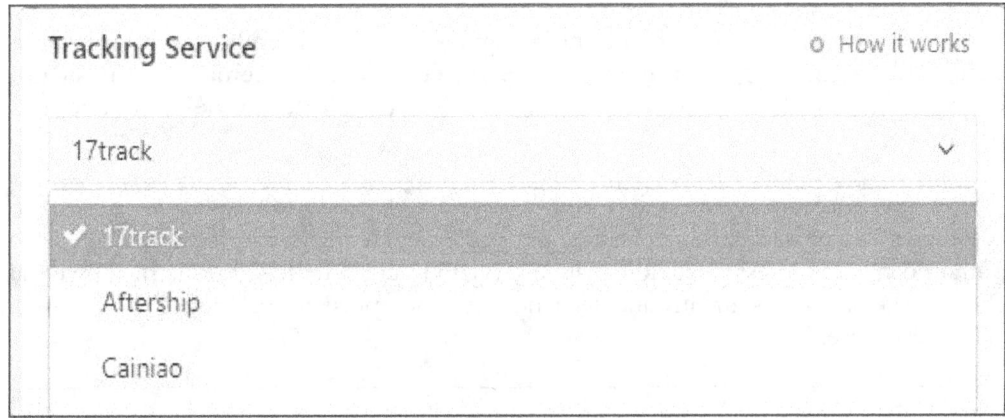

Fig. 5.46 – *selezione del servizio di tracciamento della spedizione.*

Lascia attiva l'opzione "Order shipped notification". Se vuoi che il cliente riceva anche una stima dei tempi di consegna, attiva anche l'opzione "Attach estimated delivery time". L'opzione "Don't attach tracking" è da attivare invece solo se non vuoi che il codice tracking venga inviato in automatico al cliente e nemmeno che sia visibile nell'area del suo account personale.

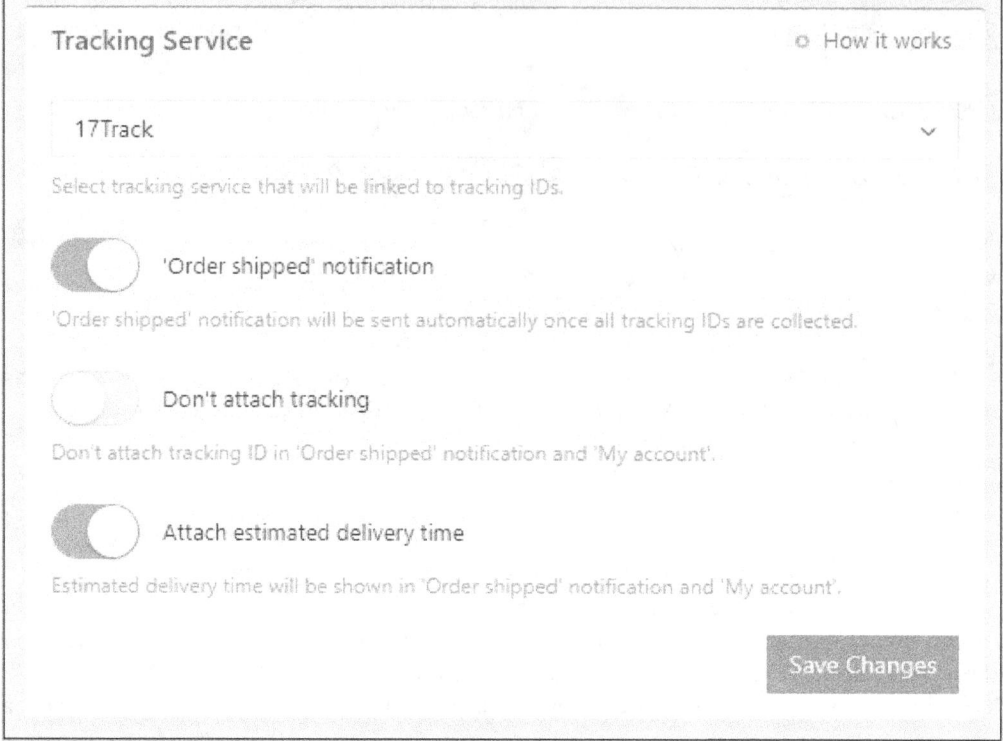

Fig. 5.47 – *impostazioni per le notifiche automatiche.*

Se hai impostato tutto come nella figura in alto, **il codice tracking sarà automaticamente aggiunto alle notifiche via email che i sistema invierà ai tuoi clienti** e il tuo cliente **potrà visualizzarlo anche all'interno del suo account personale.**

Più precisamente, quando il fornitore spedirà il prodotto, il sistema invierà in automatico ai tuoi clienti un'email che conterrà il codice tracking sul quale loro potranno cliccare ed essere reindirizzati al servizio tracking da te selezionato. Tu vedrai che questa email è stata inviata, leggendo le note presenti nel dettaglio ordini di WooCommerce.

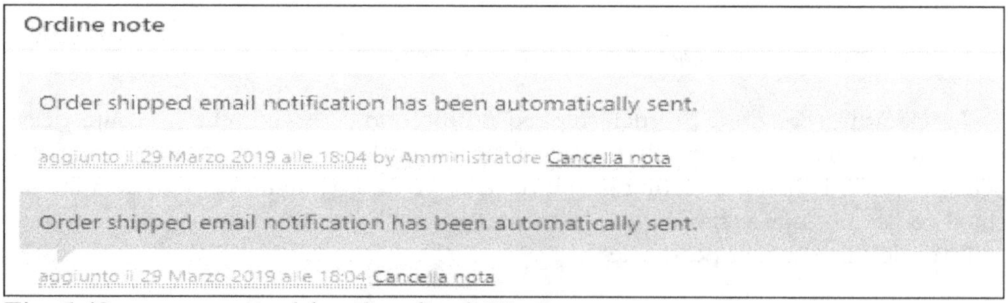

Fig. 5.48 – *note presenti nel dettaglio ordine di WooCommerce.*

SCHEDA DI APPROFONDIMENTO:
GESTIRE LE RICHIESTE DI RESO E RIMBORSI

AliExpress ha un sistema di protezione degli acquirenti molto efficiente, per questo motivo, se i tuoi clienti non sono soddisfatti del prodotto che hanno ricevuto oppure se non lo hanno ricevuto affatto - cosa che a dire il vero non si verifica quasi mai - ti consigliamo di offrire loro direttamente un rimborso.

Tu, per prima cosa, potresti provare a metterti in contatto con il venditore inviandogli un messaggio privato e chiedendogli informalmente di trovare una **soluzione immediata al problema**.

Di solito i venditori di AliExpress sono abbastanza disponibili e si è in grado di trovare subito una soluzione già in questo modo, ma se questo non dovesse accadere, hai sempre la possibilità di aprire una controversia con AliExpress. Per farlo devi entrare nel tuo account di AliExpress e ricercare il tuo ordine all'interno della sezione "Tutti gli ordini".

Gestisci ordini

Tutti gli ordini

Ricarica mobile

Rimborsi e controversie

Ordini cancellati

Gestisci feedback

I miei buoni

Il mio buono sconto selezionato

My AliExpress Pocket

Indirizzo di spedizione

Scegli il prodotto per il quale stai avendo delle difficoltà e clicca il link "Open Dispute".

L'apertura di una controversia è una **procedura ufficiale** tramite la quale tu segnali ad AliExpress un comportamento potenzialmente irregolare di uno dei loro venditori. AliExpress, che è un'azienda di dimensioni enormi, tiene moltissimo alla sua stessa reputazione e non vuole mantenere nel sistema fornitori che si comportano in maniera non regolare, per questo motivo è pronta a garantire il cliente, eventualmente sanzionando o addirittura bloccando il venditore che ha commesso delle scorrettezze.

Con l'apertura della controversia, aprirai un canale privilegiato di comunicazione con il venditore (sotto il controllo di AliExpress) ed è quasi certo che lui risponderà prontamente venendo incontro alla tua richiesta. I venditori di AliExpress tendono infatti a **rimborsare rapidamente i prodotti poco costosi, senza neanche chiedere che tu gli spedisca il prodotto difettoso indietro**, questo perché preferiscono non avere alcun tipo di problema con la piattaforma, che è per loro uno sbocco commerciale di vitale importanza.

Certo, se i prodotti che vendi hanno un valore unitario elevato le cose potrebbero essere differenti, ma come abbiamo già visto nei precedenti capitoli, per avviare un dropshipping di successo i prodotti molto costosi sono generalmente sconsigliati, meglio invece vendere prodotti dal valore unitario contenuto.

Tieni presente che **i venditori che operano su AliExpress sono particolarmente esposti alle lamentele dei clienti**, perché la loro reputazione si basa sul punteggio di feedback e sulle recensioni che hanno ricevuto. Basta una sola recensione negativa da parte di un cliente per far perdere loro molte occasioni di vendita. Per tutti questi motivi tendono ad accontentare sempre le richieste dei clienti insoddisfatti, specialmente quando questi hanno aperto una controversia.

Per di più, in un'eventuale controversia con un fornitore, tu avrai anche **un ulteriore vantaggio** in quanto, operando come venditore in dropshipping, sarai portato ad effettuare molti acquisti su AliExpress. Ora devi sapre che AliExpress, così come assegna un punteggio di feedback ai venditori, attribuisce ai compratori **un livello, che dipende essenzialmente dal numero di acquisti effettuati.**

Ogni acquisto che farai per i tuoi clienti ti farà guadagnare dei punti e ti aiuterà a salire di livello.

Livelli Utente

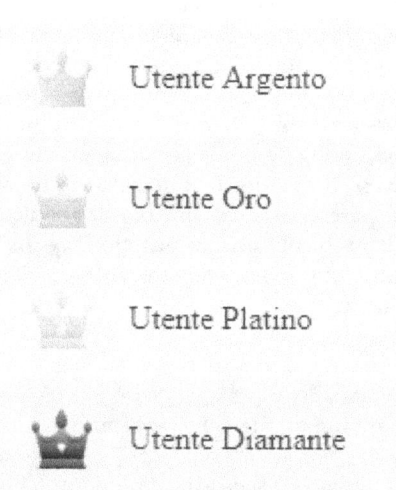

In breve tempo raggiungerai il livello più alto che, come mostrato in figura è quello dell'utente Diamante. È evidente che un utente di livello elevato è, agli occhi dei fornitori, ma anche agli occhi di AliExpress, un grande acquirente e quindi **un cliente che è meglio non lasciare insoddisfatto.**

Per tutti questi motivi tu **sarai sempre tenuto in considerazione dai tuoi fornitori e,** in caso di problemi riscontrati sui prodotti ricevuti, **sarai in grado di offrire al tuo cliente un rimborso parziale o totale dell'acquisto.**

Il nostro consiglio, specialmente se vendi prodotti dal valore unitario contenuto, è di non esigere ai fini del rimborso che il prodotto danneggiato ti venga restituito. È probabile infatti che tu stesso sarai rimborsato senza bisogno di spedire nulla al tuo fornitore.

Solo nel caso in cui il venditore non dia seguito positivo all'apertura della controversia, **potrai chiedere al team di AliExpress di intervenire.** Questa è un'eventualità molto remota, ma costituisce per te un **ulteriore elemento di garanzia**, in quanto se in prima battuta il venditore non risolve il problema, sai che esiste una struttura commerciale molto forte dietro che potrà sempre intervenire ed offrirti una soluzione.

PARTE VI – MARKETING DEL NEGOZIO

PARTE VI – MARKETING DEL NEGOZIO

PERCHÉ INVESTIRE IN ATTIVITÀ DI MARKETING

A questo punto della tua lettura ci tocca purtroppo svelarti un'amara verità: l'avere scelto la giusta nicchia di mercato ed avere un negozio online bello e funzionante non basterà a garantirti il successo. Sul web esistono infatti un'infinità di siti ed **è impossibile riuscire ad emergere e a farsi conoscere dal pubblico senza un adeguato supporto di marketing**.

La tua nuova attività di vendita in dropshipping ti richiederà quindi un **grandissimo impegno** su questo fronte.

Di certo, all'inizio potrai provare ad usare tutti gli **strumenti gratuiti** che il web offre. Non c'è nulla di male in questo, tuttavia gli strumenti gratuiti non sempre sono sufficienti a far crescere l'attività come vorresti.

Per ottenere dei risultati ed avere successo devi quindi mettere in conto anche un adeguato investimento in **attività a pagamento**. Queste possono avere infatti un impatto molto forte sul tuo business.

Una domanda che potresti farti a questo punto è: quanto dovrei spendere per farmi conoscere sul web?

Secondo una teoria abbastanza diffusa l'importo da spendere in attività di comunicazione e marketing dovrebbe essere compreso tra il 5% ed il 12% del fatturato.
In realtà **i casi possono essere molto diversi tra loro** e queste percentuali potrebbero lasciare il tempo che trovano. Se ad esempio la tua nicchia di mercato è molto competitiva oppure la marginalità dei tuoi prodotti è molto alta, potresti decidere di spendere anche di più .

Non c'è quindi una risposta valida in assoluto alla domanda di cui sopra, perché questa dipende da troppi fattori diversi, tra cui la nicchia di mercato in cui operi, il tipo di clienti ai quali ti rivolgi e anche e soprattutto i tuoi stessi obiettivi.

Se non possiamo dirti quanto devi spendere, possiamo però spiegarti **in cosa potresti investire e come farlo**. Gli ambiti di intervento più importanti (che ti descriveremo nei prossimi capitoli) hanno a che fare con:

- Attività SEO.
- Content marketing.
- Google Ads.
- Facebook marketing.
- Influencer marketing.
- Email marketing.

Ognuno di questi temi meriterebbe di essere approfondito con una trattazione specifica, ma il nostro scopo in questa sede è più che altro quello di fornirti delle utili informazioni e guide che potrai sfruttare nella prima fase della tua attività.

Se vorrai accrescere la tua conoscenza in queste materie, potrai farlo facilmente in quanto troverai in giro moltissimo altro materiale di studio. Noi stessi ti consigliamo di non fermarti alla lettura di questo libro, ma **di approfondire la tua formazione e non stancarti mai di imparare**.

Avrai bisogno di tempo per comprendere bene il funzionamento dei principali strumenti di marketing a tua disposizione, ma di sicuro ne varrà la pena ed **è di fondamentale importanza per la crescita del tuo business online**.

OTTIMIZZARE IL NEGOZIO PER I MOTORI DI RICERCA

Il sistema migliore per portare clienti nel tuo negozio è cercare di fare in modo che questi arrivino dai **motori di ricerca**. I visitatori che arrivano al tuo negozio dopo aver avviato una ricerca su Google sono quelli che **con più probabilità effettueranno degli acquisti** perché sono loro stessi ad averti trovato nel tentativo di soddifare un loro espresso bisogno.

Pertanto, **essere presenti nei risultati delle ricerche è di fondamentale importanza**.

I **motori di ricerca sono come delle macchine**, degli automi che ricercano risultati seguendo delle regole ben precise. Per fare in modo che il tuo sito compaia nei risultati delle ricerche, devi **ottimizzarne i contenuti conoscendo le regole dei motori**. Questa pratica si definisce **SEO (*Search Engine Optimization*)** ed è una delle attività più importanti su cui chi ha intenzione di portare avanti un'attività online deve concentrarsi.

La conoscenza approfondita di tutte le tecniche SEO richiede grande studio e preparazione, tanto che nel mondo del lavoro esistono ormai da tempo dei **professionsti specializzati** in quest'attività. Se non hai una formazione specifica in questo settore, non puoi quindi pensare di svolgerla con lo stesso livello di approfondimento che potrebbe garantirti un tecnico SEO professionista. In futuro potresti decidere di rivolgerti ad uno di loro. Tuttavia, la differenza che passa tra un sito non ottimizzato per i motori di ricerca ed uno sufficientemente ottimizzato è enorme, per cui **per iniziare ti conviene assolutamente lavorare almeno sulle ottimizzazioni SEO di base**.

Con un'ottimizzazione di base del tuo sito e delle tue pagine prodotto, otterrai sicuramente delle visite dai motori di ricerca e questo sarà per te tutto **traffico gratuito**, perché non avrai dovuto spendere neanche un centesimo per averlo.

Solo dopo aver ottimizzato il tuo negozio potrai pensare di mettere in atto delle attività di comunicazione a pagamento. Vediamo quindi cosa puoi fare, anche senza essere un esperto SEO

Guida all'uso di Yoast SEO

Per fortuna esistono degli **strumenti gratuiti** che ti consentono di ottimizzare il tuo sito, **senza conoscere nulla di programmazione** e **senza avere precedenti esperienze in ambito SEO**.

Ti consigliamo di installare il plugin **Yoast SEO**, che al momento risulta essere il più stabile e completo tra i plugin gratuiti ed anche il più utilizzato.

Puoi trovare questo plugin facendo una ricerca in WordPress, nello stesso modo in cui hai fatto per trovare WooCommerce.

Fig. 6.1 – *ricerca del plugin Yoast SEO.*

L'installazione di Yoast SEO è molto semplice e sarà seguita da una procedura guidata che ti porterà a configurare correttamente ogni elemento del software.

Fig. 6.2 –*procedura guidata di configurazione di Yoast SEO.*

Sin dalla sua prima attivazione, avrai a disposizione moltissime funzionalità che ti aiuteranno a rendere il tuo sito molto più adatto ad essere trovato dai motori di ricerca.

Ottimizzazione SEO delle schede prodotto

Dopo aver installato Yoast SEO troverai nella pagina prodotti del back-end del tuo negozio delle novità. Accanto a ciascun prodotto saranno presenti due icone.

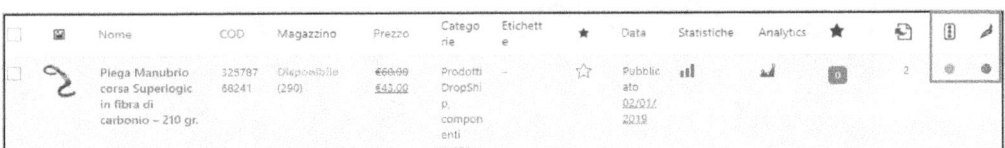

Fig. 6.3 –*nuove icone nella pagina prodotti di WooCommerce.*

L'icona del semaforo, esprime **il punteggio SEO** del prodotto. In pratica ti dice se il modo in cui hai inserito quel prodotto nel tuo negozio è idoneo per essere rilevato dai motori di ricerca oppure no.

Se la luce del **semaforo** è rossa, significa che Yoast SEO ha trovato dei **problemi rilevanti** (quale potrebbe essere ad esempio la mancanza di una parola chiave) e ritiene che quel prodotto **non sarà preso in considerazione dai motori di ricerca**. Se la luce è arancione, significa che non ci sono grandi problemi, ma si potrebbe ancora migliorare. Se è verde invece è **tutto ok**: il prodotto è pronto per i motori di ricerca.

L'icona della **piuma d'oca** esprime invece il **punteggio di leggibilità**. Anche questo è un elemento che i motori di ricerca prendono in considerazione e dipende da vari fattori che Yoast SEO analizza. Per esempio: la lunghezza del testo, ma anche la presenza di titoli, di frasi evidenziate, la lunghezza stessa delle frasi e delle parole utilizzate. La chiave di lettura delle icone è sempre la stessa, **con luce verde o arancione puoi andare avanti, con luce rossa conviene fermarsi a fare delle correzioni**.

Il tuo obiettivo, per fare in modo che i prodotti che inserisci nel negozio abbiano maggiori possibilità di comparire nei risultati delle ricerche su Google e sugli altri motori, dovrebbe essere quindi quello di rendere verdi, o almeno arancioni, entrambi i semafori. Su un sito sviluppato senza CMS questo lavoro sarebbe alquanto complicato, perché presupporrebbe la conoscenza approfondita delle tecniche SEO (oltre che dei linguaggi di programmazione). Per fortuna tu stai utilizzando WordPress e con il plugin Yoast SEO attivato sarà come avere un **assistente virtuale** che ti guiderà passo-passo ogni volta che caricherai un nuovo prodotto, mettendo in evidenza gli errori ed indicandoti le soluzioni possibili.

Per comprendere meglio il funzionamento di questo plugin, possiamo considerare un esempio. Dopo che avrai importato da AliExpress un articolo all'interno del tuo negozio, potrai accedere alla pagina di modifica del prodotto e, scorrendo in basso, visualizzerai la **sezione Yoast SEO**.

Fig. 6.4 –*Sezione Yoast SEO nella pagina di modifica del prodotto.*

In questa sezione potrai vedere quali problemi sono stati rilevati ed eventualmente correggerli.

Il primo aspetto fondamentale da considerare è la **parola o frase chiave**. Si tratta del termine di ricerca che vuoi collegare al prodotto. In pratica, definire la frase chiave significa dire a Google che vuoi che le persone trovino il tuo prodotto quando fanno una ricerca utilizzando quella particolare frase.

Caricare un prodotto senza specificare nessuna parola chiave o nessuna frase chiave significa essere invisibili agli occhi dei motori di ricerca, ecco perché è particolarmente importante che il plugin Yoast SEO sia installato ed in uso nel tuo negozio.

Per inserire la frase chiave puoi quindi editare l'apposito campo di testo presente nella sezione Yoast SEO.

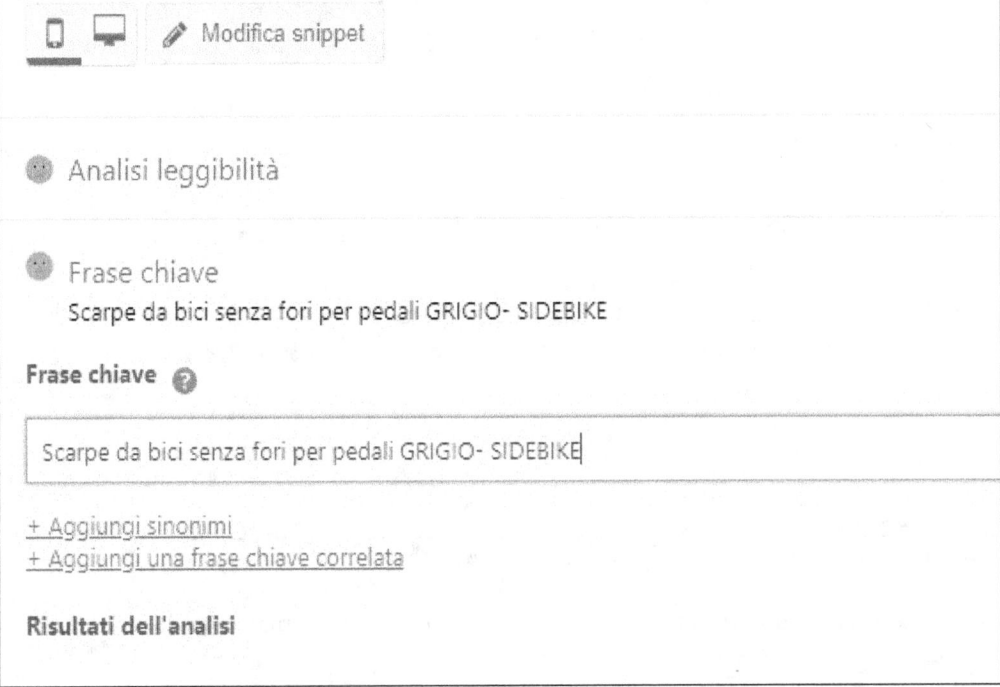

Fig. 6.5 –*inserimento della frase chiave.*

Quando effettui qualsiasi modifica sul prodotto, **il plugin Yoast SEO legge in tempo reale le tue azioni**, le analizza e **ti fornisce delle indicazioni da seguire**. Ad esempio ti potrebbe suggerire di inserire la tua frase chiave nel titolo del prodotto, nel permalink o nella descrizione.

Per ricevere questi e molti altri suggerimenti ti basterà cliccare sulla freccia in basso che mostra i risultati dell'analisi SEO.

PARTE VI – MARKETING DEL NEGOZIO

> ● Frase chiave
> Scarpe bici Sidebike

Fig. 6.6 –*visualizzare i risultati dell'analisi SEO.*

Otterrai una serie di indicazioni come quelle mostrate nella seguente figura.

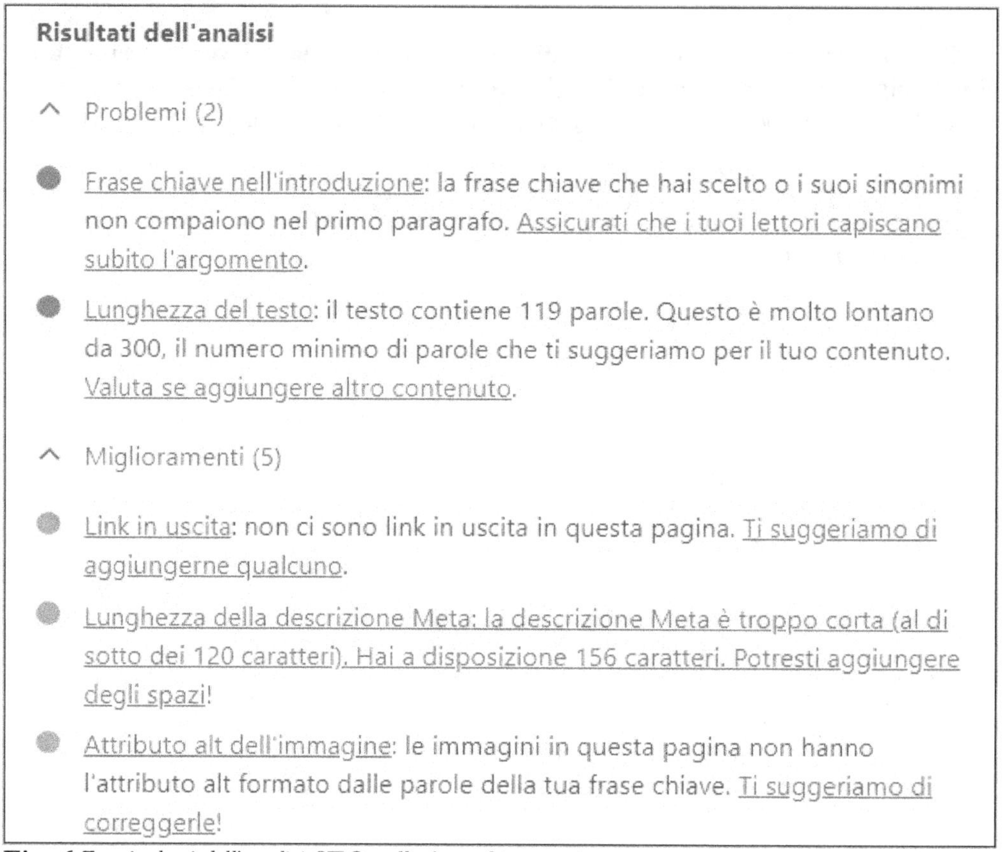

Risultati dell'analisi

∧ Problemi (2)

● <u>Frase chiave nell'introduzione</u>: la frase chiave che hai scelto o i suoi sinonimi non compaiono nel primo paragrafo. <u>Assicurati che i tuoi lettori capiscano subito l'argomento.</u>

● <u>Lunghezza del testo</u>: il testo contiene 119 parole. Questo è molto lontano da 300, il numero minimo di parole che ti suggeriamo per il tuo contenuto. <u>Valuta se aggiungere altro contenuto.</u>

∧ Miglioramenti (5)

● <u>Link in uscita</u>: non ci sono link in uscita in questa pagina. <u>Ti suggeriamo di aggiungerne qualcuno.</u>

● <u>Lunghezza della descrizione Meta: la descrizione Meta è troppo corta (al di sotto dei 120 caratteri). Hai a disposizione 156 caratteri. Potresti aggiungere degli spazi!</u>

● <u>Attributo alt dell'immagine</u>: le immagini in questa pagina non hanno l'attributo alt formato dalle parole della tua frase chiave. <u>Ti suggeriamo di correggerle!</u>

Fig. 6.7 –*risultati dell'analisi SEO sulla frase chiave.*

Potrai quindi modificare le cose, fino a quando tutti i semafori non diventeranno verdi.

Il secondo aspetto da tenere in conto è la **leggibilità del testo**. Yoast, come detto sopra, effettua un'analisi di leggibilità in tempo reale su tutto quello che scrivi nella descrizione del prodotto fornendoti delle indicazioni.

Anche in questo caso quindi potrai seguire la stessa procedura utilizzata per migliorare il punteggio SEO e quindi seguire le indicazioni che Yoast SEO ti fornisce fino a quando tutti i semafori (o la maggior parte di essi) non diventeranno verdi. Ciò vorrà dire estendere a lunghezza del testo, inserire frasi di transizione, inserire frasi consecutive, sottotitoli, e così via.

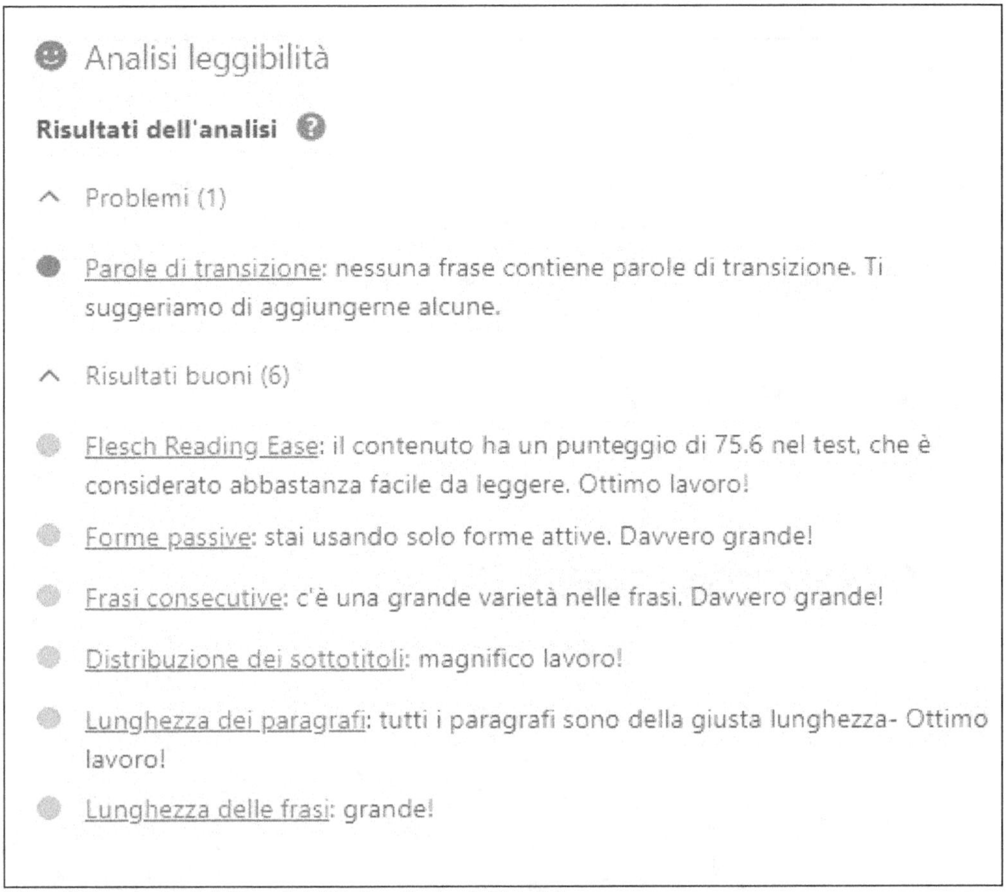

> ☺ **Analisi leggibilità**
>
> **Risultati dell'analisi** ❓
>
> ∧ Problemi (1)
>
> • <u>Parole di transizione</u>: nessuna frase contiene parole di transizione. Ti suggeriamo di aggiungerne alcune.
>
> ∧ Risultati buoni (6)
>
> • <u>Flesch Reading Ease</u>: il contenuto ha un punteggio di 75.6 nel test, che è considerato abbastanza facile da leggere. Ottimo lavoro!
>
> • <u>Forme passive</u>: stai usando solo forme attive. Davvero grande!
>
> • <u>Frasi consecutive</u>: c'è una grande varietà nelle frasi. Davvero grande!
>
> • <u>Distribuzione dei sottotitoli</u>: magnifico lavoro!
>
> • <u>Lunghezza dei paragrafi</u>: tutti i paragrafi sono della giusta lunghezza- Ottimo lavoro!
>
> • <u>Lunghezza delle frasi</u>: grande!

Fig. 6.8 –*risultati dell'analisi SEO sulla leggibilità del testo.*

La terza cosa da considerare riguarda **l'anteprima dello Snippet,** ovvero la simulazione di come potrebbe essere mostrata la tua pagina nei risultati di ricerca.

Per rendere il prodotto interessante, non solo agli occhi dei motori di ricerca, ma anche dei potenziali visitatori, devi scrivere un testo studiato appositamente per occupare quella posizione. Questo testo **non deve essere necessariamente lo stesso che hai inserito nella descrizione del prodotto,** anzi è molto probabile che quel testo non vada bene, perché troppo lungo o poco incisivo.

Tieni conto che i testi che compaiono nella pagina dei risultati dei motori di ricerca sono un po' come dei messaggi pubblicitari: **devono catturare l'attenzione in poche parole e contenere tutto ciò che serve per rendere l'idea del contenuto della pagina.**

Puoi quindi personalizzare questa sezione cliccando su **Modifica Snippet**. Si aprirà il campo denominato meta descrizione, all'interno del quale dovrai digitare il tuo nuovo testo. La barra in basso diventerà verde quando il testo avrà raggiunto la lunghezza adeguata.

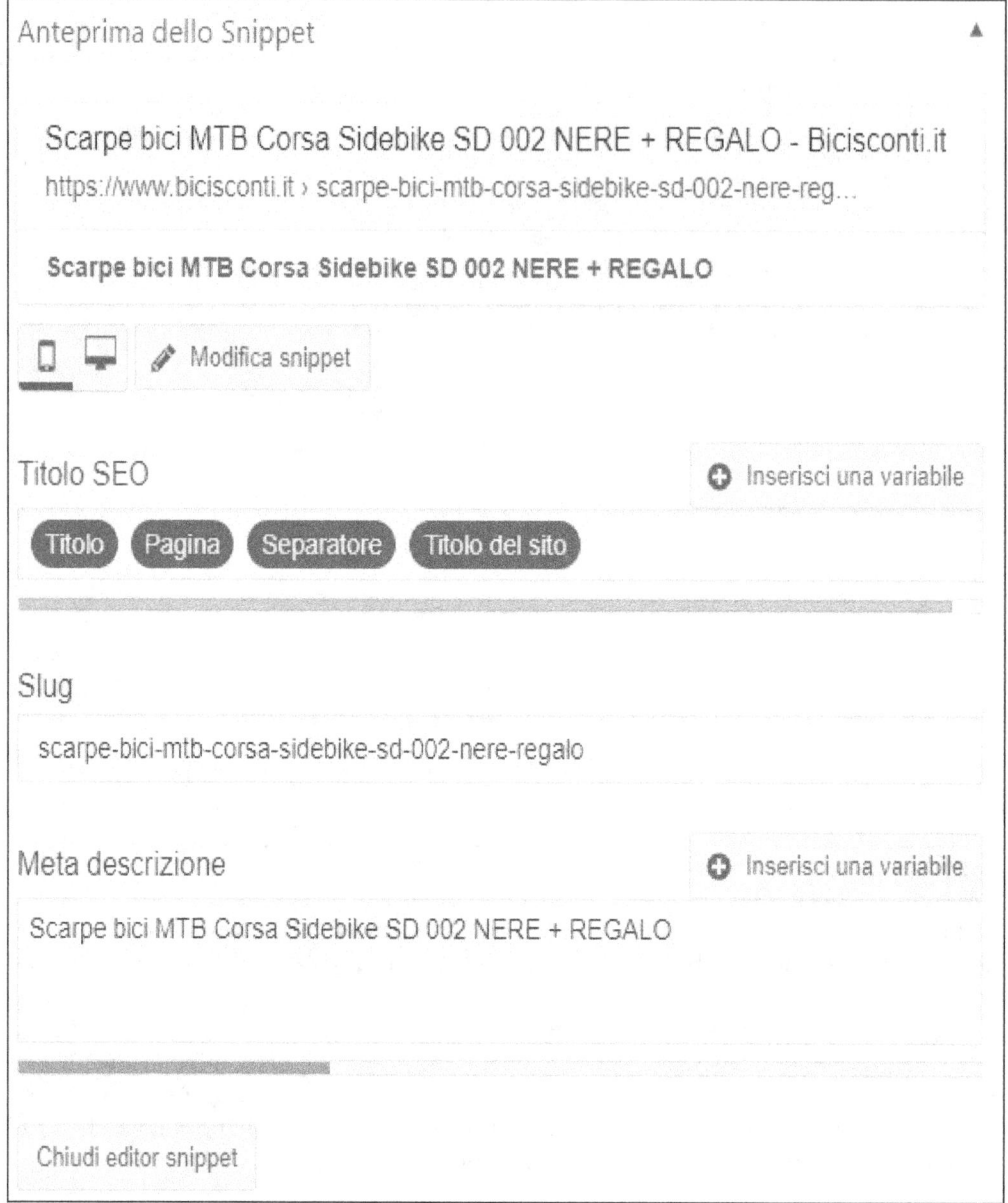

Fig. 6.9 –*anteprima dello Snippet ed editor.*

Yoast SEO ti dà anche la possibilità di modificare i meta tag title e description.

Nelle **impostazioni avanzate**, raggiungibili cliccando il relativo pulsante a sinistra, potrai invece modificare il **meta tag robots** e il **canonical URL**.

Qui bisogna fare molta attenzione, in quanto si indica al motore di ricerca se indicizzare o meno la pagina e i link in essa contenuti.

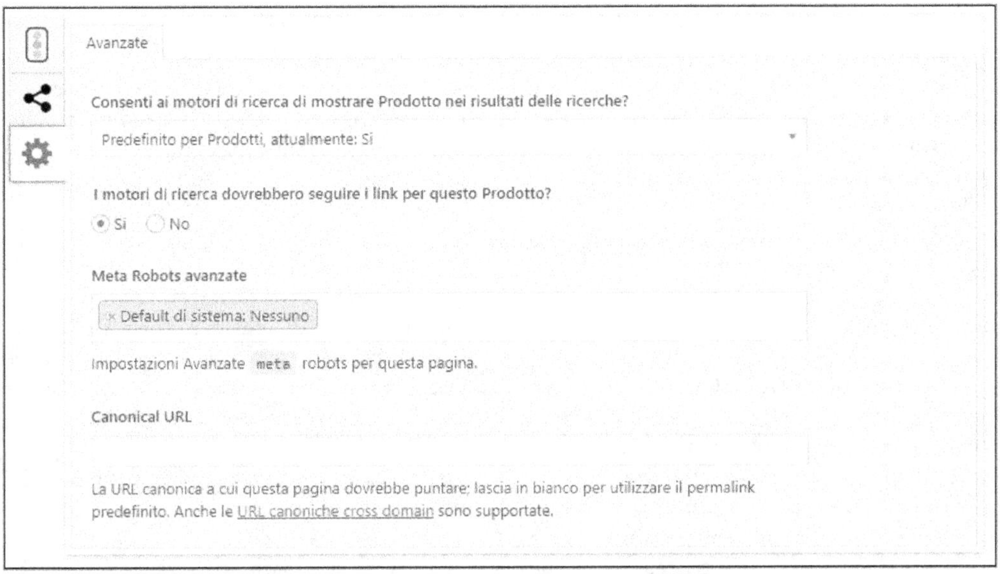

Fig. 6.10 –*impostazioni avanzate per meta tag robots e canonical URL.*

Infine, sempre nelle **impostazioni avanzate** di Yoast, c'è la possibilità di personalizzare il modo in cui le informazioni del prodotto compariranno su **Facebook e Twitter**.

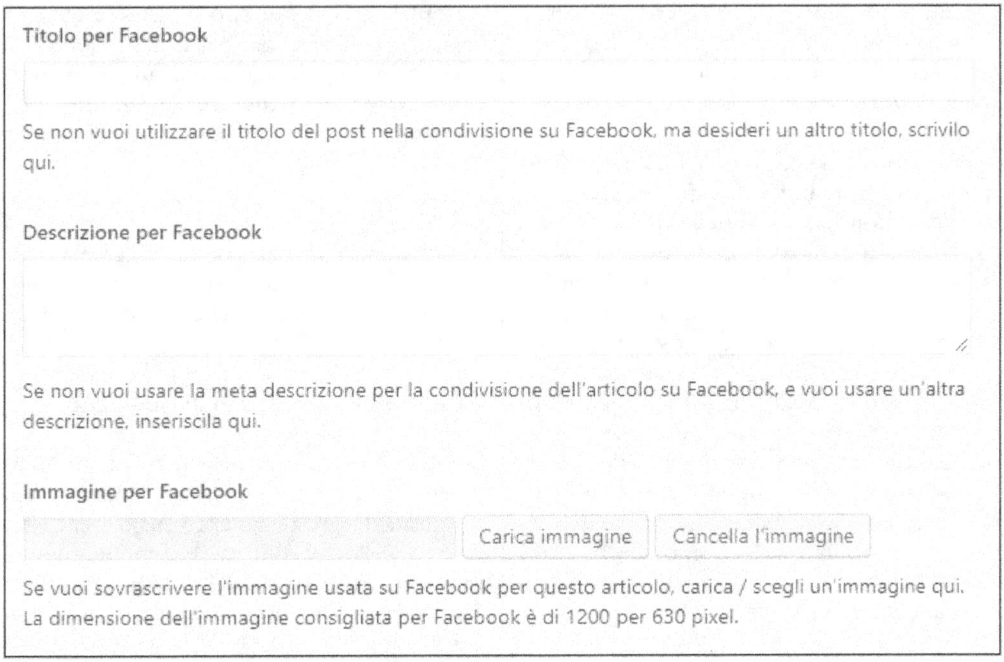

Fig. 6.11 –*impostazioni avanzate per Facebook.*

SCHEDA DI APPROFONDIMENTO:
ALTRE OTTIMIZZAZIONI SEO

Come spiegato nei precedenti paragrafi, non devi necessariamente puntare a diventare un professionista SEO per migliorare il posizionamento del tuo negozio nei risultati delle ricerche sui motori, ci sono però dei piccoli accorgiment che puoi e dovresti adottare, vediamo quali sono:

Fare link building

I motori di ricerca (Google *in primis*) esaminano i siti web e decidono di mostrarli più in alto o più in basso nella pagina dei risultati in base a diversi criteri. Uno di questi riguarda **il numero e la qualità dei link** presenti sul web che riportano alla tua pagina (in gergo: *backlink*). In pratica: se qualche pagina del tuo sito è stata linkata da un altro sito che Google ritiene **autorevole**, allora anche tu guadagnerai punti e sarai avvantaggiato nei risultati delle ricerche.

Per questo motivo devi cercare di procurarti il maggior numero di link autorevoli possibile. Questa pratica, rivolta ad incrementare la popolarità del sito, prende il nome di *link building*.

Attenzione però, **non è una semplice questione di quantità. La qualità dei link è molto più importante della quantità**, per cui la pratica dell'acquisizione di backlink è assolutamente sconsigliata. I link provenienti da siti web affidabili sono un indicatore di valore per Google, ma quelli costruiti ad hoc per permettere un miglior posizionamento sono spesso considerati negativamente, e possono portare addirittura ad una penalizzazione: non solo il sito non migliorerebbe la propria posizione su Google, ma probabilmente la vedrebbe peggiorare oppure verrebbe ignorato.

Rendere il sito più veloce

I motori di ricerca prediligono i siti stabili e veloci. La velocità dipende molto dal servizio di hosting che scegli, ma anche da altri fattori. Per esempio, se intendi essere maggiormente indicizzato in un preciso paese, ti consigliamo di scegliere un servizio di hosting che abbia i server localizzati in quella zona.

Oltre a scegliere il giusto server con le adeguate prestazioni, dovresti lavorare anche sulla **velocità di caricamento delle tue pagine web**, evitando ad esempio di inserire delle immagini troppo pesanti o degli script complessi che rallentano la navigazione.

Ottimizzare i contenuti per i dispositivi mobili

La maggior parte del traffico proviene ormai dagli smartphone e tablet. Questo i motori di ricerca lo sanno bene e per questo tendono a penalizzare quei siti che non sono concepiti per la navigazione su cellulare.

Fai attenzione quindi quando scegli il template per il tuo sito. Per assicurarti una certa appetibilità da parte dei motori di ricerca è imperativo avere **un sito web responsive** e *mobile friendly*, cioè perfettamente fruibile anche da dispositivi mobile.

Si tratta di una caratteristica ormai acquisita dalla maggior parte dei template per WordPress, ma ci sono ancora in giro template non adatti che devi evitare di installare.

Installare un certificato di sicurezza

Il tuo sito sarà riconosciuto dai motori di ricerca come e-commerce ed i motori non giudicano degni di fiducia i negozi che non hanno delle tecnologie che consentono di proteggere lo scambio dei dati sensibili (come quelli delle carte di credito) tra te ed i tuoi clienti.

È molto importante quindi **attivare un certificato SSL o HTTPS** per il tuo dominio. Oltre che migliorare la sicurezza del tuo sito web, questi sistemi migliorano notevolmente l'attendibilità del negozio sia per i motori di ricerca che per i potenziali clienti.

Produrre contenuti SEO

I **contenuti del sito** (titoli, descrizioni e immagini) **assumono notevole importanza in ambito SEO**, sia per attrarre gli utenti che i motori di ricerca.

Iniziamo da **titoli e intestazioni**. Abbiamo visto prima come modificare il titolo di una pagina, inserendo parole chiave al suo interno. **Indubbiamente il titolo deve rappresentare in breve ciò che effettivamente l'utente troverà all'interno della pagina.**

Per quanto riguarda le **descrizioni dei prodotti**, bisognerebbe inserire nella sezione "descrizione breve" un **testo emozionale** per catturare l'attenzione del cliente, e in quella lunga un **testo più dettagliato** con funzionalità e caratteristiche. In entrambe **è importante che siano riportate le parole chiave** che sono presenti anche nel titolo e le frasi che potrebbero essere cercate da un cliente. Le descrizioni delle categorie sono utili per poter inserire più parole chiave in modo da far approdare un utente sul nostro sito.

Notevole importanza assumono inoltre anche le **immagini** di un prodotto. Queste dovrebbero essere tutte **ottimizzate in modo da non appesantire la pagina web** e soprattutto ognuna di esse dovrebbe avere **il campo alt** (testo alternativo) compilato, in modo da consentire l'indicizzazione e ottenere maggior traffico dalla ricerca per immagini.

Per **evitare penalizzazioni** da parte dei motori di ricerca sarebbe fondamentale **evitare contenuti duplicati** all'interno del negozio. Un esempio potrebbe essere un prodotto venduto in colori diversi, quindi potremmo avere due prodotti con la medesima descrizione. In questo caso una soluzione sarebbe quella di gestire i colori come varianti prodotto oppure di creare due prodotti ma con l'URL canonico che rimandi al colore di default.

Le recensioni rilasciate dai clienti possono rappresentare una miniera d'oro in chiave SEO. Si potrebbe infatti ottenere maggior traffico grazie alle **parole chiave inserite nei commenti dei clienti**, oppure con altre query di ricerca come ad esempio "nome del prodotto" + "opinioni" o "recensioni". Per ottenere questo effetto SEO, però, sarebbe opportuno rendere le recensioni già visibili nella pagina e non nascoste in una tab come accade generalmente.

Comunicare ai motori la Sitemap del sito

Un'altra cosa importante da fare all'inizio per una ottimizzazione di base è creare una ssitemap del sito e comunicarla ai motori di ricerca.

La Sitemap è un file in cui fornisci informazioni sulle pagine, sui video e su altri file presenti sul tuo sito, nonché le correlazioni tra i vari elementi. I motori di ricerca come Google leggono questo file per eseguire una scansione più efficiente del tuo sito. Una Sitemap indica a Google i file che ritieni siano importanti nel tuo sito e fornisce anche informazioni preziose su questi file: ad esempio, per quanto riguarda le pagine indica la data dell'ultimo aggiornamento, la frequenza di modifica ed eventuali versioni in altre lingue delle pagine.

Puoi creare la sitemap del tuo sito e comunicarla ai motori di ricerca in vari modi., ad esempio il plugin Yoast SEO decritto in questo volume contiene una funzione specifica per questo scopo.

INTRODUZIONE A GOOGLE ADS

Come illustrato nel precedente capitolo, gran parte del successo del tuo sito web dipenderà da quanto sarai bravo a far comparire il tuo negozio ed i tuoi prodotti nei risultati di ricerca di Google. Nel capitolo precedente ti abbiamo dato qualche suggerimento SEO che ti consentirà di apparire nei risultati di ricerca senza dover acquistare nulla da Google.

In questo capitolo ti introdurremo invece all'uso di **Google Ads**, la piattaforma di pubblicità online di Google che ti consente di **far comparire degli annunci nei risultati di ricerca**. Bisogna quindi innanzitutto chiarire come Google distingue tra annunci e risultati di ricerca "organici."

Supponiamo che tu stia pubblicizzando i tuoi prodotti o servizi con Google Ads. Quando qualcuno effettua una ricerca con Google utilizzando i termini correlati alla tua attività, il tuo annuncio potrebbe apparire nella sezione in alto o in basso della pagina dei risultati di ricerca di Google, accompagnato da un'etichetta "annuncio". **La** posizione dell'annuncio dipende principalmente da quanto sia rilevante e utile in relazione all'oggetto della ricerca, alla tua offerta e ad alcuni altri fattori.

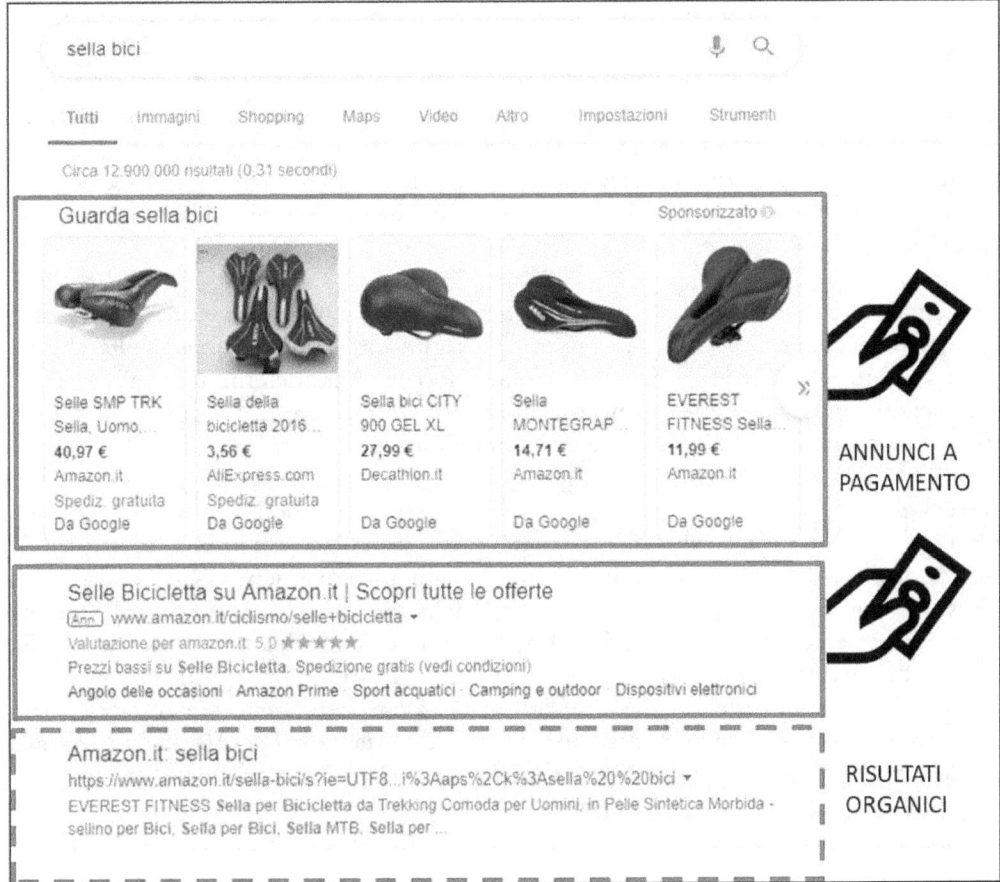

Fig. 6.12 –*risultati di ricerca organici ed annunci a pagamento.*

L'altra sezione della pagina mostra i risultati di ricerca "organici". Si tratta di link non a pagamento a siti web con contenuti direttamente correlati alla ricerca dell'utente. Come abbiamo già visto nel capitolo precedente, maggiore è la pertinenza del sito rispetto al termine di ricerca, più in alto nell'elenco comparirà il link. In questa sezione potrebbe comparire il tuo sito web correlato, ma non il tuo annuncio.

Come funziona Google Ads

Il tuo annuncio può essere pubblicato quando un utente cerca termini correlati al tuo prodotto o servizio oppure quando si trova su un sito web con contenuti correlati alla tua attività.

Gli annunci si basano sulle **parole chiave** che scegli quando imposti la tua campagna Google Ads. Si tratta di termini che ritieni possano essere utilizzati dai tuoi potenziali clienti per la ricerca di prodotti o servizi come i tuoi.

Abbinando le parole chiave agli annunci che crei, consenti al tuo annuncio di essere pubblicato quando un utente cerca termini simili o visita un sito web con contenuti correlati.

Ad esempio, se vendi selle per biciclette, potresti utilizzare "selle per bici" come parola chiave abbinata ad un annuncio che promuove la vendita dei tuoi prodotti. Quando un utente effettua una ricerca su Google utilizzando la frase "selle per bici" o un termine simile, il tuo annuncio potrebbe comparire accanto ai risultati di ricerca di Google o su altri siti web correlati a questo argomento.

Sicuramente ci saranno tanti altri che, come te, cercheranno di investire sullo stesso termine di ricerca e che vorranno far comparire un loro annuncio ogni volta che un utente effetua una ricerca. In che modo Google Ads determina quali annunci pubblicare? **Ogni volta che un utente effettua una ricerca su Google o visita un sito che mostra annunci, si svolge un'asta dell'annuncio rapidissima.**

Google Ads calcola un punteggio, chiamato **ranking dell'annuncio**, per ogni annuncio che partecipa all'asta. Il ranking dell'annuncio determina la posizione dell'annuncio nella pagina. L'annuncio con il ranking migliore viene inserito nella prima posizione, quello con il secondo ranking nella seconda e così via. Il ranking dell'annuncio è determinato da vari fattori, tra cui **la qualità dei tuoi annunci e della pagina di destinazione**, la presenza o assenza di **informazioni aggiuntive** (come un numero di telefono o un indirizzo dell'azienda), il **contesto generale di ricerca** (ad esempio dove si trova l'utente), ma soprattutto è importante la tua **offerta**, ovvero qual è l'importo massimo che sei disposto a pagare per un clic sul tuo annuncio.

CREARE UNA CAMPAGNA GOOGLE ADS

Per creare una campagna pubblicitaria su Google devi prima di tutto avere un tuo account Google Ads. **La registrazione è gratuita** ed in più c'è una buona notizia per te: Google tende a regalare a tutti gli utenti che attivano un nuovo account un **buono spesa** di importo variabile (a volte anche di 100 euro) che potrai utilizzare per fare le tue prime esperienze sulla piattaforma. Non c'è una tempistica determinata per l'ottenimento di questo bonus, e non è garantito che ci sia, ma se il buono non arriva subito ti consigliamo di attendere qualche giorno. Molto probabilmente non appena Google si renderà conto che ti sei registrato, ma non sei attivo, ti invierà un'email invitandoti a provare il servizio e offrendoti anche il credito omaggio.

Per registrare il tuo account devi accedere alla pagina principale di Google Ads. Vai al seguente indirizzo https://ads.google.com/ e clicca quindi sul pulsante verde "provalo ora" e poi su "salta configurazione guidata".

Fig. 6.13 –*inizio registrazione a Google Ads.*

Puoi ora iniziare a creare il tuo account. Inserisci la tua e mail e clicca su "salva e continua", gli altri parametri dovrebbero essere già precompilati da Google, ma verificali prima di andare avanti.

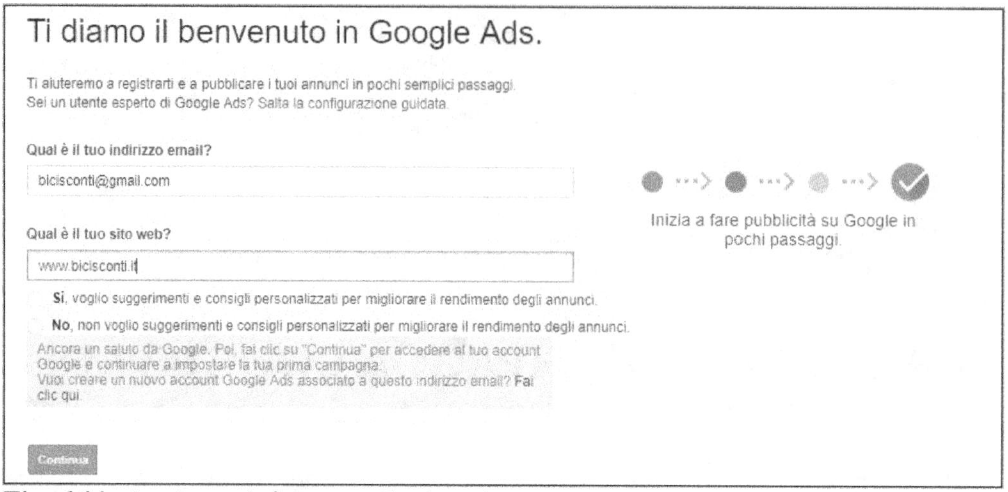

PARTE VI – MARKETING DEL NEGOZIO

Fig. 6.14 –*inserimento indirizzo email e sito web.*

Nella schermata successiva inserisci i tuoi dati. Ti consigliamo anche di inserire un numero di telefono valido, in modo da recuperare il tuo account nel caso in cui tu perdessi la password. Leggi le norme sulla privacy ed i termini d'uso di Google Ads nel pop up e clicca sul pulsante "Accetto" per proseguire.

A questo punto Google ti avrà inviato un'email di conferma all'indirizzo che hai inserito. Chiudi la finestra di Google Ads, apri la tua mail e clicca sul link di verifica. Il link ti porterà direttamente all'ultima versione di Google Ads. Siamo già a buon punto: il tuo account è stato creato e ora puoi iniziare a creare la tua prima campagna seguendo una semplice **procedura guidata**.

Come primo passaggio Google ti chiederà d'impostare **l'obiettivo principale della tua campagna**. Nel nostro esempio abbiamo selezionato "Aumentare le vendite o le registrazioni sul sito web", ma puoi dare un'occhiata anche alle altre opzioni.

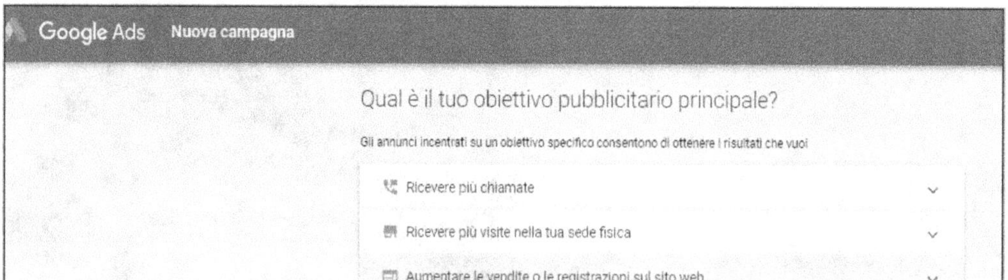

Fig. 6.15 –*inserimento obiettivo pubblicitario principale.*

Nel passaggio successivo inserisci l'indirizzo del sito web o della pagina che vuoi promuovere. Clicca sul pulsante blu "avanti" per passare alle impostazioni principali della campagna.

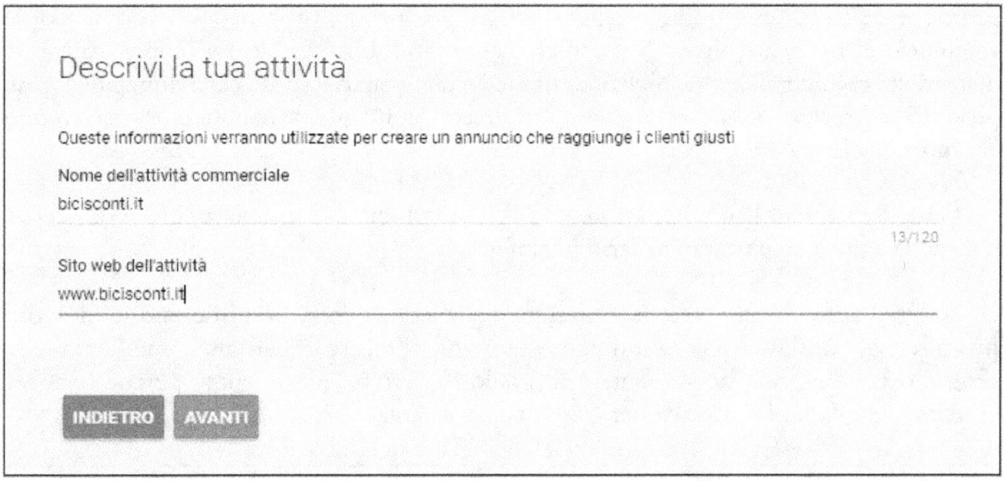

![Descrivi la tua attività form]

Fig. 6.16 –*inserimento nome e indirizzo web della pagina da promuovere.*

A questo punto devi impostare una località target. Rifletti qualche istante su questo aspetto, perché è importante. Devi selezionare una località compatibile con le tue possibilità di vendita! Per esempio, se il tuo è un e-commerce italiano, puoi impostare tutta Italia e come lingua di riferimento puoi lasciare "italiano", ma se vuoi vendere in tutto il mondo e pubblicare annunci in un paese estero, dovrai selezionare il paese che ti interessa ed impostare la lingua nella quale parlano i tuoi visitatori.

Nel riquadro a destra visualizzerai una stima degli utenti presenti nel segmento di pubblico che hai selezionato.

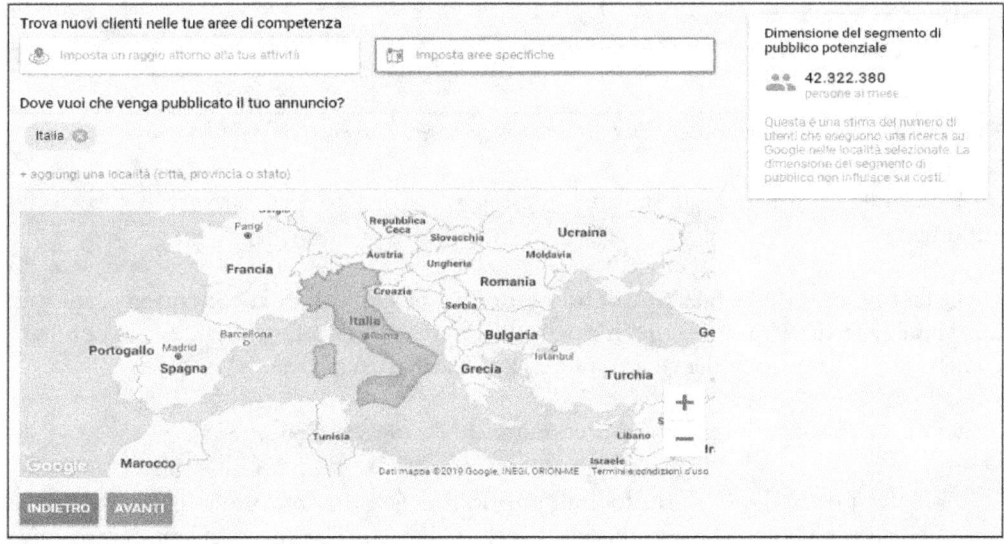

Fig. 6.17 –*impostazione della località target.*

Nel passaggio successivo Google ti chiederà di circoscrivere il tuo pubblico in base alla **categoria della tua attività commerciale** ed al **prodotto specifico** che vuoi promuovere. Troverai quindi delle opzioni già pronte oppure, se vorrai, potrai aggiungerne tu delle altre. Nel nostro esempio abbiamo scelto come categoria dell'attività commerciale "Abbigliamento bici" ed abbiamo risposto alla domanda "quali prodotti o servizi specifici vuoi promuovere con questo annuncio?" scrivendo "completi ciclismo".

Google mostrerà l'annuncio non solo agli utenti che usano quella chiave di ricerca, ma anche a quelli che useranno termini simili.

Nel riquadro in alto vedrai in tempo reale come varia la **dimensione del tuo pubblico potenziale**, ovvero il numero di utenti che cercano attvità come la tua ed il prodotto che hai indicato. Google è in grado di fornire queste stime perché conosce esattamente i volumi di ricerca per ciascuna parola chiave.

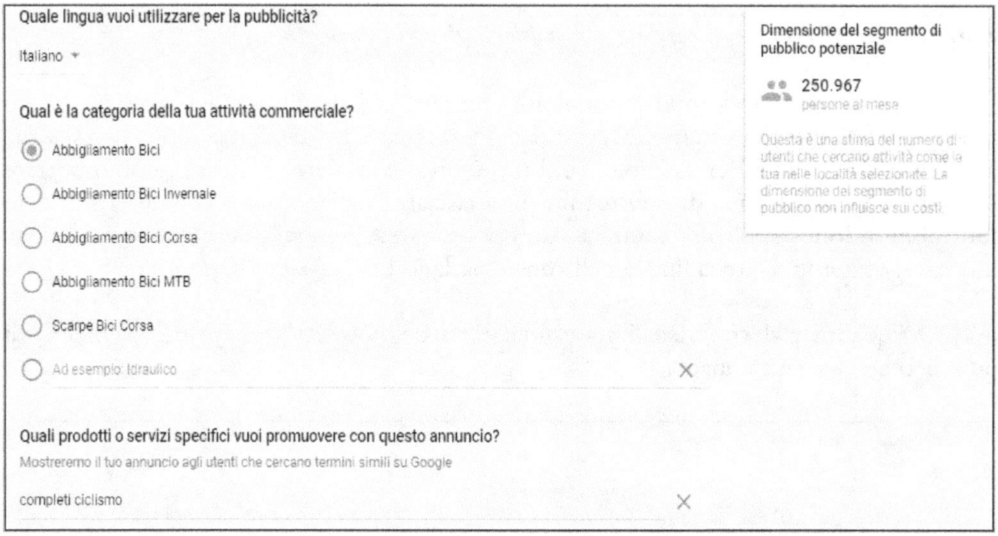

Fig. 6.18 –*definizione del pubblico in base alla categoria ed al prodotto da pubblicizzare.*

Una volta completati questi primi passaggi sei pronto per scrivere il tuo primo annuncio.

Questa è una delle fasi più delicate del processo, infatti la concorrenza sul web è molto agguerrita e non è facile in poco spazio creare un annuncio che si faccia notare e che catturi l'attenzione dei clienti interessati alla tua attività.

Come vedi, hai solo tre righe per comunicare il tuo messaggio.

- La prima riga è il **titolo dell'annuncio**. Serve come titolo e può essere al massimo di 30 caratteri, spazi inclusi. Il testo che inserisci qui dentro deve essere assolutamente in linea con l'oggetto che intendi promuovere.

- La seconda riga è per un **secondo titolo** che comparirà subito dopo il primo. In questo titolo puoi mettere in evidenza uno dei vantaggi che offri ai clienti, ad esempio la spedizione gratuita.
- La terza riga è per la **descrizion**e. Qui hai più libertà e puoi fornire ai potenziali clienti più informazioni sulla tua attività o il prodotto che vendi, includendo eventualmente un riferimento a offerte, sconti o saldi. Ricorda che la descrizione può essere al massimo di 90 caratteri.

Infine devi specificare **l'URL di destinazione**, cioè la pagina dove vuoi portare la gente.

Scrivere degli annunci efficaci non è facile ed **è un'arte che si impara con la pratica**. Per iniziare però asicurati che il titolo e la descrizione siano **coinvolgenti, interessanti e utili** ai visitatori.

Soprattutto assicurati che i tuoi messaggi siano **pertinenti**, ovvero che **l'URL di destinazione** sia **adeguato**: se proponi completi per ciclismo e mandi il visitatore a un negozio di articoli per animali difficilmente otterrai grandi risultati. L'utilizzo di annunci e pagine di destinazione efficaci richiede pazienza, ma se tutto è ben fatto il risultato è garantito.

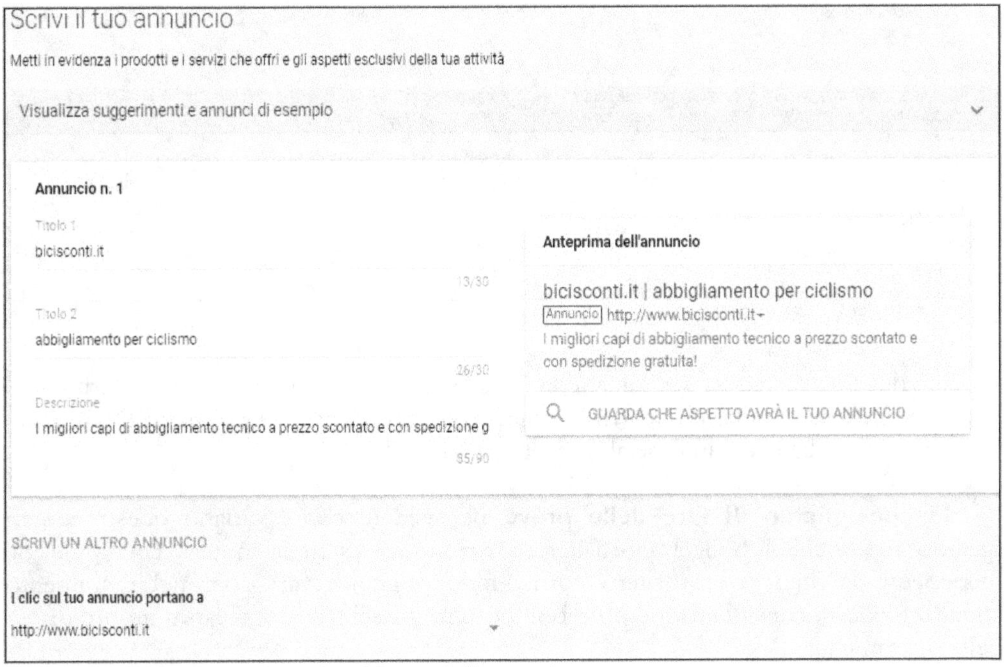

Fig. 6.19 – *definizione dei titoli e del testo dell'annuncio.*

Dopo aver definito il testo del tuo annuncio, Google ti chiederà di definire il tuo budget giornaliero. Come impostazione di partenza ti verrà suggerito di spendere esattamente la stessa cifra che mediamente spendono i tuoi concorrenti.

Nel caso in esempio, Google ci ha rivelato che le aziende simili alla nostra spendono in media 8,55 euro al giorno. Tu puoi ovviamente variare come meglio credi questo valore, ma se ti allinei alla concorrenza avrai più possibilità di comparire nei risultati di ricerca.

Ricordati sempre che, anche se si parla di budget giornaliero e spesa mensile, **la pubblicazione dell'annuncio è senza impegno**. Puoi modificare il budget o annullare l'annuncio in qualsiasi momento, quindi non sei obbligato a pagare nulla, né a mandare avanti la campagna per un periodo determinato.

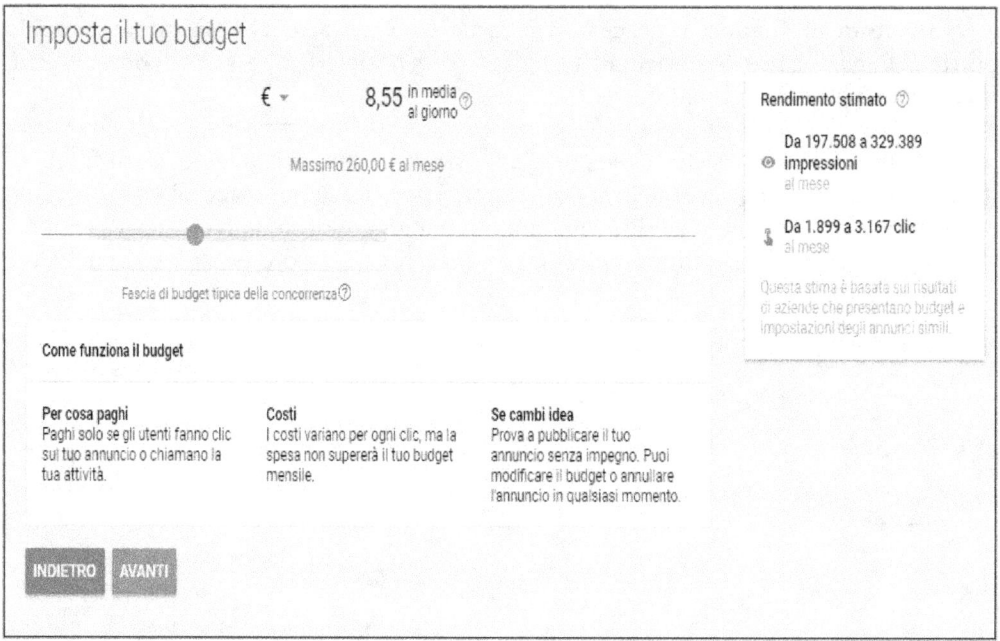

Fig. 6.20 – *definizione del budget giornaliero.*

Nel riquadro a destra vedrai anche delle stime di rendimento sia in termini di impressioni (quante volte comparirà l'annuncio), sia in termini di clic mensili che il tuo annuncio potrebbe avere in base al budget che hai scelto.

Ti consigliamo di fare delle prove per vedere come variano questi numeri quando modifichi il budget giornaliero. Potresti ad esempio notare che a piccoli incrementi del budget giornaliero corrispondono grandi variazioni nel rendimento stimato e questa considerazione potrebbe portarti a decidere di investire un po' di più nella tua campagna.

Una volta deciso quanto vuoi spendere hai quasi completato la procedura.

Nell'ultimo passaggio devi compilare i dati riguardanti i dettagli di fatturazione e pagamento: il nome dell'impresa, la partita iva, l'indirizzo, e così via. **Assicurati che i**

dati siano corretti perché le fatture Google conterranno i dati che inserisci qui.

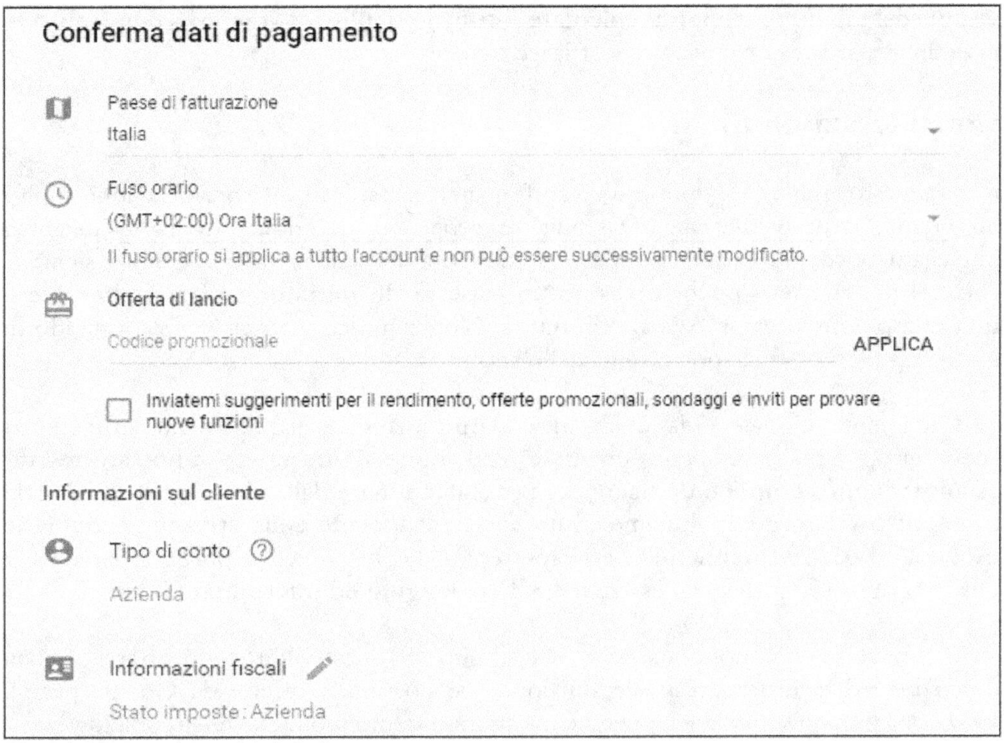

Fig. 6.21 – *conferma dei dati di pagamento.*

Come metodo di pagamento puoi scegliere se agganciare una carta di credito o se impostare l'addebito direttamente sul conto corrente. A questo punto hai terminato. Clicca sulla casella per accettare i termini di utilizzo e premi "invia".

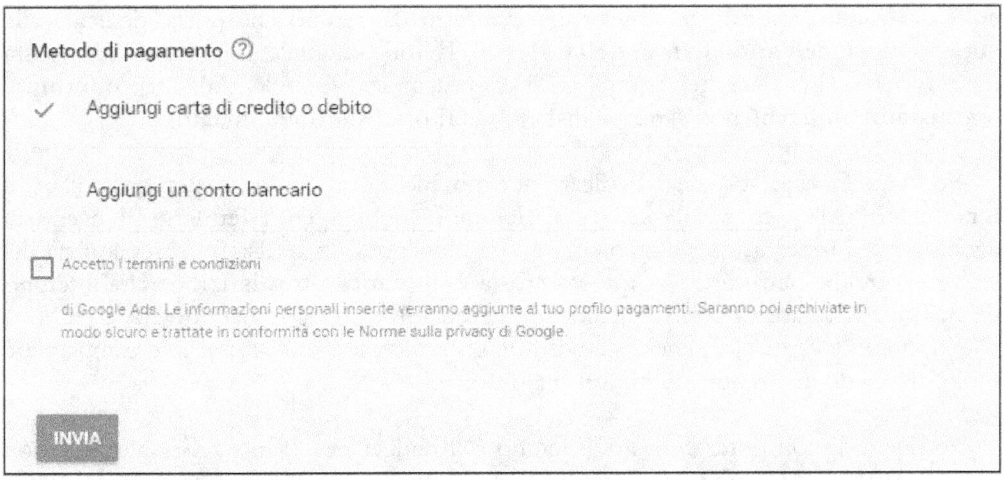

Fig. 6.22 – *definizione del budget giornaliero.*

La tua campagna è pronta. Nel pannello di controllo di Google Ads vedrai tutti i report riguardanti le campagne in corso e quelle terminate e, incrociando i dati con le vendite del tuo negozio, **potrai calcolare il ritorno dell'investimento**, comprendendo in definitiva se la campagna è stata efficace o meno.

Considerazioni finali

A questo punto è opportuno soffermarci a fare delle considerazioni molto importanti. È probabile che per seguire la procedura descritta poco sopra tu abbia impiegato poco più di una decina di minuti o forse anche meno. Questo significa chiaramente che **non occorre essere un esperto di marketing digitale per avere una campagna Google Ads funzionante**. Non significa però che tu sia in grado di sfruttare a pieno tutte le potenzialità dello strumento.

Certamente Google Ads è un mezzo promozionale estremamente efficace ed economico, tuttavia è bene precisare che **non si tratta di uno strumento assolutamente semplice da usare**. Le possibilità offerte dalla piattaforma di Google sono infatti veramente moltissime ed **un uso consapevole dello strumento richiede molto studio, sperimentazione ed esperienza**. Tra le altre cose, oltre a saper avviare una campagna bisogna anche essere in grado di **leggere ed interpretare i dati**.

Per ovvi motivi, non possiamo nell'ambito di questo libro addentrarci in una descrizione dettagliata di tutte le funzioni e le possibilità offerte da Google per gli inserzionisti pubblicitari, anche perché questo non rientrerebbe nei nostri obiettivi.

Se ne avrai voglia, anche tu potrai pian piano diventare un utente avanzato di Google Ads, ma è certo che per fare questo **avrai bisogno di molto tempo** da dedicare allo studio dello strumento ed alla sperimentazione sulla piattaforma.

Inoltre devi tenere conto che la riuscita di una campagna pubblicitaria **non dipende solo da quanto spendi**, ma anche e soprattutto dal tempo che potrai dedicare alla **supervisione dell'andamento della stessa**. È fondamentale infatti che tu investa tempo per controllare regolarmente il tuo account Google Ads ed **effettuare aggiustamenti** finché non sarai soddisfatto del ritorno sull'investimento.

Secondo Google, dovresti dedicare almeno mezz'ora al giorno per controllare il rendimento delle tue parole chiave e dei tuoi annunci ed effettuare gli eventuali aggiustamenti necessari per incrementare il rendimento. Un qualsiasi professionista del settore potrebbe però dirti che **questa stima è alquanto ottimistica** perché il tempo da dedicare alla fase di controllo dipende da quante campagne hai attivato e dal loro livello di complessità. In genere quindi il tempo necessario per seguire le campagne è molto di più di una trentina di minuti al giorno.

Se ritieni di non poter dedicare il tempo o il budget necessario a Google Ads, non preoccuparti: potrai comunque iniziare con sistemi meno complessi (ma non per questo meno efficaci) come quelli descritti nei prossimi capitoli.

CONTENT MARKETING

Qualunque tipo di attività commerciale, indipendentemente dal settore, può trarre **grandi benefici dalla costruzione di un brand riconoscibile** tramite il **content marketing**.

Fare content marketing essenzialmente significa **produrre dei contenuti** che siano in grado di **attirare l'interesse** dei clienti potenziali nei confronti di te e della tua azienda.

Negli ultimi anni l'attenzione dei marketer internazionali si è sempre più concentrata su questo genere di attività, che è spesso ritenuta **più efficace e redditizia anche dell'advertising** (tradizionale e online). Lo slogan che circola tra i professionisti oggigiorno è: "**content is king**", a sottolineare il fatto che la produzione di contenuti di qualità può rappresentare la chiave del successo per l'impresa.

Cosa significa quindi produrre contenuti? Essenzialmente il content marketing si concretizza nella produzione di **materiali che non sono finalizzati alla vendita di prodotti,** ma che forniscono alle persone interessate delle **utili informazioni.** Proprio per questa sua peculiarià, **il content marketing cattura l'interesse del consumatore in misura molto maggiore della pubblicità tradizionale.** Spesso infatti è l'utente stesso che, ricercando attivamente delle informazioni sul web, viene a conoscenza del contenuto prodotto dall'azienda. Non è quindi l'azienda che invia messaggi ad un utente **potenzialmente non interessato** (come nell'advertising), ma **è l'utente (potenziale cliente) che si interessa all'azienda** proprio perché questa ha prodotto qualcosa che gli è utile.

I modi che le aziende hanno per svolgere questo tipo di attività di marketing sono moltissimi, ma di sicuro se facessimo una classifica la **produzione di articoli per il blog** aziendale occuperebbe la prima posizione. Ci sono poi anche altre alternative come la produzione di **video**, la pubblicazione di **white paper** e **casi di studio**, le **newsletter**, gli **e-book**, i **webinar** ed i **podcast**.

Perché conviene avere un blog

Uno dei modi migliori per costruire il tuo brand con il content marketing è **avere un blog**. Fare blogging, ti procurerà diversi benefici tra cui:

Crescita di consapevolezza nei confronti del brand

Quando un cliente visita un negozio specializzato come il tuo si attende che il venditore conosca bene la comunità a cui si rivolge. **Il Blog ti offre l'opportunità di dimostrare che sei un venditore responsabile che conosce molto bene ciò che vende e che quindi è degno di fiducia.** Di sicuro negli articoli del tuo blog potrai parlare frequentemente di te e di tutti i vantaggi dei prodotti che vendi, in questo modo sarà facile **distinguerti dagli altri venditori** presenti in rete e sarai più riconoscibile per i tuoi clienti.

Tuttavia non devi limitarti solo a questo. Può essere **molto utile** infatti **trattare tutti i temi caldi relativi al tuo mondo** o alla tua industria. Il tuo scopo non deve essere semplicemente quello di aiutare i visitatori a prendere delle decisioni di acquisto, ma anche e soprattutto quello di **creare un'atmosfera di professionalità, integrità e competenza** che connoterà te ed il tuo negozio. Nel momento in cui il tuo pubblico (di acquirenti ed influencer) si renderà conto che le tue opinioni sono condivisibili e meritano di essere prese in considerazione **guadagnerai autorevolezza** e quindi avrai molte opportunità di vendita in più.

Miglioramento del rapporto con la clientela

In generale il blog può servirti per **migliorare il tuo rapporto con il cliente**. La pubblicazione di **articoli informativi** che riguardano la tua attività o più particolarmente i tuoi prodotti può aiutarti molto a diffondere dei concetti che ti aiuteranno a vendere meglio. In altre parole hai l'occasione di **educare i tuoi clienti**. In un certo senso, **educare è meglio che vendere**. Il tuo pubblico capirà che sei una persona che ha a cuore i loro interessi e i loro desideri, che sei un venditore onesto. Per questo motivo è consigliabile utilizzare un **approccio di scrittura non orientato alla vendita**.

Gli articoli del blog e le risposte ai commenti dei lettori **dimostrano ai tuoi visitatori che sei aperto alla comunicazione** e disponibile ad accettare feedback esterni. Allo stesso tempo, incoraggiando i tuoi visitatori a commentare e ad intervenire nelle discussioni, hai un modo per **guadagnare informazioni sul comportamento di acquisto dei tuoi potenziali clienti** ed ottieni quindi la possibilità di pianificare con maggiore precisione le tue iniziative di comunicazione.

Avere un blog ha anche un altro vantaggio forse meno evidente: può capitare che un potenziale acquirente abbandoni un negozio online dopo averlo visitato perché non riesce a capire se il negozio è attivo ed accetta gli ordini. In questi casi avere un blog regolarmente aggiornato è la soluzione perfetta **per mostrare chiaramente che la tua attività è viva e che il negozio è in perfetto stato di funzionamento.**

Ottimizzazione del sito per i motori di ricerca

Come abbiamo già avuto modo di osservare, l'attività SEO è un elemento di vitale importanza per il successo della tua attività online. **L'aggiornamento costante del tuo blog avrà grandi conseguenze sul piano SEO** e presto noterai che il tuo sito guadagnerà molte posizioni nei risultati di ricerca di Google.

Ci sono delle motivazioni per questo effetto: innanzitutto, ogni nuovo articolo che inserisci nel tuo blog corrisponde ad una **nuova pagina nel tuo sito**. Peraltro, non si tratta di una pagina qualsiasi, ma di una pagina con contenuti unici e (se hai lavorato bene) di alta qualità. **I motori di ricerca prediligono i siti che hanno molte pagine**, con contenuti pertinenti rispetto agli argomenti relativi ad un determinato ambito di ricerca. In pratica, quando crei nuovi contenuti per il tuo negozio, stai lavorando per ottenere una posizione più favorevole nei risultati dei motori di ricerca. **Più articoli scrivi, più possibilità hai di trovarti in cima ai risultati di ricerca per le tue parole chiave.**

La pubblicazione di contenuti interessanti stimola la creazione di *backlink*: in pratica altri utenti del web potrebbero fare riferimento ai tuoi articoli linkandoli. **I backlink hanno un enorme valore in termini SEO.** Google infatti tende a prediligere i siti che hanno molti backlink, **specialmente se questi provengono da altri siti che Google stesso ritiene autorevoli.**

Un'altra cosa da considerare in ottica SEO è questa: quando **l'algoritmo di Google** valuta un sito, tiene in forte considerazione **la frequenza di aggiornamento**. Per questo motivo è **fortemente raccomandato aggiornare spesso il proprio sito**, inserendo nuovi contenuti regolarmente. In più sarebbe anche una buona regola inserire, oltre ad articoli "sempreverdi", ovvero sempre attuali, anche alcuni argomenti correlati a tendenze di periodo, in modo da sfruttare in quelle occasioni i trend di ricerca di Google.

L'attività di blogging, come molte altre attività SEO, non dà risultati immediatamente visibili, ma **funziona benissimo nel lungo periodo**. Appena un tuo nuovo articolo viene pubblicato, inizia ad essere classificato dai motori di ricerca. Tu quindi riceverai visite ed acquisti da questo articolo **per settimane o forse mesi dal momento della sua pubblicazione**. In altre parole quell'unico sforzo profuso per la stesura dell'articolo ti farà avere traffico in maniera più o meno continuativa nel tempo a seguire.

Ricadute sulle altre attività di Marketing

Gli articoli che scrivi per il tuo blog possono essere utilizzati con successo in **altre attività di marketing** rivolte alla comunicazione del tuo negozio online.

Il segreto di un'azione di comunicazione efficace sui social media, sia che si tratti di Facebook sia di Instagram, sta nella **capacità di trasmettere dei contenuti di alta qualità, rilevanti per il target audience.**

Gli articoli che scrivi per il tuo Blog possono quindi essere condivisi sul tuo profilo personale o sulla pagina Facebook del tuo negozio. Meglio ancora, potresti identificare dei **gruppi Facebook correlati all'argomento del tuo negozio** e condividere i link ai tuoi articoli. In breve tempo vedrai che le visite al tuo sito aumenteranno notevolmente.

Di certo, per condurre bene quest'attività dovrai adottare numerosi accorgimenti, **non essere invadente e non condividere post che possono essere interpretati come messaggi pubblicitari**. Per essere efficace devi **fornire spunti di discussione al gruppo** e devi *trasformare* (se necessario) **i tuoi contenuti** in una forma tale da essere appetibili per i social di riferimento. Per esempio, **su Facebook funzionano molto bene le immagini spiritose ed i video.** Se il tuo post contiene una di queste immagini o un video, sarà più probabile che chi lo vedrà farà clic su di esso e che lo condividerà con altri amici. Se il testo del post contiene una **domanda diretta** è più probabile che otterrai delle risposte nei commenti e questo farà aumentare le interazioni. **Maggiore è il numero delle interazioni e delle condivisioni sui social, maggiori saranno le visite di potenziali clienti che riceverà il tuo negozio.**

Come potrai immaginare, gli articoli del tuo blog possono essere una **fonte preziosa di contenuti per le newsletter** che invierai agli utenti iscritti al tuo sito. Per esempio puoi inviare una email a tutti i tuoi clienti, ogni volta che pubblichi un nuovo articolo. Inoltre puoi **invitare tutti i lettori che visitano il tuo blog per la prima volta a mantenersi aggiornati, iscrivendosi ad una mailing list.** In questo modo otterrai dei contatti (in gergo: *lead*) che potranno trasformarsi in clienti in fututo.

Da non sottovalutare infine la possibilità di sfruttare il tuo blog come la **piattaforma ideale sulla quale divulgare le tue promozioni.** Di tanto in tanto potrai utilizzare i blog per comunicare ai tuoi visitatori cosa stai facendo per loro nel negozio: se hai messo in piedi un'operazione particolare, se stai offrendo **uno sconto**, se hai deciso di accettare **un nuovo sistema di pagamento** o di offrire **una spedizione gratuita**, ecc. I tuoi lettori fidelizzati sapranno apprezzare questo tipo di comunicazione e probabilmente decideranno di farsi un giro (virtuale) nel tuo negozio per comprare qualcosa.

SCHEDA DI APPROFONDIMENTO:
CHI PRODUCE I CONTENUTI?

Il contenuto è l'elemento cardine che favorisce l'interazione tra il tuo potenziale cliente e la tua azienda. Affinché una strategia di content marketing sia efficace occorre quindi **valutare attentamente il modo in cui avviene la produzione di questi materiali**.

Se sei agli inizi di una nuova attività e non vuoi investire troppo denaro, il consiglio che possiamo darti è di **impegnarti in prima persona** nella produzione dei contenuti per il tuo blog o di qualunque altra cosa ti serva per creare consapevolezza nei confronti del tuo brand.

Ci aspettiamo infatti che tu abbia scelto una nicchia di mercato che conosci bene e pertanto potresti essere in grado di fornire alla tua clientela utili guide ed informazioni sulla categoria di prodotto che tratti, ma anche news e aggiornamenti sul mondo che la circonda. Se ad esempio hai scelto di costruire un negozio specializzato sugli articoli per il pattinaggio artistico, potresti pubblicare notizie e informazioni relativi ai maggiori eventi in programma oppure ai personaggi che sono protagonisti di questo sport.

Ogni qualvolta ci si cimenta in attività di produzione di contenuti testuali (ma non solo), **è una buona regola predisporre un piano editoriale**, ovvero un programma ben definito di ciò che intendi pubblicare e di quando lo farai. In questo modo la tua attività potrà essere ben organizzata.

Naturalmente **non tutti hanno il dono della scrittura** e comunque non è detto che tu abbia il tempo o la voglia di trasformarti in redattore per il tuo blog. In questo caso ti consigliamo di considerare l'attività di produzione di contenuti alla stessa stregua di una qualunque altra attività di marketing e di **investire su di essa**. Puoi quindi **assegnare una parte del tuo budget di marketing allo sviluppo di questo lavoro** e quindi acquistare dall'esterno ciò che ti serve.

Individuare i fornitori non sarà un compito troppo difficile. Sul web esistono molti gruppi, piattaforme, forum e siti fatti appositamente per la compravendita di servizi editoriali. **Ci sono migliaia di articolisti freelance** che offrono i loro servizi e che spesso sono anche specializzati nella scrittura per il web su WordPress, con particolare attenzione all'aspetto SEO. In Italia, ad esempio, uno dei principali marketplace di questo tipo si trova nel forum www.alverde.net dove esiste una sezione dedicata alla compravendita di articoli e servizi editoriali.

Il costo di un articolo è molto variabile e dipende essenzialmente dall'esperienza di chi lo scrive e da quanto è lungo. Troverai articolisti che accettano di scrivere articoli per solo un euro, altri che chiedono due o tre euro ed altri ancora di più. In generale non si tratta però di cifre elevate.

Il consiglio che ti possiamo dare è di **puntare sempre alla massima qualità** (*content is king*), pertanto sarebbe meglio scartare chi chiede troppo poco. In ogni caso puoi sempre fare dei test assegnando degli articoli di prova e valutare tu stesso la qualità del servizio prima di commissionare un numero maggiore di pezzi.

Un modo alternativo che potresti avere per riempire di contenuti il tuo blog è fare ricorso al ***guest posting***, ovvero potresti trovare altri blogger che trattano argomenti simili ai tuoi, disposti a pubblicare un loro articolo sulle tue pagine. La buona notizia è che **questo non ti costerà nulla**, perché il bogger di turno sarà ben contento di mettere un link sul tuo sito. La cattiva notizia è che si tratta di una strategia che potrai utilizzare solo quando il tuo sito avrà raggiunto un certo traffico. È infatti poco probabile che un altro blogger accetti di scrivere sul tuo sito, se questo è difatti sconosciuto.

Per quanto riguarda la produzione di altri contenuti, come ad esempio i video o le infografiche, puoi usare gli stessi metodi illustrati sopra e quindi trovare dei professionisti capaci di realizzare questi materiali in cambio di un pagamento oppure provare a fare un accordo di scambio visibilità con qualcuno che opera in questo ambito.

Come hai potuto vedere, ci sono molte soluzioni che ti consentono di mettere in piedi una strategia di content marketing efficace. Ti consigliamo quindi di **non sottovalutare questo aspetto** e di iniziare a pensare a cosa puoi fare sotto questo punto di vista per il tuo negozio online, **ancora prima di aver scelto cosa vendere**. Tieni sempre a mente che la capacità di offrire contenuti di qualità e coinvolgenti al tuo pubblico, può diventare il tuo **biglietto da visita sul web** e può trasformare molti visitatori del tuo sito in clienti.

FACEBOOK MARKETING

Con oltre **2,3 miliardi di utenti iscritti**, Facebook è **il più grande Social Network del mondo.** Ecco perché tutte le imprese, dalle grandi multinazionali alle più piccole attività locali, avvertono prima o poi la necessità di stabilire una loro presenza in questo mondo. Naturalmente il tuo negozio online non fa eccezione ed è **quindi fortemente raccomandato che anche tu sia presente su Facebook.**

Una delle prime cose che spesso viene notata da chi ha appena deciso di intraprendere questa strada è che **Facebook non offre alle aziende un'unica opzione, ma le soluzioni possibili sono diverse.** Oltre ai profili, che sono da intendersi per uso esclusivamente personale -anche se non tutti se ne rendono subito conto - Facebook offre infatti la possibilità di creare Pagine e Gruppi.

SCHEDA DI APPROFONDIMENTO:
PAGINA FACEBOOK OPPURE PROFILO?

A volte le persone non capiscono perché sia molto meglio fare comunicazione su Facebook, tramite una pagina, piuttosto che tramite il proprio **profilo personale**. Le motivazioni sono molte e diverse.

Le pagine Facebook sono nate, agli albori dei social network, quando ci si è accorti che in molti usavano il loro profilo personale per comunicare a nome di un marchio o di un'azienda. Mark Zuckerberg ha così deciso di offrire a marchi e aziende la possibilità di avere uno spazio proprio su Facebook.

La pagina Facebook può essere intesa come una sorta di profilo dell'azienda o del marchio e offre, rispetto al profilo personale, delle **possibilità in più**, tra cui quella di creare **offerte ed eventi** e di avere accesso alle **statistiche** (*Insights*).

Più di ogni altra cosa però la pagina è quell'entità che serve al tuo negozio online per poter fare pubblicità su Facebook. In pratica, se vuoi pubblicare degli annunci a pagamento su Facebook, devi farlo tramite una pagina e questo è fondamentale.

Oltre a questo, le pagine hanno anche altri vantaggi rispetto ai profili personali. Ad esempio, le pagine **possono essere gestite da più utenti** che possono parlare a nome del tuo negozio. A questi possono essere assegnati ruoli diversi: **amministratore, editor, moderatore, inserzionista** e **analista**.

Basta quindi assegnare a un collaboratore esterno (consulenti marketing, social media manager, ecc.) il ruolo di "editor" e questo potrà pubblicare dei post oppure rispondere ai commenti, senza comparire con il proprio nome, ma comparendo con il nome della pagina. Ciò può essere molto utile, sia per chi deve fare questo lavoro e non si vuole esporre in prima persona, sia per l'immagine della pagina che apparirà così più professionale.

Da non sottovalutare inoltre l'aspetto SEO, in quanto anche da questo punto di vista le pagine Facebook hanno un grosso punto di forza. Per prima cosa Facebook offre ai proprietari della pagina la **possibilità di personalizzare l'indirizzo web** che potrà assumere una forma del tipo: www.Facebook.com/NomePagina. Con questo tipo di indirizzo **sarà molto più semplice far sapere al mondo dell'esistenza della pagina, anche attraverso altri strumenti di marketing** (volantini, brochures, materiale promozionale, video, eccetera).

Le pagine inoltre hanno l'altro grande vantaggio di comparire **spesso in cima nei risultati delle ricerche effettuate su Google**. E' come se il principale motore di ricerca riconoscesse un'importanza maggiore delle pagine rispetto ad altri contenuti del web e le facesse comparire quindi anche prima di altri risultati.

Per tutte le ragioni appena descritte è importante che anche il tuo negozio abbia una sua pagina su Facebook. La procedura per l'apertura di una nuova pagina è piuttosto semplice e si completa in pochissimi passaggi, come illustrato nel seguente tutorial.

PARTE VI – MARKETING DEL NEGOZIO

TUTORIAL: CREARE LA PAGINA FACEBOOK DEL NEGOZIO

Dal tuo profilo personale di Facebook, clicca su "Crea" e scegli "Pagina" tra le opzioni disponibili.

Fig. 6.23 – *creazione di una pagina Facebook.*

Nella finestra seguente dovrai dire a Facebook che tipo di pagina stai creando. Dal momento che si tratta della pagina del tuo negozio, scegli l'opzione "Azienda o brand".

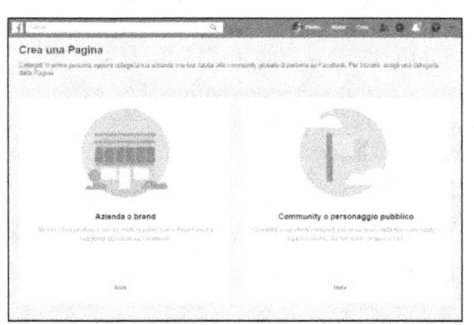

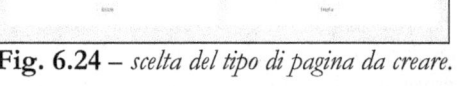

Fig. 6.24 – *scelta del tipo di pagina da creare.*

Nel passaggio successivo devi indicare il nome della pagina, la categoria, l'indirizzo e un numero di telefono di contatto (facoltativo). La scelta del nome è piuttosto semplice in quanto deve corrispondere a quello che hai trovato per il tuo negozio online. L'indirizzo è obbligatorio e ti converrebbe renderlo visibile al pubblico in quanto è una prova che il negozio esiste veramente ed è ubicato in una zona ben precisa, ma se vuoi puoi anche decidere di non mostrarlo.

A questo punto hai quasi terminato e nei due passaggi che seguono avrai la possibilità di caricare un'immagine del profilo ed un'immagine di copertina. Se non hai già pronti questi materiali, puoi saltare il passaggio e caricare le immagini in un secondo momento.

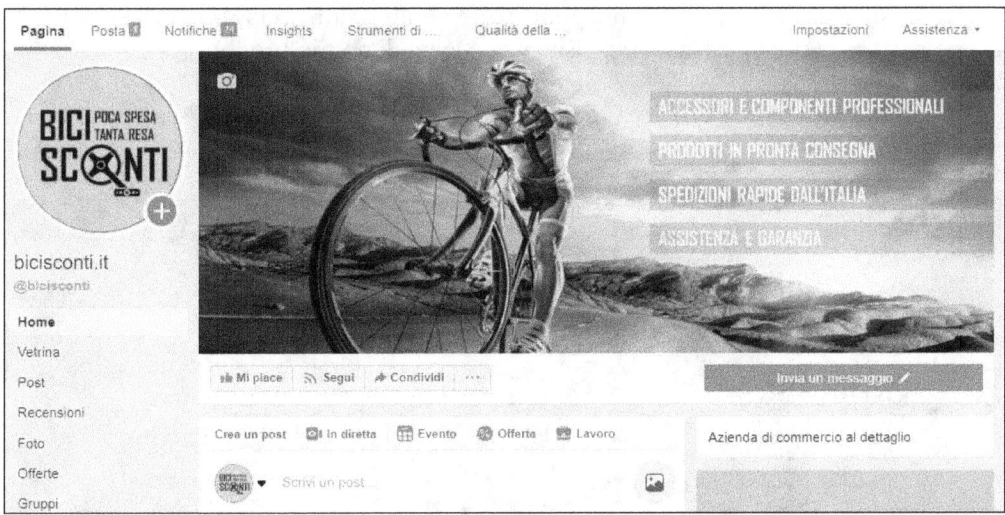

Fig. 6.25 – *la pagina Facebook completa di copertina e logo.*

Hai creato così la tua pagina Facebook sulla quale puoi continuare a lavorare aggiungendo ulteriori dettagli e personalizzazioni, come ad esempio un **collegamento diretto al tuo sito web**, una **descrizione del tuo negozio**, un **nome personalizzato della pagina** del tipo @nomepagina che gli utenti possono utilizzare per fare le ricerche su Facebook, ed un **pulsante di contatto** che rimanda direttamente al tuo numero di telefono oppure al tuo indirizzo email..

Negli ultimi tempi Facebook ha ampliato molto le funzionalità delle pagine ed oggi queste **somigliano sempre di più a dei piccoli siti web** che consentono di svolgere molte interessanti attività. Ad esempio puo **inserire una sezione vetrina che contiene i prodotti in vendita nel tuo negozio**, puoi **pubblicare sconti e offerte** facendo in modo che gli utenti ricevano delle notifiche prima della loro scadenza e puoi addirittura **creare dei Gruppi Facebook di utenti collegati alla tua pagina**.

L'approfondimento di tutte queste funzioni richiederebbe una trattazione a parte, ti consigliamo comunque di non trascurare del tutto questi aspetti e di tornare a studiarli quando ti è possibile.

TUTORIAL: CREARE UN'INSERZIONE PUBBLICITARIA SU FACEBOOK

In questo tutorial vediamo come puoi creare un'inserzione pubblicitaria che abbia lo scopo di portare potenziali clienti a visitare la pagina di un tuo prodotto.

Dopo esserti loggato su Facebook, scegli l'opzione "Inserzione" presente nel menu Crea.

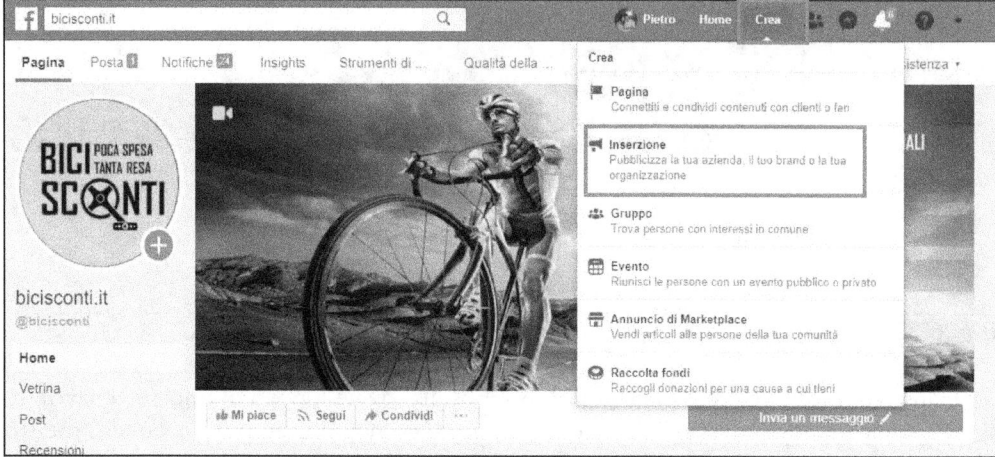

Fig. 6.26 – *creazione di un'inserzione pubblicitaria.*

Si avvierà una **procedura guidata** durante la quale Facebook ti aiuterà un passo per volta a definire le caratteristiche del tuo messaggio pubblicitario.

La prima cosa da determinare è lo **scopo del messaggio**. Le possibilità che Facebook ti offre sono numerose. Puoi infatti creare delle inserzioni per diversi motivi: per incrementare la **notorietà del brand**, per raggiungere il maggior numero di persone possibile (**copertura**), per portare **visitatori** sul tuo sito, per stimolare delle **interazioni** (ad esempio l'inizio di una conversazione via messenger), oppure anche per **vendere** direttamente un prodotto.

Troverai tutte queste opzioni nella prima schermata della procedura guidata di creazione della inserzione. A seconda della scelta che farai, Facebook ti proporrà delle opzioni diverse e modificherà il modo in cui farà girare il tuo messaggio tra gli utenti.

Di solito, chi ha appena iniziato una nuova attività online vuole principalmente portare visitatori sul sito. L'opzione "Traffico" potrebbe quindi essere quella migliore per iniziare a fare esperimenti con Facebook. In futuro potrai provare anche altre alternative.

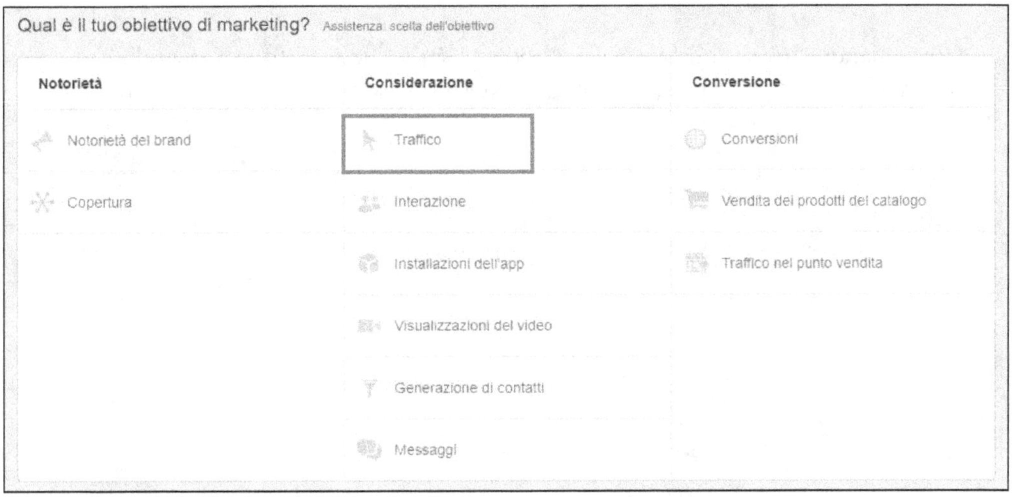

Fig. 6.27 – *definizione dell'obiettivo di marketing.*

Subito dopo aver selezionato l'opzione, Facebook ti chiederà di **assegnare un nome alla campagna**. A questo punto devi imparare a distinguere il significato dei termini. **L'inserzione pubblicitaria** è un singolo messaggio che si contraddistingue perché ha un suo testo (*copy*) ed una sua creatività. Una **campagna pubblicitaria** può essere composta da più inserzioni e quindi anche da più messaggi con testi e creatività diverse. Su Facebook non può esistere un'inserzione senza una campagna, quindi anche se creerai una sola inserzione (come nell'esempio illustrato), Facebook ti chiederà comunque di farla rientrare nell'ambito di una campagna.

Niente paura quindi, assegna un nome alla campagna e vai avanti.

Fig. 6.28 – *definizione del nome della campagna.*

Continuando dovrai indicare a Facebook se vuoi che il traffico venga diretto verso un Sito Web, una App oppure Messenger. Nel tuo caso puoi selezionare l'opzione Sito Web.

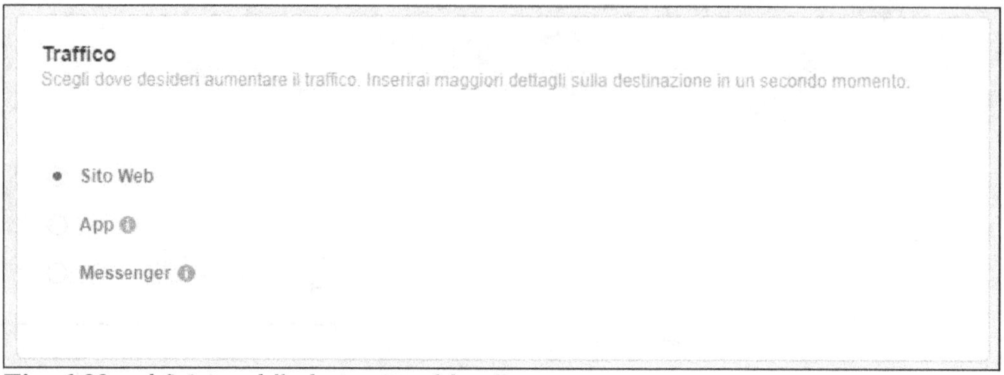

Fig. 6.29 – *definizione della destinazione del traffico.*

Sei arrivato ora al passaggio più delicato, ovvero quello che riguarda la **definizione del pubblico**. In questo momento scoprirai uno dei maggiori punti di forza di Facebook e capirai perché ormai tutte le aziende lo utilizzano per fare comunicazione.

Facebook ti consente infatti di definire con **estrema precisione** il pubblico al quale mostrare i tuoi annunci. Tanto per cominciare, puoi operare una **segmentazione geografica** e quindi decidere ad esempio di mostrare l'annuncio solo agli utenti italiani, oppure solo a quelli che usano la lingua italiana.

A questo puoi aggiungere dei **criteri socio-demografici** come la fascia di età, il genere, il livello di formazione, ma non finisce qui perché, oltre a questo, Facebook ti consente di **segmentare il tuo pubblico per interessi**.

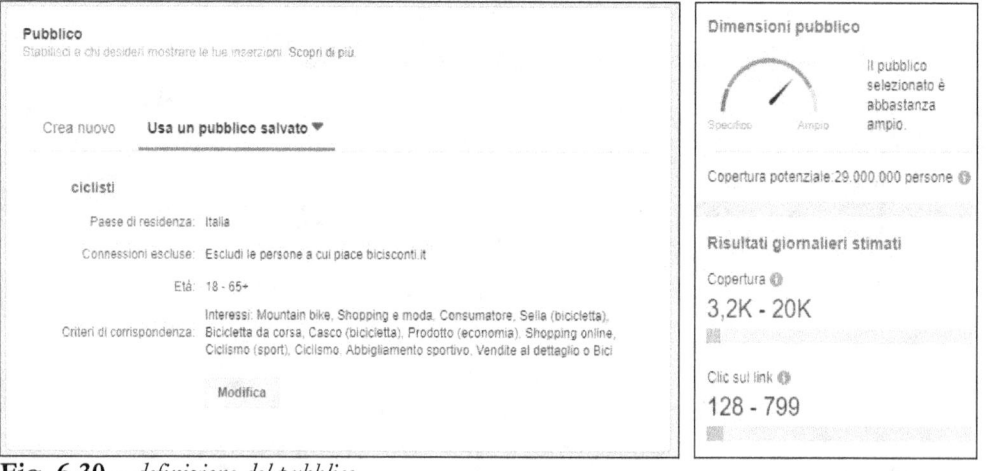

Fig. 6.30 – *definizione del pubblico*

La società di Zuckemberg rileva gli interessi degli utenti ed è quindi capace di distinguerli non soltanto in base a ciò che sono, ma anche in base a quello che amano.

Questa per te costituisce un'incredibile opportunità. Se ad esempio il tuo negozio online tratta la vendita di articoli per il ciclismo, potrai facilmente individuare le persone che sono appassionate di questo sport e fare in modo che solo loro vedano i tuoi messaggi pubblicitari.

Utilizzando le varie opzioni che Facebook ti mette a disposizione puoi così ampliare o restringere il tuo pubblico come meglio credi. Infatti, oltre a inserire persone in base ad interessi, potresti anche decidere di **operare delle esclusioni**. Ad esempio potresti decidere di non mostrare il tuo annuncio a quelli che già ti conoscono ed hanno messo mi piace sulla tua pagina.

Facebook ti mostrerà inoltre un **indicatore dell'ampiezza del tuo pubblico potenziale**, suggerendoti allo stesso tempo cosa fare. In generale Facebook ti suggerirà di non restringere troppo il tuo pubblico. Infatti, più il pubblico è ampio, maggiori possibilità avrai che il tuo messaggio venga visualizzato.

Tuttavia, devi anche considerare che **un pubblico troppo ampio potrebbe non essere molto ben definito** e quindi anche se molte persone visualizzeranno i tuoi messaggi, potrebbero non essere in target. Devi cercare quindi di mediare tra le tue esigenze di copertura e la necessità di indirizzare il messaggio ad un pubblico ben identificato.

Anche in questo caso, come in altre occasioni, ti consigliamo comunque di fare degli esperimenti per vedere cosa funziona meglio per te. Vediamo quindi cosa significano i vari termini:

- **Copertura potenziale:** è una stima delle dimensioni del pubblico idoneo a vedere la tua inserzione. Non rappresenta una stima del numero di persone che vedranno effettivamente la tua inserzione e il numero potrebbe cambiare nel corso del tempo.

- **Risultati giornalieri stimati:** si tratta del numero di persone del tuo pubblico che Facebook stima raggiungerai ogni giorno.

- **Clic sul link:** Si tratta del numero di clic sul link che Facebook stima tu possa ottenere ogni giorno in base alle prestazioni della tua campagna e alla copertura giornaliera stimata.

L'accuratezza delle stime si basa su fattori come i dati delle campagne passate, il budget che hai inserito e i dati di mercato. I numeri vengono forniti per darti un'idea delle prestazioni per il tuo budget, ma si tratta solo di stime che non garantiscono risultati.

Una volta definito il tuo pubblico, dovrai **stabilire il budget e la programmazione della campagna**.

Per prima cosa devi dire **quanto vuoi spendere** e **quando mostrare le tue inserzioni**. In base al primo punto, puoi stabilire un **budget complessivo** oppure uno **giornaliero**.

La seconda opzione è quella che in genere preferiamo, perché ti consente di vedere l'andamento di giorno in giorno. In questo caso devi fare un po' di attenzione perché l'importo reale speso in un giorno particolare potrebbe essere differente da quello che hai stabilito, ma l'importante è che alla fine del periodo l'importo medio sarà quello che volevi. Ad esempio, se hai scelto di spendere 20 euro al giorno, in alcuni giorni (quando le tue inserzioni hanno più opportunità di ottenere risultati) potrebbe succedere che spenderai 25 euro ed in altri giorni (quando ci sono meno opportunità) spenderai 15 euro. Alla fine del periodo però la tua media giornaliera sarà di 20 euro.

Per quanto riguarda la **programmazione della durata** puoi fare in modo che Il tuo gruppo di inserzioni sia pubblicato **in modo continuativo**, cioè senza una data di scadenza prefissata oppure puoi limitare la campagna ad un **preciso intervallo di date**. In entrambi i casi, **potrai decidere di interrompere la campagna quando vuoi** e ti sarà addebitato solo il costo del periodo durante il quale la campagna è stata attiva.

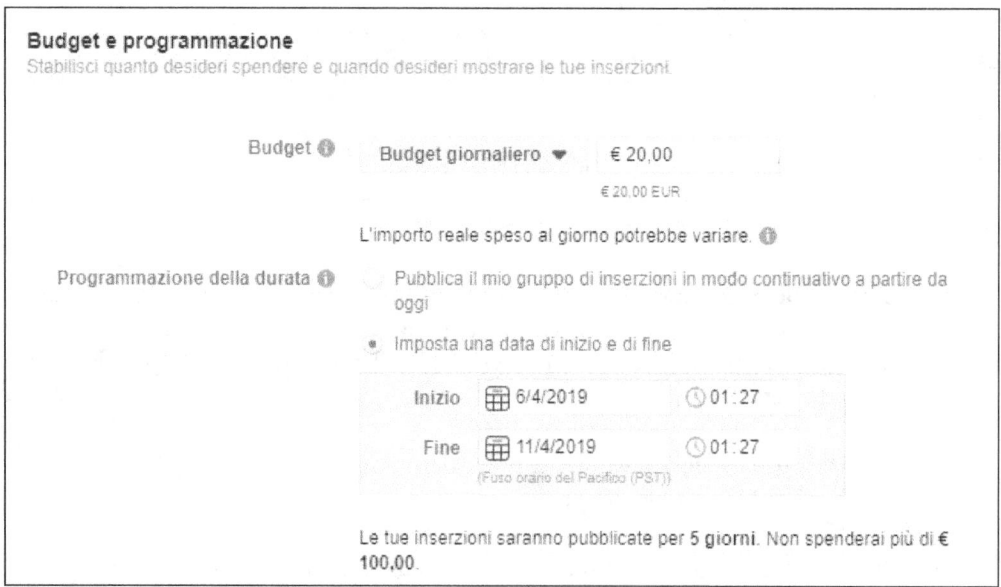

Fig. 6.31 – *definizione del budget e della programmazione.*

A questo punto potresti lasciare tutto com'è e andare avanti. Se vuoi, però, puoi decidere più nel dettaglio il modo in cui Facebook farà girare la tua campagna lavorando sulle **opzioni avanzate**.

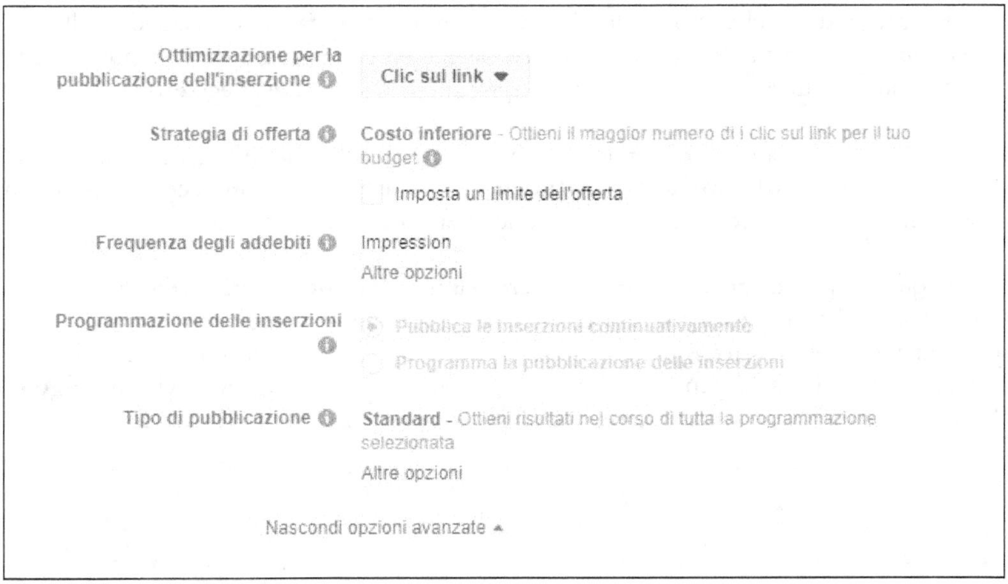

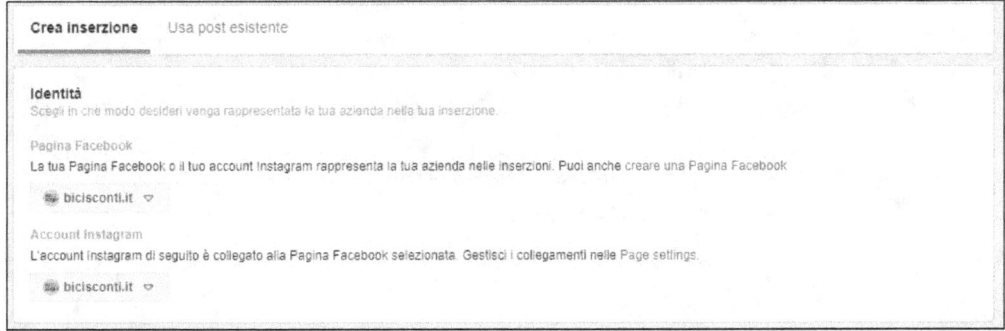

Fig. 6.32 – *opzioni avanzate*.

Qui puoi scegliere come vuoi che Facebook pubblichi le inserzioni in base a cosa desideri ottenere (**clic sui link, massima copertura** o **massimo numero di impression**). Facebook Mostrerà quindi le inserzioni solo alle persone che potrebbero aiutarti a ottenere i risultati per cui stai effettuando l'ottimizzazione. Più precisamente:

- se scegli di eseguire **l'ottimizzazione per i clic sul link**, Facebook mostrerà la tua inserzione alle persone che potrebbero cliccare sul tuo link.

- se scegli **l'ottimizzazione per impression**, Facebook cercherà di fare in modo che una stessa persona visualizzi il tuo annuncio più volte possibile.

- Se scegli **l'ottimizzazione per Copertura giornaliera unica**, Facebook mostrerà le tue inserzioni alle stesse persone solo una volta al giorno.

Fig. 6.33 – *indicazione dell'identità dell'inserzionista*.

Nel passaggio successivo dovrai indicare a Facebook **l'identità dell'inserzionaista**, ovvero scegliere in che modo desideri venga rappresentata la tua azienda nella tua inserzione. Potresti infatti avere più di una pagina su Facebook e devi quindi indicare quale di queste utilizzare. Nel tuo caso puoi scegliere la pagina del negozio.

Ricorda che quando crei un'inserzione su Facebook puoi contemporaneamente decidere di **utilizzarla anche su Instagram**. Se hai collegato un account instagram alla pagina Facebook slezionata, l'inserzione girerà anche su Instagram.

A questo punto devi passare alla **creazione del messaggio** vero e proprio. Facebook anche in questo caso ti offre molte interessanti possibilità che ti consigliamo di valutare. Nel nostro esempio illustreremo l'inserimento di una inserzione nel **formato pubblicitario più semplice**, che è quello **dell'immagine o video singolo**. Una volta compreso il sistema, potrai tu stesso sperimentare anche gli altri formati.

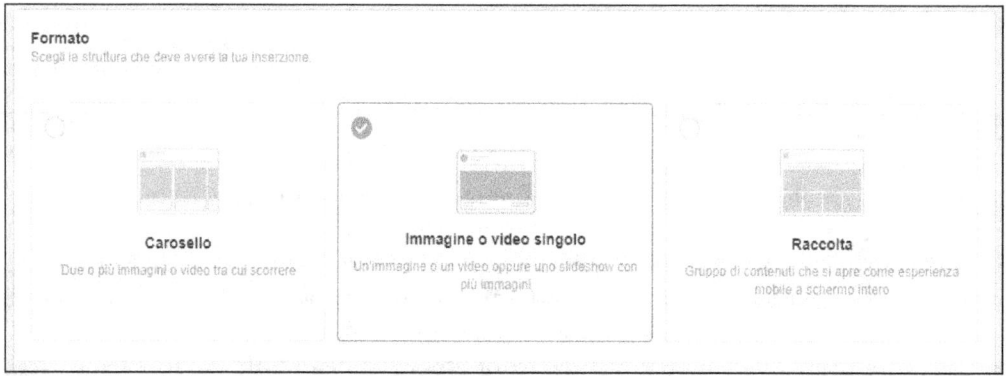

Fig. 6.34 – *selezione del formato pubblicitario.*

Scegli quindi il formato immagine e procedi con il caricamento dei materiali.

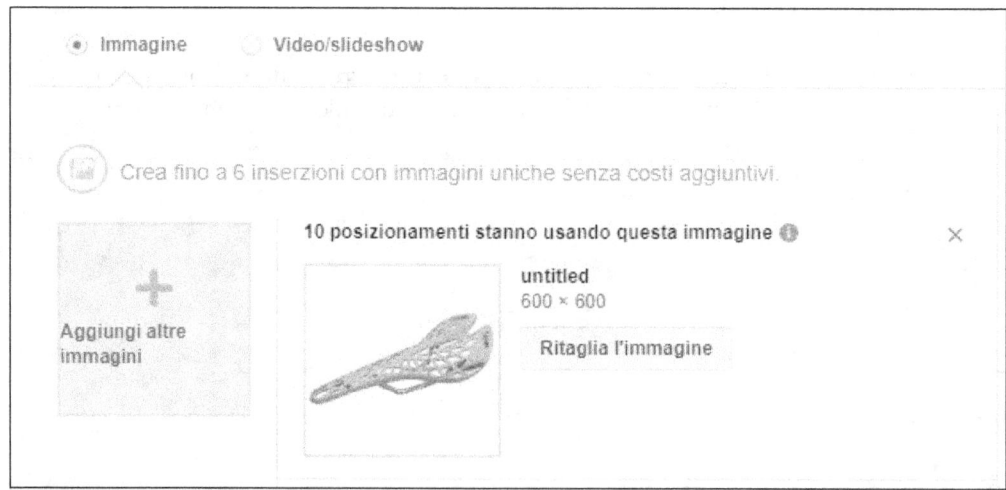

Fig. 6.35 – *caricamento dei materiali.*

Per realizzare questo tipo di inserzione può essere sufficiente anche una sola immagine di un prodotto e puoi utilizzare la stessa che hai già pubblicato sul tuo negozio online.

Nel nostro esempio abbiamo preso una sella per bici da corsa.

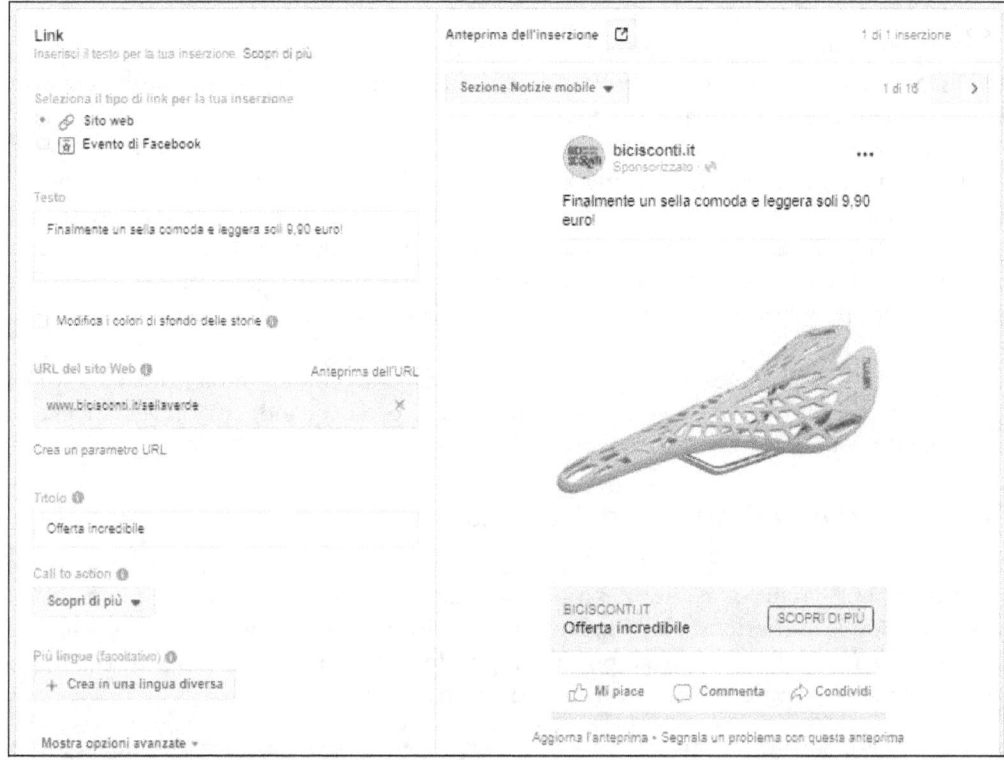

Fig. 6.36 – *creazione dell'inserzione*

Subito dopo aver caricato l'immagine, dovrai **scrivere un breve testo pubblicitario**. Attenzione perché qui lo spazio che hai a disposizione non è tanto, per cui devi riuscire in poche parole a catturare l'attenzione del tuo pubblico. Noi, come esempio, abbiamo scritto: "Finalmente una sella comoda e leggera a soli 9,90 euro!".

Molto importante è **indicare esattamente l'URL del sito web di destinazione**. Qui potresti decidere di condurre le persone sulla home page del tuo sito, ma visto che stai proponendo un prodotto specifico, meglio ancora fornire l'URL della pagina prodotto che stai promuovendo. In questo modo chi cliccherà sull'annuncio arriverà subito sulla pagina della sella e potrà effettuare l'acquisto.

Nel **campo titolo** puoi scrivere un breve testo che comparirà in basso sotto l'immagine. Noi abbiamo scritto "Offerta incredibile".

In più hai la possibilità di inserire una *call to action*, ovvero un pulsante con un testo che invita ad un'azione. Il testo può essere di diverso tipo, come ad esempio "Acquista", "Scopri di più", "Richiedi info", "Vai al sito" e così via.

Nello spazio a destra vedrai un'**anteprima** di come il messaggio pubblicitario apparirà quando verrà visualizzato dall'utente finale. Le **visualizzazioni** sono diverse a seconda del terminale utilizzato dall'utente (PC o mobile), ma la più importante di tutte è quella che riguarda la **visualizzazione da mobile**, dal momento che ormai la maggior parte delle persone naviga solo da smartphone.

A questo punto hai terminato. Cliccando sul tasto di conferma verrai trasportato al tuo pannello di gestione delle inserzioni, dal quale puoi vedere tutte le campagne in corso e anche quelle terminate.

La campagna che hai appena inviato non sarà subito attiva, in quanto Facebook ha bisogno di analizzare immagini e testi che hai caricato. Potrebbero esserci infatti diversi problemi che riguardano ad esempio l'utilizzo di immagini o un linguaggio non appropriati. In più Facebook non accetta le immagini che contengono molto testo. Non potrai quindi pubblicare immagini contenenti anche dei testi, se non molto limitati.

In un primo tempo quindi la tua inserzione comparirà come "in fase di analisi". Per l'approvazione potrebbero essere necessarie alcune ore e quando ciò avverrà riceverai un'email di conferma.

Monitoraggio ed analisi dei risultati

Nonappena la tua inserzione sarà approvata potrai trovare nel tuo pannello di gestione tutte le **statistiche** che ti mostrano le performance dell'inserzione in corso. Da questo stesso pannello, se vorrai, potrai **sospendere l'inserzione** (per riattivarla in un altro momento) oppure anche **eliminarla definitivamente**.

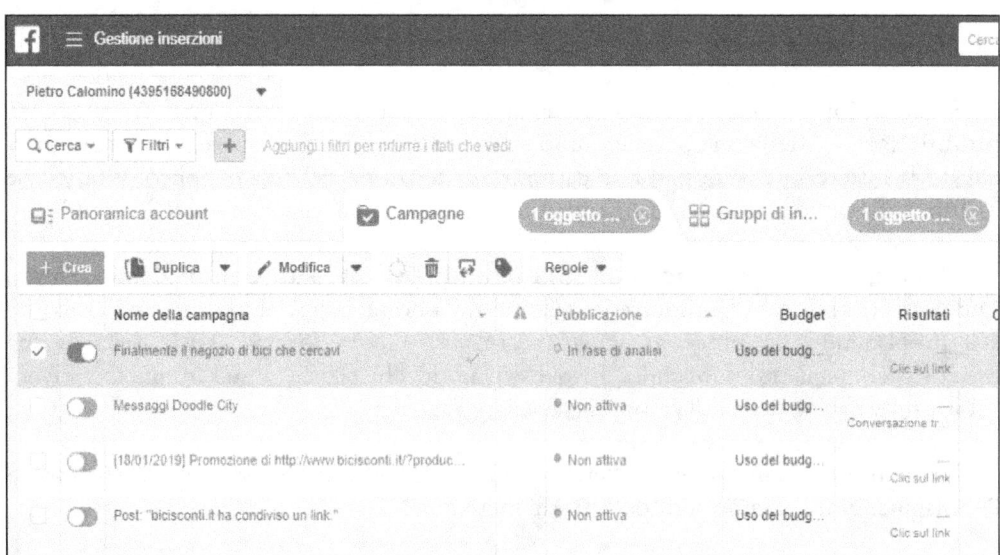

Fig. 6.37 – *pannello gestione inserzioni.*

Tra le statistiche che potrai vedere troverai:

- **Risultati:** quanti clic sul link hai ottenuto.
- **Copertura:** quante persone hanno visualizzato l'inserzione.
- **Impression:** quante volte è apparsa l'inserzione.
- **Costo per risultato:** quanto ti è costato ogni clic sul link.
- **Importo speso complessivo:** quanto hai speso in tutto.

Risultati	Copertura	Impression	Costo per risultato	Importo speso
112 Clic sul link	1523	1596	€ 0,05 Per clic sul link	€ 5,64 di € 5,64
75 Clic sul link	781	820	€ 0,04 Per clic sul link	€ 2,64 di € 4,00
131 Clic sul link	2036	2112	€ 0,04 Per clic sul link	€ 4,59 di € 4,59
46 Clic sul link	871	893	€ 0,06 Per clic sul link	€ 2,88 di € 2,88

Fig. 6.38 – *statistiche della campagna.*

Come puoi notare dall'immagine in alto, il **costo per clic** nei casi in esempio si è mantenuto intorno ai 5 centesimi di euro. Si tratta di un importo abbastanza contenuto, in base al quale puoi già fare delle prime valutazioni circa l'opportunità o meno di fare campagne su Facebook.

Il dato vero e proprio di cui però devi tener conto, per questa come per molte altre attività di comunicazione, è quello delle **conversioni**. Ovvero: quanti visitatori si sono poi trasformati in clienti del tuo negozio effettuando un acquisto?

Questa è una cosa che puoi dedurre abbastanza facilmente incrociando i **dati di vendita del tuo negozio** con il periodo di trasmissione delle campagne pubblicitarie.

Se, ad esempio, hai trasmesso l'inserzione della sella per un giorno e durante quel giorno hai venduto tre unità di quel prodotto, puoi collegare piuttosto facilmente la vendita all'inserzione. Tuttavia, **non sempre gli effetti della pubblicità sono immediatamente misurabili sulle vendite**. Potrebbe accadere che qualcuno veda il messaggio, visiti il sito senza acquistare nulla, ma poi ritorni (magari dopo una settimana) ad acquistare qualcosa di diverso.

Per fare analisi più elaborate esistono degli strumenti come ad esempio il **pixel di Facebook** che ti permette di monitorare le conversioni in maniera estremamente precisa.

Si tratta in sintesi di poche righe di codice html che puoi inserire nell'intestazione del tuo sito Web. Quando qualcuno visita il tuo sito Web ed esegue un'azione (ad es. completa un acquisto), il pixel di Facebook si attiva e registra tale azione. In questo modo, saprai quando un cliente esegue un'azione e potrai raggiungere di nuovo questo cliente usando in futuro le inserzioni di Facebook.

Non parleremo in questo libro di come configurare il pixel, dal momento che non rientra nelle finalità del libro entrare troppo nel dettaglio delle attività di Facebook Marketing, però se hai voglia e tempo di approfondire ti consigliamo di partire dalle stesse guide che Facebook mette a disposizione degli utenti. Esistono poi in rete numerose fonti di approfondimento disponibili anche gratuitamente.

INFLUENCER MARKETING

Nell'era preistorica, quando ancora non esisteva il web, le aziende e i professionisti di marketing definivano la propaganda come quella forma di comunicazione che si realizzava prevalentemente attraverso il passaparola. **Già si sapeva quanto fossero preziosi i commenti positivi di** *trend setter* **ed** *opinion leader* e si provava a coinvolgerli o addirittura a trasformarli in "ambasciatori" del brand.

Il grande cambiamento avvenuto con la diffusione su larga scala di Internet è che questo ha dato voce a molte più persone. **Ogni canale YouTube, profilo Instagram, Facebook o Twitter può diventare un grande megafono** tramite il quale chiunque può catturare l'attenzione di gruppi più o meno folti di seguaci.

Oggi, in pratica, è molto più semplice diventare un opinion leader, o per usare il termine più moderno, un influencer, perché ci sono strumenti che 20 anni fa non esistevano. Le aziende hanno sin da subito iniziato a sfruttare la cosa a loro beneficio in quanto, **laddove c'è una persona capace di condizionare le opinioni di altri, c'è anche un'opportunità di vendita**. Il grande vantaggio della situazione attuale è che **le persone influenti sono moltissime**. Peraltro si tratta di persone che, sin dall'inizio della loro "carriera" sui social, **sono consapevoli del loro ruolo** nel sistema economico del web e che quindi sono **ben disposti ad accettare accordi di tipo commerciale** con le aziende. Molti anzi provano a diventare influencer con il preciso obiettivo di diventare promotori di prodotti e servizi offerti dalle aziende traendone profitto. Ci sono quindi tante possibili persone con cui ci si può accordare e sono in genere tutte preparate ad entrare in contatto con le aziende.

Grandi influencer e micro-influencer

Tutti i grandi brand hanno imparato a sfruttare il potere comunicativo e le capacità persuasive degli influencer. I più importanti sono dei personaggi capaci di costruire intorno a loro dei veri e propri imperi economici e le aziende sono consapevoli di quanto può valere una presentazione del prodotto fatta da loro, o anche soltanto un *placement* dello stesso in una foto o in un video. Per questo motivo **i grandi brand pagano profumatamente i top influencer**. In alcuni casi si tratta di veri e propri fenomeni che possono arrivare a chiedere anche migliaia di euro per un post, un video o una foto.

Al contempo però - e questa è la nota positiva - si sta diffondendo sempre più la tendenza da parte delle piccole e medie imprese (e a volte anche delle grandi), a rivolgersi ai cosidetti **micro-influencer**. Queste sono persone più o meno comuni che non hanno raggiunto ancora il livello dei vip di cui sopra (ovvero non hanno milioni o centinaia di migliaia di follower), ma che sono comunque in grado di **condizionare le opinioni di una community di persone a loro affezionate**. In alcuni casi, il fatto che la community di seguaci non sia eccessivamente ampia consente a questo tipo di influencer di mantenere un **livello di *engagement*** **(coinvolgimento) particolarmente elevato** e quindi sono a volte la **migliore scelta per un'impresa che voglia veicolare un'immagine positiva del proprio brand**.

Per un piccolo negozio online come il tuo, che parte senza grandi investimenti, i micro-influencer possono essere la soluzione ideale, perché possono consentirti con piccoli investimenti di ottenere grandi soddisfazioni.

Definire una strategia di influencer marketing

In tutti i casi è bene che anche tu abbia una tua **strategia di influencer marketing, da integrare nell'ambito del tuo piano di marketing complessivo**. Generalmente tale strategia prevede lo sviluppo di quattro fasi fondamentali:

1. **L'identificazione dell'influencer:** è la fase in cui si sceglie la persona a cui rivolgersi sulla base dei numeri, delle metriche disponibili ed eventualmente con l'aiuto di strumenti, software o agenzie.

2. **La valutazione qualitativa dell'influencer**: è la fase in cui ci si mette "in ascolto" della persona identificata, seguendolo attivamente per capire se la sua comunicazione è in linea con il nostro stile ed i nostri obiettivi.

3. **L'avviamento della collaborazione**: è la fase in cui ci si mette in contatto con l'influencer, si stipula un accordo e si realizza il messaggio che è l'oggetto della collaborazione.

4. **L'analisi:** è la fase in cui si valuta l'esito dell'azione in base ai risultati ottenuti.

Strumenti e servizi per l'identificazione degli influencer

Ciascuna delle fasi elencate sopra ha il suo peso, ma è evidente che grandissima parte del successo dell'iniziativa dipende dall'identificazione dell'influencer.

A tale scopo bisogna dire che esistono molti strumenti che sono stati sviluppati appositamente per fornire supporto ai professionisti del marketing in questo lavoro.

Nella tabella di seguito ne riportiamo qualcuno:

BUZZSUMO https://buzzsumo.com/	È un tool disponibile sia in versione gratuita (con limitazioni) sia a pagamento che offre moltissime funzionalità utili per chi fa social marketing. Può essere utilizzato anche per l'Influencer Marketing. Infatti sulla piattaforma è possibile effettuare ricerche per keyword finalizzate ad individuare gli utenti (per lo più blogger) più influenti connesse a queste ultime.
BLOGMETER https://www.blogmeter.it/	È una piattaforma per il social marketing che, tra le altre cose, offre uno strumento chiamato social influencer, che consente di identificare blogger, youtuber, celebrity, e persone influenti di vario genere. Consente di ricavare molti dati e creare report che possono essere di supporto per il confronto tra più influencer.
FINDER DI BUZZOOLE https://buzzoole.com/	È un vero e proprio motore di ricerca per influencer molto interessante perché consente di identificare facilmente tutte le persone che possono essere utili in relazione ad un determinato argomento. Basta inserire il topic per avere dei risultati basati sull'audience di blog, social e siti web.
CISION https://www.cision.com/	È una delle più grandi e famose piattaforme per il social marketing che contiene un database di oltre 1,6 milioni di

	influencer. Come molti altri servizi di questo tipo è a pagamento, ma è possibile richiedere una demo.
INFLUENCER https://influencer.uk/	È una piattaforma che mette in contatto le aziende con gli influencer di vario tipo e tramite la quale è possibile acquistare direttamente i loro servizi.
SHOUTCART.COM https://shoutcart.com/	È un'altra piattaforma dalla quale è possibile acquistare direttamente dei servizi di moltissimi influencer, particolarmente utile per le azioni su Instagram, ma non solo.
FOLLOWERWONK https://followerwonk.com/	È uno strumento specializzato su Twitter che consente di ricavare informazioni utilissime riguardanti la bontà del profilo di un influencer e di fare confronti tra vari profili.

Tab 6.1 – *strumenti e servizi per l'identificazione degli influencer.*

Oltre a quelli elencati in tabella, esistono molti altri servizi simili e, considerata l'importanza strategica di quest'area, è quasi certo che molti ne sorgeranno in futuro. Pertanto potresti anche provare a fare una ricerca su Google per verificare se ci sono soluzioni più nuove o gratuite che possano esserti utili.

Nel seguito di questo capitolo ti forniremo dei suggerimenti che riguardano l'attivazione di azioni di influencer markeing su **YouTub**e ed **Instagram**. Questi sono, in base ai dati di AliDropship, i canali che danno le **maggiori soddisfazioni** agli imprenditori che hanno costruito dei negozi di vendita in dropshipping. Esistono naturalmente molte altre possibiltà e canali che potrai decidere di sperimentare in seguito.

Dal momento che i meccanismi e le logiche di fondo sono sempre molto simili, una volta compreso come si fa, potrai continuare da solo la tua formazione su questa materia testando anche altri sistemi.

TUTORIAL: YOUTUBE INFLUENCER

Uno dei modi migliori per presentare un prodotto è quello di farlo con un video. Purtroppo però **non è sufficiente creare un ottimo video** dei tuoi prodotti e postarlo su YouTube per portare clienti nel tuo negozio. Potresti infatti essere un bravissimo video-maker e realizzare dei video stupendi, ma non avere neanche un contatto perché non hai un seguito.

YouTube in fondo non è altro che un Social Media, nel quale ci sono persone che operano in maniera più efficace di altre perché è il loro lavoro, perché lo fanno da più tempo o semplicemente perché sono più portati a farlo. Per promuovere con successo i tuoi prodotti su YouTube la via più semplice è allora quella d'identificare **una di queste persone e chiedergli di parlare dei tuoi prodotti** (dietro compenso oppure gratuitamente).

Un influencer di YouTube può aiutarti sia ad **accrescere la *brand awareness*** (consapevolezza del marchio) del tuo negozio, parlando genericamente di te e dei vantaggi della tua offerta, sia a **vendere uno specifico prodotto**, presentandolo in maniera originale e creativa agli iscritti al suo canale.

Identificare un youtuber adatto

Per mettere in atto la tua azione di comunicazione su YouTube **dovrai per prima cosa capire a chi puoi rivolgerti** e questo non sarà un compito semplicissimo, dal momento che sembra che al giorno d'oggi tutti, dalla casalinga esperta di cucina al teenager esperto di videogiochi, hanno un canale su YouTube. Potresti provare a utilizzare qualcuno dei servizi e delle piattaforme citate in precedenza, ma anche facendo delle semplici ricerche su YuTube potrai ricavare delle utili informazioni.

La via più immediata per capire se un YouTuber è influente oppure no è quella di dare uno sguardo alle sue **metriche chiave** come il **numero di iscritti al canale** o il **numero di visualizzazioni dei suoi video**.

Ad esempio nell'immagine che compare di seguito puoi vedere che ci sono oltre un milione di iscritti al canale di Benedetta Rossi e che uno dei suoi video ha iù di 125.000 visualizzazioni. Non male. Non ci stupisce il fatto che dietro la torta compaia in bella vista un barattolone di Nutella.

Fig. 6.39 – *numero di iscritti al canale e visualizzazioni dei video.*

Se stai leggendo questo libro, probabilmente non hai lo stesso budget della Ferrero, per cui puoi dimenticarti Benedetta Rossi e provare a cercare personaggi con numeri meno strabilianti. Niente paura: ce ne sono molti e ti saranno comunque utili.

Molto importante però è anche capire, **oltre all'aspetto quantitativo, anche quello qualitativo**, ovvero **come reagiscono generalmente le persone ai video del YouTuber che hai identificato**. È una persona credibile? Oppure è soltanto molto seguito, perché è ridicolo? Per fare questo si può provare a leggere qualcuno dei commenti postati da chi ha visionato il video. Bisogna fare attenzione perché **a volte YouTube è capace di creare dei veri e propri mostri**, ad esempio persone che ricevono un grandissimo numero di visualizzazioni solo perché sono involontariamente comici. Prima di affidare un proprio prodotto a qualcuno per presentarlo in video **conviene essere certi che questa persona sia una voce autorevole, oltre che popolare**.

Gestire il primo contatto

Una volta che hai trovato diversi youtuber con cui potresti lavorare, **devi contattarli** per chiedere loro una collaborazione.

Potresti creare un **messaggio standard** da mandare a tutti nel quale proponi una collaborazione con il tuo sito senza parlare esplicitamente di eventuali compensi in denaro. Ad esempio:

Ciao! Mi chiamo [Nome] e sono il proprietario del negozio [nome negozio].
Il nostro negozio vende [nome prodotti] e siamo alla ricerca di un partner per YouTube. Al nostro team piace moltissimo il tuo canale YouTube [nome canale]! Saresti interessato a presentare i nostri prodotti sul tuo canale?
Per esempio, potremmo inviarti alcuni nostri articoli e tu potresti utilizzarli in uno dei tuoi video, dicendo che si possono trovare in vendita nel nostro negozio. In alternativa, potresti suggerci tu stesso un modo per parlare dei nostri prodotti nel tuo canale. Cosa ne pensi?

Seguiranno le risposte che ti porteranno ad intraprendere delle **trattative**.

In genere gli Influencer di YouTube sono disposti a presentare aziende e prodotti **in cambio di un compenso**, ma è anche possibile trovare qualcuno (non tanto noto) che lo faccia **gratuitamente**, magari perché ha bisogno di argomenti di cui parlare e tu puoi fornirgliene. Oppure potrebbe essere che l'influencer si accontenti di **tenere il prodotto che ha recensito** in cambio del suo lavoro. Tutto dipende da quanto sono popolari le persone che hai contattato (o quanto credono di esserlo) e quanto sono abituate a ricevere le richieste delle aziende.

Se si arriva al punto di stabilire un corrispettivo per questo intervento, potresti chiedere direttamente all'influencer di turno di ipotizzare una cifra. È molto probabile infatti che il personaggio noto non sia affatto nuovo a questo tipo di iniziative e che abbia già **un suo tariffario**. Se l'influencer non è ancora molto famoso e non ha un suo tariffario, puoi invece provare a proporre tu una cifra abbastanza contenuta oppure uno scambio.

Confrontare i candidati

Contattando più persone avrai maggiori possibilità di successo. Una volta raccolte le varie risposte potrai **confrontare tra loro i candidati**, tenendo in considerazione almeno tre ordini di elementi:

1. **Aspetti economici:** quanti soldi chiedono.

2. **Aspetti qualitativi:** il livello qualitativo dei contenuti che hai riscontrato analizzando i vari canali YouTube.

3. **Aspetti quantitativi:** il numero di utenti iscritti a ciascun canale, il numero medio e massimo di visualizzazioni dei video di ogni YouTuber, il numero di commenti positivi per video, ecc.

Avrai così abbastanza elementi per scegliere a chi affidare il lavoro.

Definire un accordo

Una volta completati i passaggi precedenti, dovrai iniziare a definire con l'Influencer che hai scelto alcuni dettagli importanti come la **lunghezza del video**, la **possibilità di visionare una traccia o la sceneggiatura** prima che il video venga realizzato e persino **il modo in cui verranno risolte eventuali dispute tra te e lui**.

Se alla base dell'accordo c'è un corrispettivo economico di discreta entità, conviene stipulare una **scrittura privata** che definisca tutti i punti essenziali. Non è necessario essere un avvocato per farlo, anche se un consiglio di un legale può essere molto utile. L'importante è che tutto sia sufficientemente chiaro e messo **nero su bianco** prima di partire con le riprese.

Selezionare un prodotto

Ancor prima di contattare l'influencer dovresti aver scelto il prodotto da presentare nel video e averlo anche acquistato. Il tuo scopo (o meglio lo scopo della persona incaricata della realizzazione del video) infatti dovrebbe essere quello di **far vedere ai tuoi potenziali clienti che i prodotti in vendita nel tuo negozio sono reali, che sono di buona qualità e che il tuo sistema di e-commerce è affidabile**. La scelta del prodotto (o dei prodotti) da presentare non sarà per te un compito troppo complicato, ma comporterà un costo che devi sicuramente mettere in conto.

Valutare il video

Devi fare in modo di poter **visionare il video prima che questo venga messo online**. Questo è un passaggio importantissimo che molto spesso viene sottovalutato. Considera che la persona incaricata della realizzazione del video **non ha una conoscenza approfondita del tuo business** e quindi non puoi essere del tutto al riparo da omissioni ed errori. Ad esempio potresti accorgerti che il blogger **non ha rispettato la traccia** che avevate definito prima di iniziare e che, improvvisando, ha **parlato troppo di qualche dettaglio non necessario, trascurando invece le cose importanti** o peggio ancora dicendo **qualcosa di sconveniente** per te ed il tuo business.

Più semplicemente potresti riscontrare dei **problemi tecnici** come una cattiva qualità complessiva delle riprese video, delle luci o dell'audio. Di certo non puoi attenderti la stessa qualità di uno spot televisivo, perché non è quello che stai facendo, ma puoi pretendere che il video venga realizzato con gli **stessi standard qualitativi** di quelli già presenti nel canale YouTube della persona che hai incaricato.

Nel caso in cui il video non superi l'esame sarà necessario rifarlo. Certo non è facile convincere qualcuno a fare due volte lo stesso lavoro, ma in certi casi è meglio non essere timidi e parlarne apertamente con il blogger cercando di trovare una soluzione.

Monitorare la campagna ed analizzare i risultati

Infine devi ricordarti che **il tuo lavoro non finisce con l'approvazione del video**. Quando il video sarà online dovrai essere pronto a **monitorarne l'andamento** e ciò significa **non soltanto contare il numero di visualizzazioni** ricevute, ma anche e soprattutto **leggere i commenti** degli utenti ed **essere pronto eventualmente a moderarli** gestendo situazioni critiche. Potrebbe infatti comparire qualcuno che parla male di te, dei tuoi prodotti o del tuo negozio. In questi casi è sempre meglio rispondere usando la gentilezza e senza scendere al livello del tuo interlocutore. La professionalità è il miglior modo per rispondere alle volgarità.

Per quanto riguarda la **valutazione quantitativa dei risultati**, al di là delle visualizzazioni, tu vuoi che chi visualizza il video diventi anche un cliente del tuo negozio. In pratica **vuoi ottenere conversioni**. Il modo migliore per capire quante conversioni hai ottenuto è quello di creare un **codice sconto ad hoc per ogni promozione tramite YouTube Influencer**. Questo codice deve essere comunicato nel video e riportato nel testo che l'Influencer inserirà in basso. Il numero di persone che utilizzeranno quel codice sul tuo sito sarà **l'indicatore definitivo del successo della tua azione promozionale**.

SCHEDA DI APPROFONDIMENTO:
LA FORZA PERSUASIVA DEI CONTENUTI VIDEO

YouTube è un canale importantissimo che può diventare di primaria importanza per la tua strategia di influencer marketing. I numeri di YouTube sono impressionanti ed in crescita costante:

- oltre 400 ore di video caricate ogni minuto
- oltre un miliardo di ore di video visionate ogni giorno dagli utenti
- oltre 1,9 miliardi di visite mensili di utenti registrati.
- 80 lingue diverse

Per questo motivo non ci stupisce che gli esperti di marketing di tutto il mondo utilizzino regolarmente YouTube come canale di comunicazione privilegiato.

Ci sono vari motivi per cui anche tu dovresti servirti di questo strumento:

La gente ama i video o forse sarebbe meglio dire che il nostro cervello ama i video. Noi esseri umani percepiamo il mondo principalmente attraverso la vista. Il nostro cervello è in grado di processare le informazioni di tipo visivo, meglio di qualunque altra cosa. Amiamo le immagini ed i video perché per noi sono i contenuti più semplici e più rapidi da capire. Prova a pensare ai segnali stradali. È sufficiente uno sguardo per comprenderne il significato, ed è così che deve essere, altrimenti saremmo costantemente alle prese con incidenti di ogni tipo. La predisposizione a recepire informazioni visive è quindi innata in noi. Siamo programmati per farlo.

La gente crede in quello che vede. Se non sei giovanissimo probabilmente conserverai nella tua memoria almeno un ricordo di un amico o un parente o un compagno di scuola che ha cercato di convincerti di qualcosa solo perché lo aveva visto in televisione. Nell'era prima di Internet, tutto ciò che veniva trasmesso in televisione diventava agli occhi delle persone comuni magicamente vero. Nell'era di Internet, il testimone è passato dalla TV a YouTube. Certo non tutti sono dei creduloni, ma una recensione di un prodotto, fatta bene da una persona influente e attendibile, vale più di molti messaggi pubblicitari.

I contenuti video durano a lungo. Un po' come accade per i blog, i contenuti postati su YouTube rimangono nel canale e possono essere ripescati da chiunque anche dopo mesi o anni dalla loro prima pubblicazione. La pubblicazione di un solo contenuto video può quindi avere effetti duraturi nel tempo.

I video di YouTube compaiono nelle prime posizioni dei risultati di Google. Ogni volta che fai una ricerca su Google i video di YouTube compaiono in cima ai risultati, prima ancora delle pagine web che hanno solo contenuti testuali.

TUTORIAL: GLI SHOUTOUT DI INSTAGRAM

Quando si parla di influencer marketing non si può fare a meno di citare **Instagram**.

Con oltre un miliardo di utenti attivi nel 2019, Instagram è infatti uno dei Social Network più grandi ed è certamente uno di quelli che offre maggiori possibilità alle imprese.

La piattaforma, infatti, è relativamente giovane, ma è cresciuta molto rapidamente, registrando tra l'altro un **tasso di engagement più elevato rispetto ad altri social** come Facebook o Twitter.

Il punto di forza di Instagram sta sicuramente nella sua **semplicità** in quanto è una piattafotma basata su un **codice linguistico comprensibie a tutti** che è quello delle immagini. Ciò di fatto consente agli utenti di raccogliere follower da ogni parte del mondo, trascendendo le barriere linguistiche nazionali. Alla luce di questi numeri e di queste considerazioni, non stupisce il fatto che sempre più aziende inseriscano Instagram nelle loro strategie di comunicazione.

È importante osservare che Instagram è un Social Network che **si presta particolarmente bene per l'influencer marketing**.

Secondo i dati diffusi dall'agenzia Mediakix[2] nel 2019, Instagram è stato **il Social Network largamente più utilizzato per questo scopo**, venendo anche prima di YouTube e Facebook.

Definizione degli Shoutout di Instagram

Nel mondo dei Social Network si parla di **Shoutout** quando qualcuno cita nel proprio account (Facebook, Instagram, YouTube, ecc.) il nome di un altro utente invitando i propri fan a visitare il suo profilo o a seguirlo. In altre parole gli shoutout non sono altro che delle **menzioni** che riportano all'account di un altro utente dello stesso social network.

Gli utenti di Instagram si scambiano a volte degli shoutout facendo degli screenshot delle foto pubblicate da altri profili e pubblicandole sul proprio. In questi casi inoltre si usa aggiungere un testo in cui il profilo Instagram pubblicizzato viene linkato usando il

---

[2] La ricerca è stata condotta a gennaio 2019, dall'agenzia Mediakix e si basa su interviste somministrate ad un campione di 162 partecipanti di varie nazioni. I risultati della ricerca sono riportati sul sito dell'agenzia: http://mediakix.com/influencer-marketing-industry-statistics-survey-benchmarks/#instagram.

simbolo @ messo davanti al nome del canale.

Ad esempio: "davvero bella questa immagine del mio amico. Visita il suo profilo cliccando su questo link @nomedelcanale".

Le aziende hanno presto compreso che questo sistema poteva essere vantaggioso anche per loro, e così hanno iniziato a chiedere a utenti influenti di Instagram di essere menzionate nei loro post, pagando per ottenere questo servizio.

Dal punto di vista del marketing gli Shoutout di Instagram possono essere quindi definiti come dei **post a pagamento con cui un utente menziona un'azienda o un prodotto** invitando i suoi fan a seguire il suo profilo oppure a visitare il suo sito. Generalmente gli shoutout a pagamento prevedono l'inserimento di una **foto con un tag, l'inserimento di un testo con un link e (se possibile) anche un link nella bio dell'influencer**.

Dal momento che **sono meno invasivi dei messaggi pubblicitari**, gli shoutout riescono a catturare maggiormente l'attenzione degli utenti, raccogliendo quindi approvazioni, condivisioni e commenti.

Utilizzare gli Shoutout di Instagram per il negozio online

Anche tu, come la maggior parte delle altre aziende, puoi utilizzare questo strumento di marketing per promuovere il tuo brand ed i tuoi prodotti.
Naturalmente **il presupposto è che il tuo negozio abbia già un suo profilo su Instagram** che possa essere menzionato dall'influencer.

Per esempio, se hai un negozio online specializzato nella vendita di occhiali da sole (ed un profilo instagram collegato) potresti chiedere ad un influencer di Instagram di indossarne un paio e poi postare sul suo profilo una foto scrivendo qualche cosa in proposito. Più di frequente dovrai esere tu a inviare all'influencer una o più immagini già pronte ed un breve testo da pubblicare.

I passaggi da compiere per realizzare questo tipo di attività sono in parte simili a quelli già descritti per fare influencer marketing su YouTube. Bisogna quindi **indivuare l'influecer** che fa per te, **fare un accordo** con lui (o lei), **predisporre i materiali** ed i contenuti del messaggio che vuoi far comparire sul suo profilo ed alla fine **valutare i risultati**.

Identificare un profilo Instagram adatto

Per l'identificazione degli influencer più rilevanti nella tua nicchia di mercato, puoi utilizzare **WEBSTA,** nel modo in cui è già descritto nella prima parte di questo volume.

Ad esempio, se hai un negozio specializzato nella vendita di articoli dedicati ai fan di Harry Potter, puoi provare a individuare con Websta tutti i profili correlati, utilizzando lo strumento di ricerca e poi scegliendo quelli che hanno un buon numero di follower.

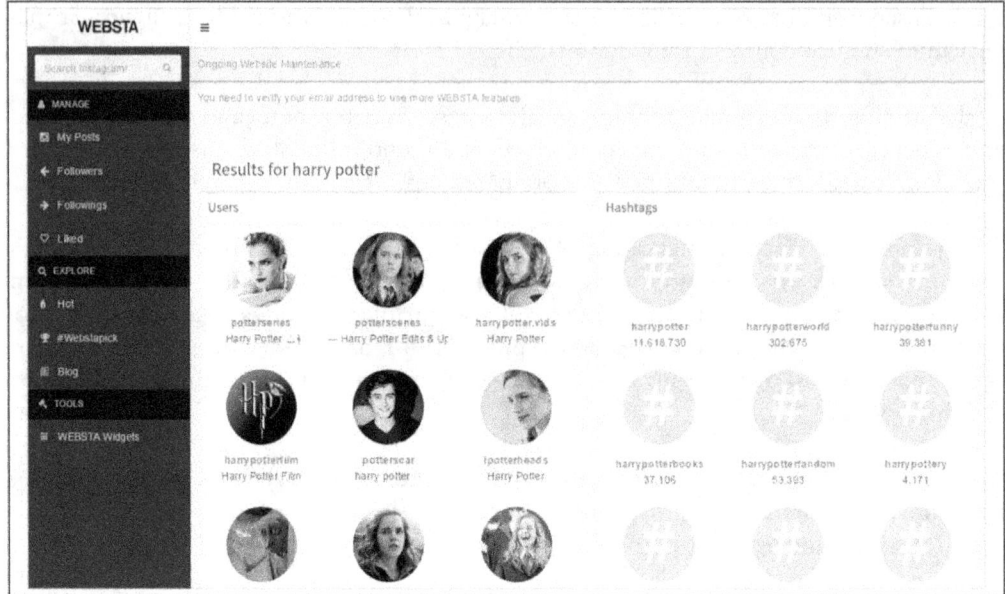

Fig. 6.40 – *risultati di una ricerca su WEBSTA.*

Nella selezione del profilo devi tenere conto di molti elementi. Di **sicuro il numero di follower è importante**. Per iniziare potresti **puntare ai profili che hanno tra i 30.000 ed i 100.000 follower**. Questa è un'ampiezza del pubblico che può già darti ottime soddisfazioni. Gli influencer che hanno milioni di follower sono infatti su un livello molto più alto e richiedono grandi budget.

Non è comunque detto che un profilo con un gran numero di seguaci sia sempre una buona scelta, perché purtroppo è diffusa la pratica della compravendita dei follower. Prima di rivolgerti a qualcuno quindi dovresti analizzare bene il suo profilo, **valutare il livello di *engagement*** (coinvolgimento) dei suoi post ed anche considerare **quanti post commerciali sono presenti**. Non è conveniente ad esempio fare accordi con chi fa un uso massiccio delle comunicazioni di tipo commerciale e solo di rado pubblica qualcosa di attinente alla sua sfera personale, perché probabilmente questa persona avrà un utenza poco attenta a ciò che viene pubblicato.

Prendere accordi diretti con l'influencer

Una volta individuato l'influencer oppure gli influencer che fanno per te, puoi **contattarli direttamente tramite la messagistica integrata in Instagram** chiedendo loro se sono interessati ad ospitare degli shoutout a pagamento sul loro profilo. In genere le risposte arrivano in giornata.

Molto importante è la **definizione della durata dello shoutout**, che indica per quanto tempo resterà visibile il post sul profilo dell'influencer. Questa può variare da poche ore sino alla durata permanente, anche se **generalmente si acquistano shoutout della durata di 24 o 48 ore**.

Per quanto riguarda il compenso, **mediamente le tariffe variano dai 10 euro ai 40 euro**, ovviamente con le dovute eccezioni ed in base alla popolarità del profilo che hai scelto.

Se il profilo che hai scelto è internazionale, sicuramente pagherai in dollari e la tariffa minima si aggirerà intorno ai 10 dollari. Si tratta quindi di un costo abbastanza accessibile che, se hai scelto bene la persona su cui puntare, **ti consentirà sicuramente di avere delle ottime conversioni**.

Il nostro consiglio è di portare avanti tutte le fasi di questa attività, compresi il primo contatto e la trattativa con l'influencer personalmente, perché in questo modo avrai modo di capire meglio con chi hai a che fare e potrai anche trattare le condizioni.

Se però non hai voglia di fare tutto da solo, oppure vuoi risparmiare tempo, è bene che tu sappia che **sul web esistono delle agenzie ed anche degli strumenti che possono aiutarti ad entrare in contatto con gli influencer** (di Instagram e degli altri Social Network) per acquistare degli shoutout.

Utilizzare Shoutcart.com

Shoutcart è una piattaforma gratuita (basta solo l'iscrizione) che mette in contatto inserzionisti ed influencer di tutto il mondo.

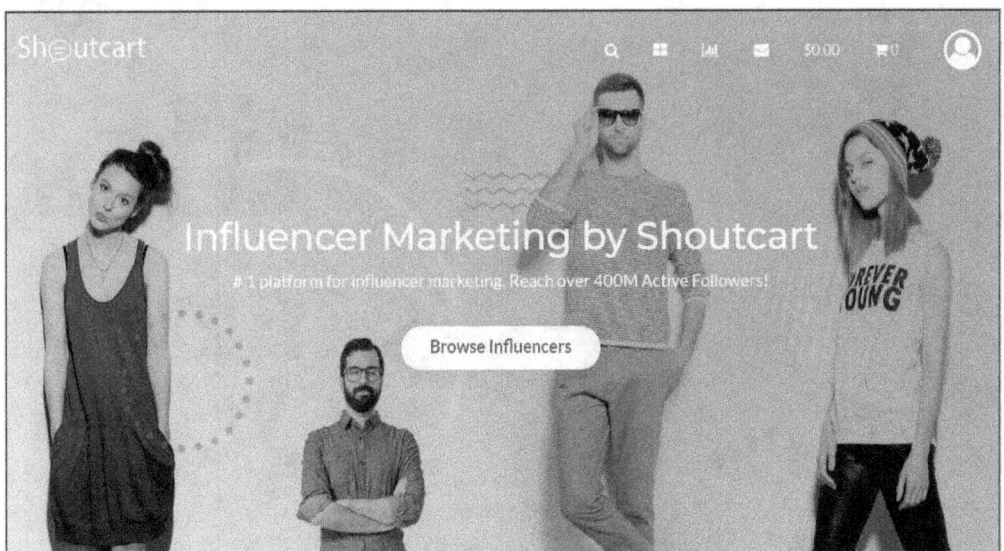

Fig. 6.41 – *home page di Shoutcart.*

Una volta effettuato l'accesso alla piattaforma potrai identificare l'influencer che ti serve navigando per categoria, numero di follower, parole chiave o prezzi.

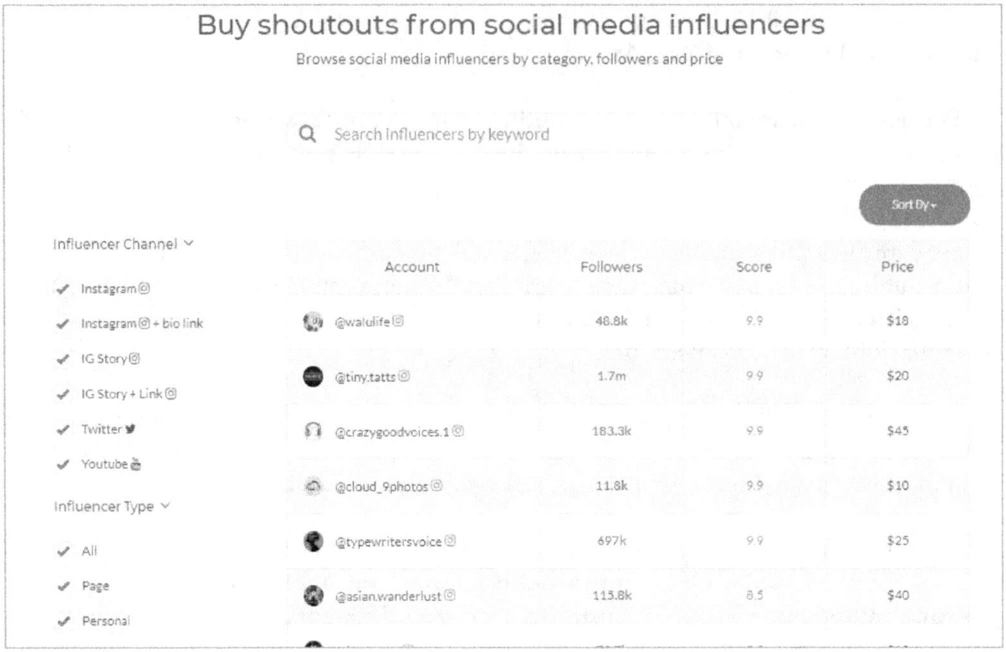

PARTE VI – MARKETING DEL NEGOZIO

Fig. 6.42 – *pagina di ricerca di Shoutcart.*

Nella pagina dell'influencer troverai tutti i dettagli di cui hai bisogno riguardanti il profilo instagram ed il suo target di riferimento

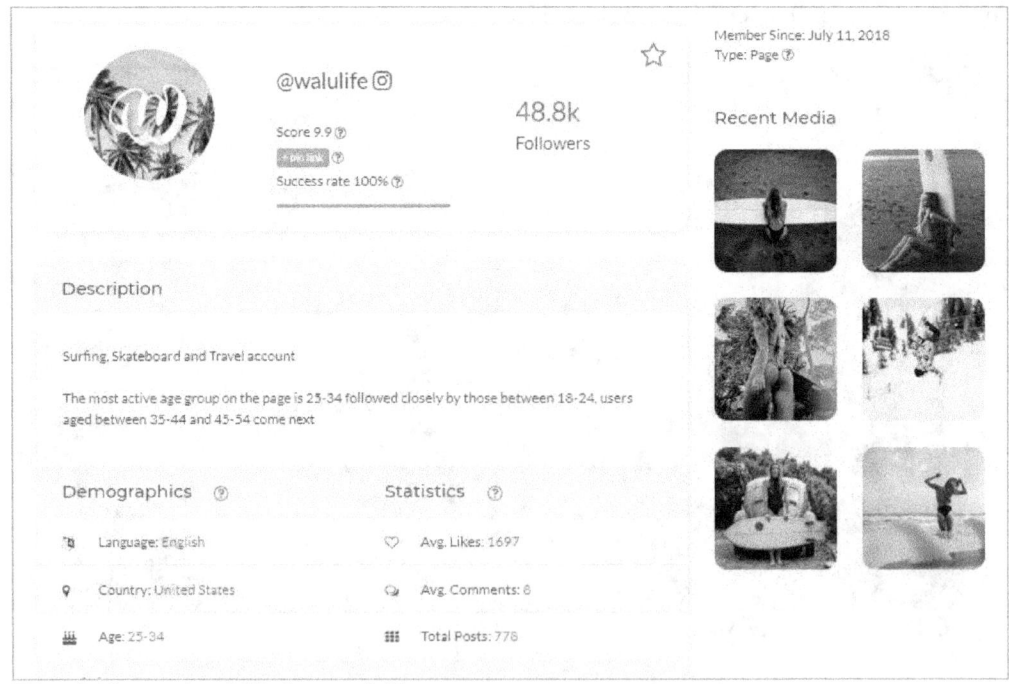

Fig. 6.43 – *pagina dell'influencer di Shoutcart.*

Soprattutto potrai vedere il tariffario, selezionare l'opzione che preferisci ed acquistare il tuo shoutout pagando con carta di credito oppure PayPal.

Fig. 6.44 – *tariffario dell'influencer selezionato.*

Predisporre il materiale

Sia che tu ti sia affidato ad una piattaforma come Shoutcart, sia che tu abbia fatto tutto da solo, una volta preso l'accordo con l'influencer dovrai predisporre il materiale necessario alla pubblicazione del post.

Come già detto **puoi inviare all'influencer un prodotto da mostrare in una foto dove compare anche lui.** Questa è la scelta in molti casi più efficace, perché crea un'associazione molto forte tra il personaggio ed il tuo prodotto, ma certamente è una strada più **costosa** e quella che richiede più **tempo**, perché devi acquistare il prodotto, attendere che arrivi e poi inviarlo all'influencer.

Se non hai tutto questo tempo ed hai un budget limitato **puoi realizzare un semplice shoutout inviando all'influencer un'immagine dell'oggetto che intendi promuovere ed un breve testo associato.** Questo metodo ti consentirà, tra le altre cose, di moltiplicare le tue azioni promozionali. **Potresti fare uno shoutout ogni giorno**, se il rendimento è elevato.

Il testo che scrivi può **essere più o meno commerciale e rimandare al profilo instagram del tuo negozio oltre che al sito.** Se vuoi puoi inserire anche un riferimento al prezzo del prodotto.

Di seguito puoi vedere degli esempi di questo tipo:

Fig. 6.45 – *esempio di Shoutout.*

Fig. 6.46 – *esempio di Shoutout.*

Ovviamente, **più il testo è esplicito e più assumerà le sembianze del messaggio pubblicitario**, cosa che in certi casi vorresti evitare. A volte quindi puoi optare per uno stile più indiretto. In tal caso sarebbe bene inserire nel testo qualche riferimento alla vita privata del personaggio, come se lo avesse scritto lui stesso.

Ad esempio, quello mostrato di seguito è uno shoutout di un negozio online di articoli per la cucina volto a promuovere delle formine per le uova.

Fig. 6.47 – *esempio di Shoutout." Che ne pensate di iniziare la giornata con un po' di amore? Ho preso queste formine per pochi euro su Ksort.com e stamattina non ho saputo resistere"*

Ricorda infine che conviene sempre inserire anche degli *hashtag*. Questo ti darà la possibilità di rendere visibile il messaggio anche a tutte le persone che effettueranno delle ricerche utilizzando quelle parole.

EMAIL MARKETING

L'email marketing è uno dei principali strumenti a disposizione dell'azienda per attirare l'attenzione del pubblico oppure per fidelizzare i clienti. In termini molto generali, si può definire come email marketing **qualunque attività consistente nell'invio di email ai clienti ed ai clienti potenziali.**

Si tratta quindi di uno strumento di marketing diretto con il quale si possono curare le relazioni tra brand e audience oppure inviare informazioni e aggiornamenti di natura promozionale. Tale strumento presenta indubbi **vantaggi**:

- È **facile da utilizzare e da capire**: tutti sanno come aprire e leggere una email e le aziende, utilizzando gli strumenti giusti, possono realizzare facilmente anche molte campagne DEM alla settimana.

- **Genera un ROI (Return On Investment) elevato**: Il costo collegato all'invio di una email è generalmente molto basso; se si considera che ogni email può potenzialmente generare una vendita nel negozio si capisce che il ritorno sull'investimento è elevato. Secondo alcuni dati divulgati da SendPulse.com, ogni dollaro speso in email marketing produce un ritorno economico di 44 $.

- **Genera risutati misurabili:** l'utente che riceve l'email può essere invitato a compiere direttamente l'azione che si vuole (*call to action*): la lettura di un articolo, l'acquisto di un prodotto, il download di materiale gratuito o semplicemente l'accesso al sito. Tutto questo (come anche il numero delle email aperte, il numero di clic sui link, e molto altro ancora) si può facilmente misurare e ciò dal punto di vista marketing è molto vantaggioso.

- **Mira ad un target specifico di clienti**: i clienti dell'azienda possono essere suddivisi in varie categorie (ad esempio: grandi, piccoli e medi). Con l'email marketing si può concepire un messaggio diverso utilizzando un approccio personalizzato per ognuna.

- **È facilmente integrabile con gli altri strumenti di marketing**: ogni canale utilizzato dall'azienda per comunicare al suo pubblico - il blog, i profili social, le inserzioni pubblicitarie, lo stesso sito - può essere utilmente impiegato in una strategia di email marketing.

DEM e Newsletter

Le email che si possono inviare ai clienti possono assumere la forma di **DEM** oppure **newsletter**. Si tratta in entrambi i casi di strumenti che possono essere utili a te ed al tuo negozio online, ma che assolvono funzioni diverse.

Le DEM non sono altro che email dirette al cliente, studiate ad hoc con un **lay-out grafico particolare,** che hanno **finalità commerciali specifiche**, come ad esempio quella di comunicare la presenza di una particolare promozione. In esse vi è sempre una *call to action*, in quanto l'obiettivo è portare il destinatario a cliccare su un link per effettuare un'azione (ad esempio un acquisto nel negozio). In genere non hanno una cadenza periodica regolare.

Le newsletter sono invece delle **comunicazioni periodiche** che un sito web (o anche un negozio) può inviare **regolarmente** (ad esempio ogni settimana) ai propri utenti, per **tenerli aggiornati in merito a tematiche specifiche**. Ad esempio, la newsletter si può utilizzare per inviare settimanalmente ai lettori del blog un riepilogo degli ultimi post pubblicati.

Tecniche di database building

Per fare email marketing **bisogna prima di tutto avere una lista di indirizzi** ai quali inviare delle comunicazioni. Il primo problema che si pone riguarda quindi il modo in cui raccogliere questi contatti.

Ti consigliamo di evitare assolutamente l'acquisto di liste di contatti. Si tratta quasi sempre di indirizzi inutili, che non sono in target con il tuo negozio e che quindi non ti serviranno a niente. Per di più non puoi neanche sapere se sono stati raccolti lecitamente o meno e se sono aggiornati.

Molto meglio raccogliere da solo i tuoi indirizzi. Di certo ci vorrà più tempo, ma saranno di sicuro tutti (o quasi) indirizzi validi e non correrai rischi di tipo legale. Fortunatamente ci sono moltissimi sistemi per raccogliere contatti.

Tra le altre cose, bisogna osservare che la tua stessa attività di vendita online tramite WooCommerce **ti procurerà automaticamente una parte degli indirizzi che ti servono.** Il tuo sito WordPress infatti è già predisposto per raccogliere l'indirizzo email di utenti che si registrano (anche senza acquistare nulla) ed acquirenti. Puoi trovare tutti gli indirizzi registrati sul sito nella sezione **Utenti** di WordPress.

Fig. 6.48 – *clienti registrati nel negozio.*

Quindi, man mano che il tuo business andrà avanti, crescerà anche la tua banca dati d'indirizzi email. Tra questi, gli **indirizzi dei clienti sono quelli più importanti**, tanto che è buona regola tenerli separati dagli altri. In questo modo potrai concepire delle iniziative promozionali rivolte solo a loro. Chi ha effettuato un acquisto ha infatti maggiori probabilità di ritornare ad acquistare in futuro rispetto a chi non ha mai testato il tuo servizio ed i tuoi prodotti in precedenza. La probabilità di avere clienti di ritorno evidentemente dipende molto dalla qualità del servizio che hai reso la prima volta, ma se hai lavorato bene puoi ragionevolmente pensare di sviluppare promozioni dedicate ai tuoi vecchi clienti ed avere successo.

Per costruire il tuo database puoi comunque fare anche molto altro. Ad esempio, puoi **sfruttare il tuo blog** aggiungendo, in fondo ad ogni articolo, un **semplice form** nel quale richiedi ai lettori di lasciare la loro email per ricevere newsletter ed aggiornamenti. Volendo, puoi inserire lo stesso form anche nel **footer del tuo sito**, in questo modo sarà accessibile da tutte le pagine. Meglio ancora, potresti offrire a tutti i visitatori che lasciano la loro email uno **sconto per fare acquisti nel tuo negozio**. Di seguito puoi vedere un esempio di messaggio di questo tipo posto alla fine di un articolo presente nel blog.

Fig. 6.49 – *esempio di invito a lasciare l'indirizzo email presente in un blog.*

Con questo sistema il tuo sito raccoglierà gli indirizzi in automatico. Troverai gli indirizzi di tutte le persone che hanno compilato il form nella sezione "Riscontro" del tuo pannello di gestione di WordPress e da qui potrai anche estrarre la lista in formato CSV.

Fig. 6.50 – *sezione "Riscontro" di WordPress.*

TUTORIAL: USARE LE INSERZIONI PER ACQUISIZIONE CONTATTI DI FACEBOOK

La strategia di offrire qualcosa in cambio dell'indirizzo email è sempre vincente e può essere riproposta anche in modi diversi. Per esempio, potresti **offrire un prodotto digitale gratuito come un ebook**, in cambio dell'email.

Il modo migliore per diffondere questo tipo di iniziative è di utilizzare le **inserzioni per acquisizione contatti di Facebook.** Queste ti consentono di raccogliere informazioni sui clienti potenziali usando un modulo interattivo che compare alla fine del messaggio pubblicitario.

Le informazioni che puoi raccogliere comprendono, a titolo esemplificativo, nomi, indirizzi email, numeri di telefono e molto altro. Inoltre, puoi rivolgere alle persone domande personalizzate che ritieni importanti.

Puoi usare le inserzioni per acquisizione contatti per raccogliere iscrizioni a newsletter, preventivi di prezzi e informazioni aziendali, rendendole uno strumento straordinario per identificare clienti potenziali e condividere informazioni pertinenti con loro in futuro.

Per servirtene, una volta effettuato l'access a Facebook, devi avviare la procedura guidata di creazione di una nuova inserzione e scegliere come obiettivo la "**Generazione di contatti**".

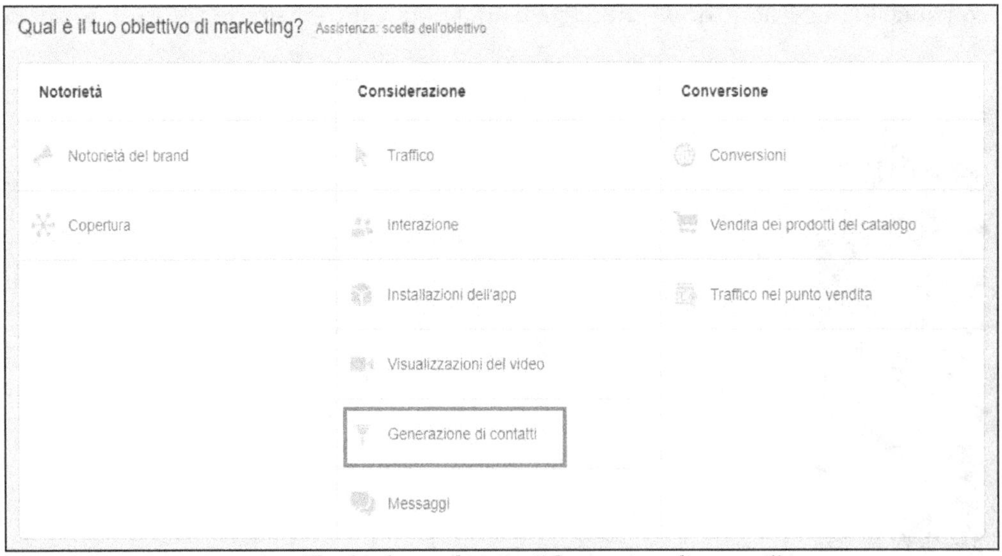

Fig. 6.51 – *nuova inserzione Facebook con obiettivo "Generazione di contatti".*

Come per qualsiasi altra inserzione pubblicitaria di Facebook, dovrai definire il budget, la durata, il pubblico, e la creatività del messaggio. L'esempio mostrato di seguito riguarda la creatività di un'inserzione che invita a scaricare gratuitamente una guida in pdf.

Fig. 6.52 – *inserzione per generazione di contatti.*

Nelle inserzioni di questo tipo è importante che il messaggio sia subito chiaro e che sia presente una *call to action*, in questo caso rappresentata dal pulsante "scarica".

Ricordati inoltre che, come al solito, Facebook non ammette la presenza di troppo testo nell'immagine e che la tua inserzione potrebbe essere bloccata oppure raggiungere meno persone a causa di una quantità di testo eccessiva. Se devi includere del testo nell'immagine, prova quindi a usare meno parole oppure cerca di ridurre le dimensioni del carattere del testo. Tieni però presente che potrebbe essere difficile leggere il testo se le sue dimensioni sono troppo ridotte.

Dopo aver definito i parametri essenziali, puoi aggiungere alla tua inserzione un **modulo interattivo** con il quale le persone interessate alla tua azienda potranno inviarti le loro informazioni. Per farlo devi cliccare su "Nuovo modulo".

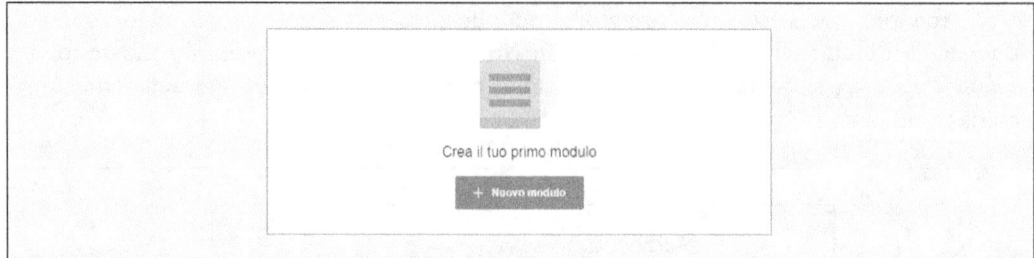

Fig. 6.53 – *prima fase della creazione di un nuovo modulo.*

A questo punto si aprirà una maschera che ti consentirà di personalizzare il tuo modulo in vari modi.

Per iniziare ti sarà sufficiente compilare soltanto i campi essenziali e quindi **ti basterà scrivere un breve testo nella sezione "Domande"**.

In questi casi la scelta migliore è scrivere un testo semplice e diretto, che faccia comprendere al lettore che cosa gli stai offrendo già al primo colpo d'occhio. Ad esempio: "Per scaricare gratuitamente la guida scrivi qui la tua email e premi invia". Inutile infatti scrivere testi troppo lunghi, che rischierebbero tra l'altro di non poter essere visualizzati.

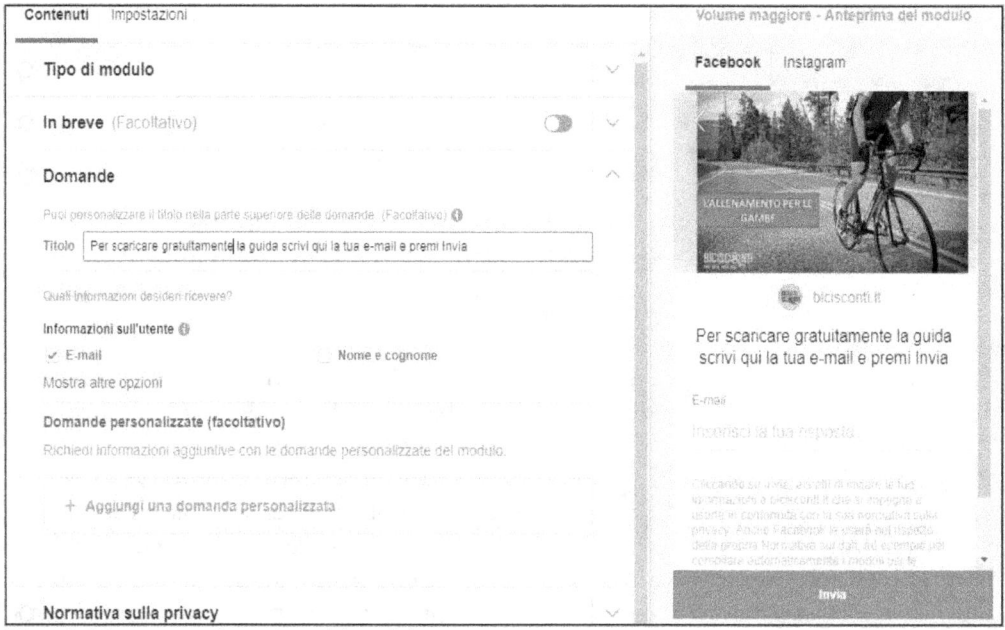

Fig. 6.54 – *personalizzazione del modulo.*

Dal momento che raccoglierai informazioni sui clienti, devi includere un link alla **normativa sulla privacy** della tua azienda. Il tuo link verrà visualizzato insieme all'informativa sulla privacy predefinita di Facebook.

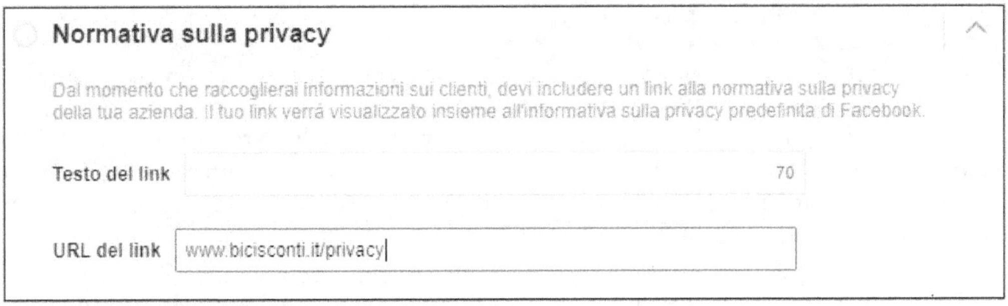

Normativa sulla privacy

Dal momento che raccoglierai informazioni sui clienti, devi includere un link alla normativa sulla privacy della tua azienda. Il tuo link verrà visualizzato insieme all'informativa sulla privacy predefinita di Facebook.

Testo del link   70

URL del link   www.bicisconti.it/privacy

Fig. 6.55 – *inserimento URL per la normativa sulla privacy.*

Infine, devi configurare la **schermata di ringraziamento**, ovvero quella che visualizzerà l'utente subito dopo aver lasciato la sua email.

Anche in questo caso sarà sufficiente inserire pochissimi dati:

- Un **testo di ringraziamento** tipo "Grazie, operazione completata".
- Una **breve descrizione di ciò che l'utente deve fare** per ottenere quello che gli hai promesso, ad esempio: "Puoi ora scaricare la tua guida!".
- Il **link alla pagina del tuo sito** dalla quale si può scaricare questo materiale.

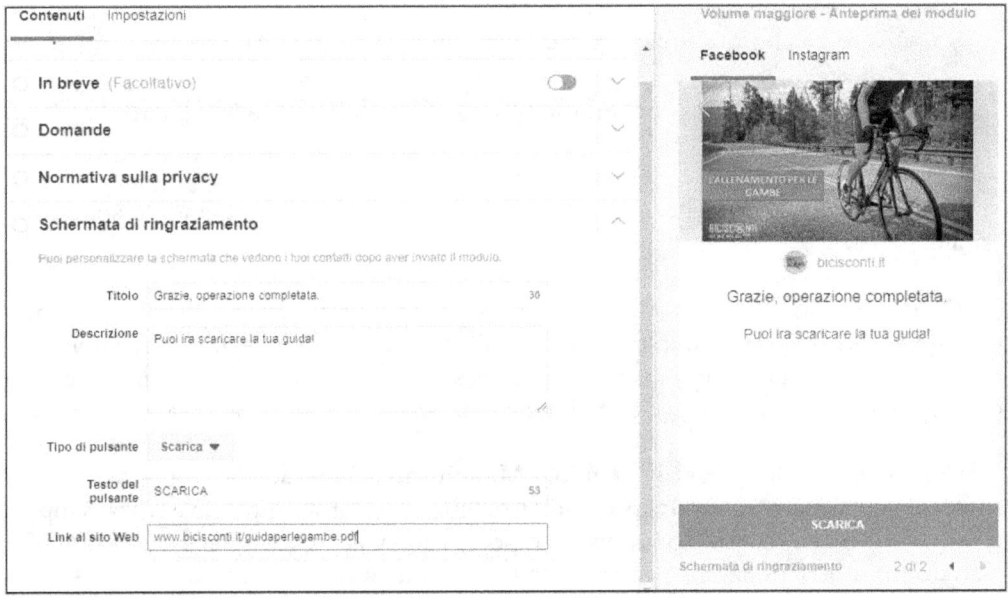

Fig. 6.56 – *personalizzazione della schermata di ringraziamento.*

Come hai potuto vedere, la creazione di un modulo interattivo su Facebook è abbastanza semplice e ti consente di raggiungere un numero enorme di persone in pochissimo tempo. In questo modo potrai raccogliere moltissimi indirizzi ed ampliare la platea dei potenziali clienti del tuo negozio.

TUTORIAL: USARE MAILCHIMP

Per l'invio di DEM e Newsletter **conviene utilizzare uno strumento professionale**. Man mano che il tuo database di indirizzi diventerà più grande ti renderai conto infatti che tutti questi dati non possono essere gestiti come fai normalmente con la tua rubrica di posta personale.

Lo strumento che ti consigliamo di utilizzare per questo scopo è **Mailchimp** che, con oltre 15 milioni di iscritti, è la piattaforma di email marketing più utilizzata al mondo. Il servizio (basato sul web) **può essere utilizzato gratuitamente** e consente la gestione di database **fino a 2.000 contatti e 12.000 invii all'anno** (al di là di queste soglie bisogna pagare). Le funzioni di Mailchimp sono molte ed interessanti. Ad esempio puoi:

- **creare una lista di utenti e segmentarla** in base agli interessi;
- creare **template personalizzati** per le tue email;
- inviare **newsletter e DEM** a tutti gli iscritti o solamente ad una parte di essi;
- avere una **reportistica completa** sulle newsletter e DEM inviate;
- tenere traccia delle **conversioni** collegando direttamente la piattaforma al tuo negozio online.

Per un'attività di business online appena avviata come la tua è quindi la **soluzione ideale**.

Descrivere ora nel dettaglio tutte le funzioni di Mailchimp sarebbe troppo complesso. Nel seguito di questo capitolo ti illustreremo con un semplice esempio una delle modalità di utilizzo più immediate di questo servizio, ma ti consigliamo anche in questo caso di approfondire, se puoi, i tuoi studi perché ne vale veramente la pena.

Come molti altri servizi gratuiti, **Mailchimp richiede la registrazione** e successivamente la **verifica del proprio sito**. Si tratta di procedure abbastanza semplici che puoi eseguire da solo in poco tempo. Una volta che ti sarai registrato alla piattaforma, potrai utilizzarla per creare **la tua prima campagna email**.

Importare i contatti

La prima cosa da fare è **l'importazione in Mailchimp dei tuoi contatti**. Puoi ad esempio importare il file CSV che hai precedentemente esportato dalla sezione Riscontro del tuo sito.

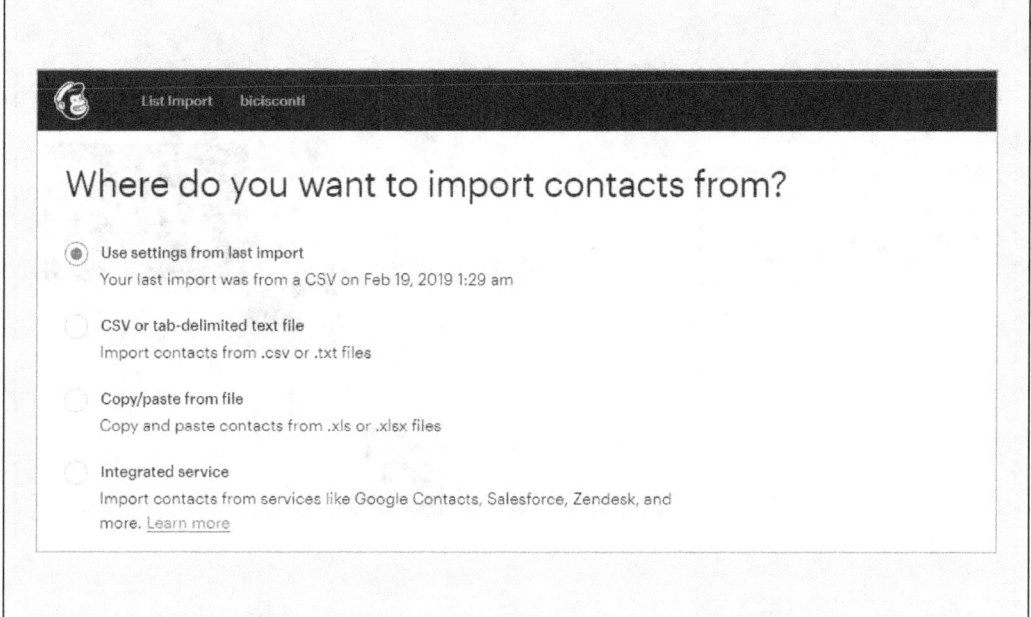

Fig. 6.57 – *importazione dei contatti.*

I contatti così importati diventeranno la tua **audience** alla quale potrai indirizzare le tue email. Successivamente potrai intervenire in vario modo sulla lista che hai importato, aggiungendo nuovi contatti, rimuovendo quelli inutili oppure anche identificando dei **segmenti di utenti dalle caratteristiche omogenee** (ad esempio tutti quelli che vivono in una stessa area, oppure tutti quelli che aprono le email) ai quali rivolgere azioni mirate.

Mailchimp consiglia fortemente di categorizzare le persone presenti nelle tue liste in base ad interessi e preferenze, specificando anche che generalmente il *click rate* **di una campagna segmentata è più alto del 55% rispetto a quello di una campagna non segmentata**.

Creare una campagna DEM

Per creare la tua prima campagna, clicca sul pulsante "Create campaign" presente nella dashboard di Mailchimp.

Si aprirà una finestra con diverse opzioni di scelta. Mailchimp infatti è uno strumento che non si limita solo alla creazione di campagne email, ma **consente anche di fare altre cose**, come ad esempio la crezione di una **landing page** o di un **modulo di iscrizione** e persino delle **campagne pubblicitarie**.

Nel nostro esempio, descriveremo il processo di creazione di una semplice DEM che ha lo scopo di veicolare una promozione agli utenti iscritti alla mailing list.

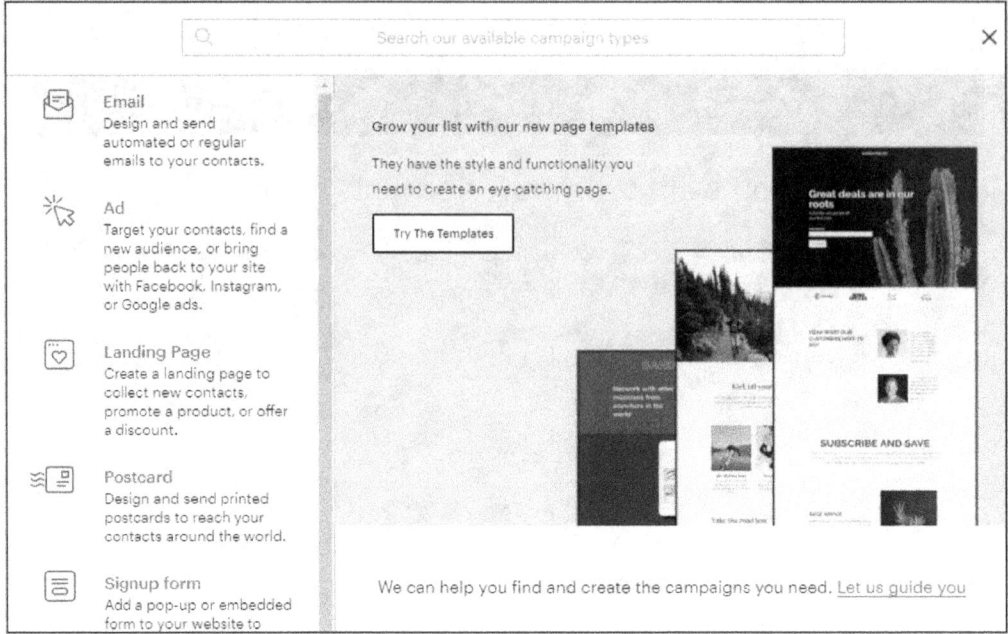

Fig. 6.58 – *differenti tipi di campagna tra cui scegliere*.

Nel nostro caso quindi l'opzione da scegliere è **"Email"**. Dovrai ora dire a Mailchimp che tipo di campagna email vuoi fare ed assegnare un nome alla stessa.

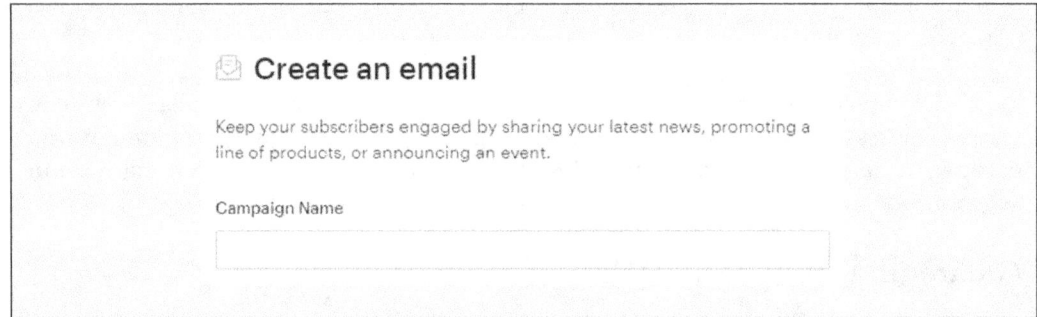

Fig. 6.59 – *assegnazione di un nome alla campagna email.*

Ci sono 4 possibili modi per condurre una campagna email:

- **Regular:** è il tipo più comune di campagna che prevede l'invio di un'email in HTML contenente immagini, colori, testo con formattazione e vari altri elementi in linea con il tuo brand.

- **Automated:** è il tipo di campagna che si usa quando si vogliono mandare delle email in maniera automatizzata, ad esempio ogni volta che si aggiorna il blog.

- **Plain Text:** è il tipo di campagna più semplice che si può realizzare e che prevede l'invio di un'email testuale senza formattazione.

- **A/B Test:** è una campagna con la quale puoi testare due varianti della stessa email, inviandole a diverse porzioni della lista di contatti. Il sistema analizza i risultati e poi invia il modello più efficace a tutti i contatti rimanenti.

Per mandare una semplice DEM grafica puoi quindi segliere la campagna di tipo "Regular". A questo punto Mailchimp ti chiederà di scegliere una **lista di spedizione** (ovvero a chi inviare la campagna), specificare **il nome del mittente delle email**, e **l'oggetto** del messaggio.

Fig. 6.60 – *definizione degli elementi di base della campagna email.*

Per ciò che concerne **il contenuto**, con Mailchimp è molto facile realizzare delle email molto belle e d'effetto in quanto ci sono moltissimi **temi e layout personalizzabili** che possono essere utilizzati come punto di partenza.

Tra questi puoi scegliere quello che rispecchia meglio il tuo scopo (ad esempio: mostrare dei nuovi prodotti, inviare una promozione, condividere delle news, ecc) e adattarlo in base alle tue esigenze.

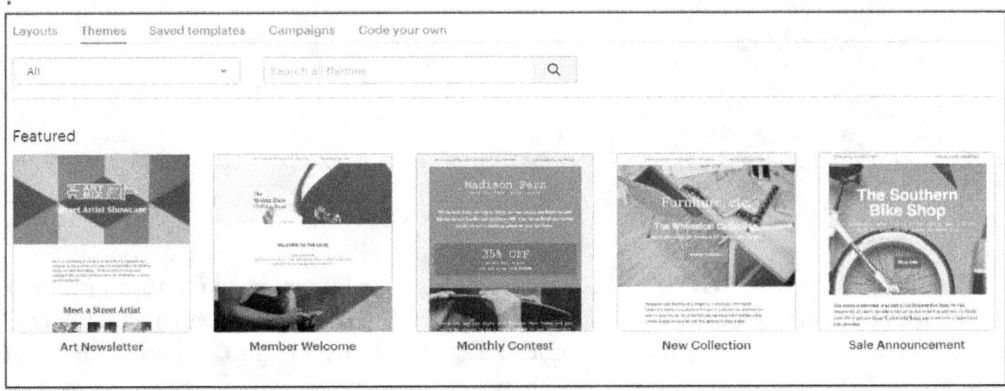

Fig. 6.61 – *alcuni temi disponibili..*

Puoi quindi comodamente scegliere un layout preimpostato e modificarlo come vuoi tramite l'editor integrato. Ricordati che **è importante inserire sempre una** *call to action*, ad esempio un invito a visitare il sito ed un pulsante cliccabile collegato.

Fig. 6.62 – *personalizzazione del tema tramite l'editor integrato.*

Prima di salvare il contenuto può essere utile entrare nella **modalità "preview"** e vedere come apparirà la DEM da **mobile** e da **desktop PC**. Inoltre Mailchimp ti consente di vedere un'anteprima di come apparirà l'email anche all'interno di diversi **client di posta elettronica** (tramite la scheda "Inbox").

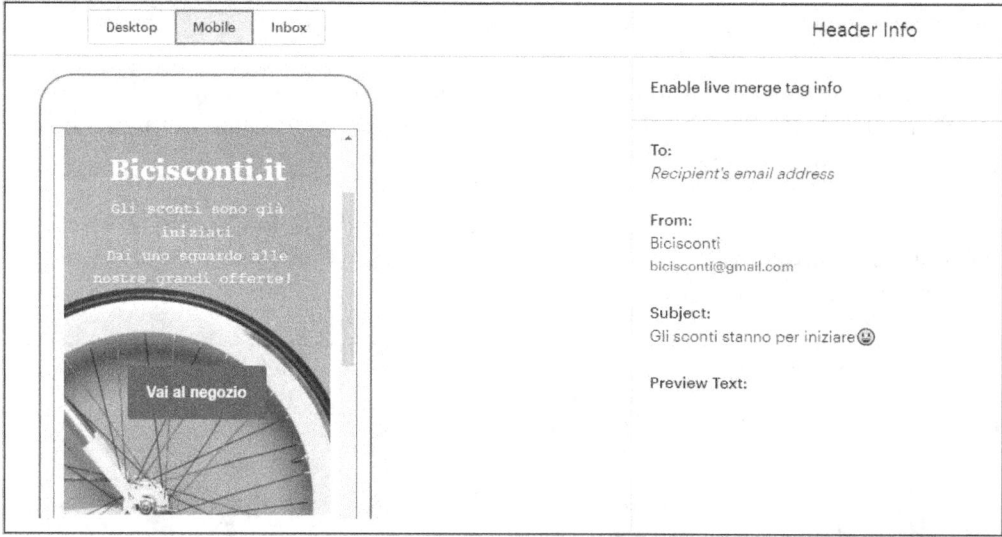

Fig. 6.63 – *modalità "preview"*.

Prima di salvare la DEM o inviarla è buona regola **testare la campagna** per accertarti che non ci siano errori. Puoi quindi specificare un indirizzo email che riceverà l'email di controllo e inviare il test. In questi casi quattro occhi sono meglio di due e sei sono meglio di quattro, quindi più persone possono aiutarti, meglio è.

Una volta superati tutti i test, la tua DEM è pronta e può essere inviata immediatamente oppure anche **programmata per essere spedita in un giorno ed orario determinati**.

Analizzare i risultati

Dopo aver inviato la tua DEM potrai **verificare i risultati ottenuti** grazie ad una **reportistica avanzata** che Mailchimp ti mette a disposizione. Appena loggato nel tuo account Mailchimp vedrai infatti una serie di statistiche che ti aiuteranno a monitorare l'andamento delle tue campagne, il coinvolgimento del pubblico e, se hai collegato il tuo negozio, anche le **conversioni** in termini di **fatturato di vendita** generato.

Per verificare le performance delle tue campagne email puoi andare nella sezione "report" di Mailchimp dove troverai, per ogni campagna, un report dettagliato come quello mostrato in figura.

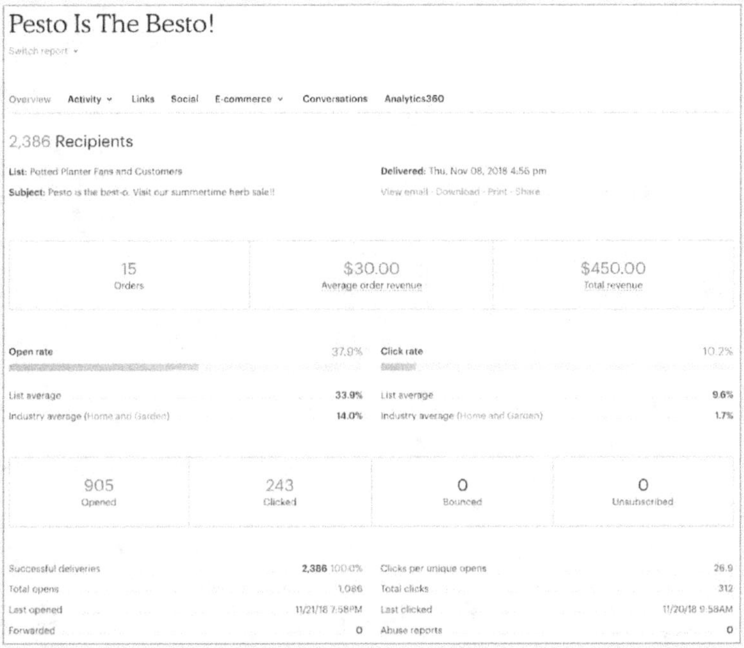

Fig. 6.64 – *report dettagliato della campagna.*

Avrai moltissimi dati a tua disposizione tra cui il **numero di invii effettuati**, il **numero di destinatari che hanno ricevuto l'email e non l'hanno aperta**, quante persone l'hanno ricevuta e aperta, quante hanno fatto anche un **clic sul link**: potrai persino vedere **quanti hanno acquistato dei prodotti** e **quale importo è stato speso in media**. Si tratta quindi di una base di conoscenza molto approfondita che ti aiuterà non solo a capire se la tua campagna ha funzionato o meno, ma anche a prendere delle decisioni per le campagne successive.

PARTE VI – MARKETING DEL NEGOZIO

SEI PRONTO PER INIZIARE LA TUA NUOVA ATTIVITÀ?

SCONTO 30%	Invia una email a scontoalidropship@gmail.com per richiedere il codice coupon che ti darà diritto al 30% di sconto sull'acquisto del plugin AliDropship.

INFORMAZIONI SUGLI AUTORI

Pietro Calomino è un professionista con esperienza decennale nell'ambito del marketing e del management. Dottore di ricerca in Marketing e Gestione d'Impresa (presso l'Università degli Studi di Milano Bicocca), ha svolto attività di ricerca e di docenza sia in ambito universitario che privato ed è autore di pubblicazioni scientifiche nazionali e internazionali.
Ha ricoperto per anni il ruolo di licensing manager, marketing manager e brand manager, lavorando nel settore editoriale italiano. Attualmente aiuta privati e imprese a sviluppare prodotti, servizi e strategie di marketing mirate alla crescita del business.

Yaroslav Nevsky è un professionista con oltre 10 anni di esperienza nel marketing digitale. È co-fondatore dell'agenzia di marketing Sunshine Digital, operante sia per alcuni dei maggiori brand del panorama mondiale, sia per le piccole e medie imprese. Ha contribuito al lancio di numerose startup di successo, fondando, tra le altre, AliDropship, la società che sviluppa e commercializza il plugin dedicato al dropshipping con il quale sono stati già realizzati oltre 50.000 negozi online. Nell'ambito del suo lavoro, aiuta quotidianamente persone di tutto il mondo ad avviare e gestire la propria attività in dropshipping.